비인간

사물, 생명, 기계, 행성과 함께 사유하기

KIAS
고등과학원 초학제연구총서
12

비인간

사물, 생명, 기계, 행성과 함께 사유하기

김상민, 김성우, 문규민, 박동수, 박승일,
손희정, 유기쁨, 하대청, 황희선 지음

사월의책

비인간
사물, 생명, 기계, 행성과 함께 사유하기

1판 1쇄 발행 2025년 12월 31일

지은이 김상민, 김성우, 문규민, 박동수, 박승일, 손희정, 유기쁨, 하대청, 황희선
펴낸이 안희곤
펴낸곳 사월의책

편집 박동수
디자인 김현진

등록번호 2009년 8월 20일 제2012-118호
주소 경기도 고양시 일산서구 중앙로 1388 동관 B113호
전화 031)912-9491 │ 팩스 031)913-9491
이메일 aprilbooks@aprilbooks.net
홈페이지 www.aprilbooks.net
블로그 blog.naver.com/aprilbooks

ISBN 979-11-92092-62-1 93100

* 책값은 뒤표지에 있습니다.

차례

고등과학원 초학제연구단 총서 발간에 부쳐

『비인간: 사물, 생명, 기계, 행성과 함께 사유하기』의 출간을 진심으로 축하드립니다. 고등과학원의 초학제프로그램 안에서 지난 1년 동안 연구진이 함께 사유하고 토론하며 축적해 온 성과가 이렇게 한 권의 책으로 묶여 나오게 된 것을 매우 뜻깊게 생각합니다.

오늘 우리는 인간의 언어와 인식틀만으로는 온전히 설명하기 어려운 세계와 마주하고 있습니다. 과학기술은 인간의 사유 속도를 앞질러 새로운 질서를 구축하고 있고, 생태와 환경은 인류세의 징후 속에서 우리의 예측과 통제 범위를 넘어서는 방식으로 급속하게 변화하고 있습니다. 이러한 거대한 변화는 기존의 학문적 문법을 넘어 세계와 인간의 관계를 존재론적 차원에서 다시 설정할 것을 우리에게 요구하고 있습니다.

고등과학원 초학제연구단은 이러한 문제의식 위에서 '비인간'이라는 주제를 본격적으로 탐구하고자 했습니다. 이 연구는 단순히 인간중심주의를 비판하는 데 그치지 않고, 다양한 비인간 존재들과 얽혀 구성된 세계 속에서 인간의 위상을 새롭게 규정하려는 시도입니다. 이번 총서에는 인문학, 사회과학, 자연과학 등 각기 다른 배경을 지닌 연구자들이 참여했으며, 이는 공통된 문제의식을 바탕으로 그려낸 하나의 사유의 지형도입니다. 실험실의 쥐, 사물과 장소, 기계와 인공지능, 더 나아가 다양한 생명 종들과 지구 행성에 이르기까지, 이 총서는 다양한 비인간 행위자들의 고유한 행위성을 조명하고, 그 존재들이 세계와 관계 맺는 여러 방식을 성찰하고 있습니다.

고등과학원 초학제프로그램의 존재 이유도 바로 여기에 있습니다. 과학과 인문학을 엄격히 구분하는 이분법을 지양하고, 서로의 언어를 경청하고 연결하여 새로운 탐구의 지평을 여는 플랫폼이 되는 것입니다. 이는 고등과학원이 꾸준히 추구해 온 학문적 실험이며, 미래 연구의 이정표를 제시하는 중요한 시도입니다. 이 총서가 그러한 시도의 한 결실이 되기를 바라며, 연구에 참여하신 모든 연구자들의 헌신과 열정에 깊이 감사드립니다.

이제 '비인간'이라는 주제는 더 이상 학문적 논의의 주변부가 아닙니다. 기후 위기, 생태계 교란, 기술적 불평등, 인공지능이 제기하는 새로운 문제는 우리 모두에게 깊은 성찰을 요구하고 있습니다. 이 총서가 우리 시대가 던지는 물음에 대한 정직한 지적 응답이 되고, 우리 사회에 새로운 사고와 토론을 촉발하는 소중한 계기가 되기를 기대합니다.

고등과학원 원장 노태원

초대의 글

비인간 연구 총서 『비인간: 사물, 생명, 기계, 행성과 함께 사유하기』
발간을 진심으로 축하합니다.

지난 2011년 초학제연구프로그램을 시작하면서 우리가 희망했던 것
은 다름 아닌 제도화된 학문의 범주를 자유롭게 넘나드는 새로운 사유
를 창안하는 것이었습니다. 멀어져 버린 사유의 거리를 단적으로 초월
해 봄으로써 세분화되고 전문화된 학문 체계에 내포된 한계를 일신할
수 있으리라고 기대했고, 본 총서는 지난 10여 년에 걸친 노력 끝에 얻
은 또 하나의 소중한 결실입니다.

'비인간(nonhuman)'이라는 주제를 다루는 이번 총서는 우리가 세계
를 이해하는 방식이 결정적 전환점을 맞고 있음을 상기시킵니다. 기후
위기, 인공지능과 로봇 등 기술적 환경의 대전환을 비롯하여 세계에 대
한 인간 중심적 관점이 더 이상 충분히 유효하지 않다는 사실을 알려
주는 여러 징후들이 있습니다. 이 모든 사태에서 공통적으로 발견되는

것은 인간이 완전한 체계 속에 닫혀 있을 수 없는, 철저하게 관계적인 존재자라는 사실입니다. 그리고 이제 비인간이란, 단순히 인간의 외부에 위치한 타자를 가리키는 과거의 용례를 초월하여 인간적 범주의 조건을 총체적으로 재사유하도록 만드는 도전적인 계기로서 자리매김하고 있습니다. 비록 그것이 하나의 통일된 개념을 이루지 않고 서로 다른 방향이나 영역, 규모를 인간의 존재론적 바탕으로 승인하는 복수성을 띠고 있지만, 그러한 다층적 상호작용성을 긍정적인 것으로 탐구하는 것이 시대적 과제로서 요청됩니다.

이러한 관점에서 이번 총서에 모인 글들은 '비인간'을 단순화하지 않고, 우리가 그것들과 어떤 관계를 맺을 수 있는지, 또 어떤 새로운 윤리와 지식의 구조가 필요한지를 성찰합니다. 이렇게 성찰된 비인간적 계기는 인간적 직관을 넘어서서 객관적 실재를 탐구하기 위한 임무를 도맡아온 과학에 어떤 갱신된 사유를 요청할지 궁금해집니다.

다양한 활동을 통해 초학제적 대화의 확산에 기여해 주신 비인간 연구단과, 본 총서의 집필에 참여해 주신 모든 분들께 깊은 감사의 뜻을 전합니다.

고등과학원 초학제연구프로그램 기획위원장 박창범

서문

인간의 독백이 끝나는 곳에서

우리는 오랫동안 '인간'이라는 단일한 주인공이 이끄는 거대한 모노 드라마 속에서 살아왔다. 근대라는 무대 위에서 인간은 유일한 이성적 주체이자 능동적인 행위자였으며, 동물, 식물, 사물, 기계, 그리고 지구 그 자체와 같은 나머지 모든 존재는 인간의 드라마를 위한 배경이거나 자원에 불과했다. 이 무대 위에서 역사는 오직 인간의 승리와 진보의 서사로만 기록되었고, 인간 이외의 존재들이 내는 목소리는 소음이나 침묵으로 간주되었다. 그들은 스스로 말하지 못한다고 여겨졌기에 언제나 인간의 언어로 번역되거나 인간의 필요에 의해 호명될 때만 비로소 미약한 존재감을 얻을 수 있었다.

그러나 오늘날 그토록 견고해 보였던 이 무대는 삐걱거리고 있다. 기후 위기라는 행성적 차원의 재난은 '자연'이 더 이상 인간의 통제 아래 놓인 수동적인 자원 창고가 아님을 웅변하고 있다. 지구 온난화라는 이름 아래 폭염과 혹한, 홍수와 산불과 같은 형태로 되돌아오는 자연의 반격 앞에서 인간의 기술적 해결책은 무력해 보인다. 또한 나날이 고도화되는 인공지능 알고리즘은 '지능'과 '행위'가 인간만의 전유물이 아님을 증명하고 있다. 인간보다 더 정교하게 학습하고 판단하며 새로운 결과물을 생성해 내는 기계적 지능의 출현은 인간 고유성이라는 신화를 밑바닥부터 뒤흔든다. 여기에 더해 눈에 보이지 않는 바이러스가 전 지구적 삶의 양식을 송두리째 바꿔놓는 현실 앞에서 우리는 인간의 독백이 더 이상 유효하지 않음을 뼈저리게 실감한다. 인간은 결코 홀로 이 세계를 지탱해 온 것이 아니었다.

지금 우리는 '인류세(Anthropocene)'라는 역설적인 이름을 가진 지질 시대를 통과하고 있다. 인간의 활동이 지질학적 변화를 일으킬 만큼 강력한 힘을 발휘하여 지구 시스템을 위기로 몰아넣고 있다는 이 명명은, 역설적으로 인간중심주의의 종말을 고하는 신호탄이기도 하다. 인류세는 인간이 지구의 주인이 아니라, 거대한 지구 시스템의 불안정한 일부임을 자각하게 만드는 시대다. 인간만이 세계를 구성하고 만들지 않는다. 세계는 언제나 인간과 인간 아닌 것들의 복잡하고 역동적인 얽힘(entanglement) 속에 존재해 왔다. 우리는 박테리아와 공생하며 생명을 유지하고, 기술적 사물들에 의존해 사고를 확장하며, 기후와 대지의 순환 속에서 호흡한다. 이 책 『비인간: 사물, 생명, 기계, 행성과 함께 사유하기』는 바로 그 사실을 직시하고, 인간의 독백이 끝난 자리에서 시작되는 새로운 대화의 가능성을 모색하려는 시도다.

존재론적 전회와 사물의 귀환

이 책에서 우리는 '비인간(nonhuman)'을 불러낸다. 이것은 인간을 배제하거나 부정하려는 반(反)인본주의적 냉소나 허무주의가 아니다. 오히려 인간이 아닌 존재들을 '인간의 결핍태'나 '아직 인간이 되지 못한 것'으로 규정해 온 낡은 인식론을 거부하고, 그들이 지닌 고유한 활력과 행위성(agency)을 복권하려는 존재론적 기획의 일부다. 우리는 이 책을 통해 인간과 비인간이 주체와 객체, 정신과 물질이라는 위계적으로 분리된 수직적 세계가 아니라, 수평적이고 평평한 존재론적 지평 위에서 서로에게 영향을 주고받으며 공-구성(co-constitute)해 나가는 '평평한 세계'의 모습을 그려내고자 한다.

이 책의 여정은 비인간 연구의 거시적 지형을 탐색하는 것에서 시작한다. 김상민은 총론적 성격의 글을 통해 왜 지금 '비인간'인가를 묻는다. 그는 21세기 학문의 주요 흐름으로 자리 잡은 '비인간 전회(nonhuman turn)'가 단순한 지적 유행이 아니라, 인간과 비인간, 문화와 자연이라는 근대적 이분법이 초래한 파국적 현실에 대한 절박한 응답임을 역설한다. 사물 이론, 포스트휴먼, 신유물론, 행위자-연결망 이론(ANT) 등 다양한 이론적 자원을 경유하여 그려낸 이 지도는, 낯선 비인간의 숲으로 들어가는 독자들에게 나침반이 되어줄 것이다. 그는 인간중심주의를 넘어선다는 것이 인간의 가치를 깎아내리는 것이 아니라, 인간의 조건을 비인간과의 관계 속에서 재정의하는 작업임을 분명히 한다.

이어지는 글들은 이 지도를 더욱 세밀한 존재론적 논의로 채워 나간다. 문규민은 신유물론이 구사하는 '의인화'의 문제를 파고든다. 흔히 비인간에게 인간적 속성을 부여하는 것은 인간중심주의의 오류로 치부되곤 한다. 그러나 그는 신유물론의 의인화가 단순한 인간성의 투사가 아니라, 비인간의 고유한 물질성과 행위성을 발견하기 위한 '역설적 발견법'임을 치밀하게 논증한다. 인간의 언어라는 한계 속에서 어떻게 타자에게 다가갈 것인가? 그는 의인화를 통해 비인간의 틈입을 허용하고, 그 과정에서 오히려 인간적인 것의 경계가 허물어지는 역설적 순간을 포착한다. 이는 타자에 대한 이해가 불가능한 것이 아니라, 끊임없는 번역과 오독의 과정임을 시사한다.

박동수는 비인간의 행위성을 본질적 속성이 아닌 정치적 쟁점으로 재구성하는 ANT의 핵심을 제시한다. ANT는 인간과 비인간이 함께 구성하는 집합체의 형성 과정을 추적하지만, 성공적 구축에만 집중할 경우 돌봄과 고통 같은 윤리적 요소들이 배제될 수 있다는 한계를 지닌다. 그는 화천 산천어 축제 사례를 통해 ANT의 '묘사하기'가 가치중립적 관찰이 아니라 새로운 외교와 협상의 가능성을 여는 '개입하기'임을 논증한다.

살아있는 것들과의 동고, 그리고 돌봄의 윤리

이론적 탐색은 구체적인 삶의 현장, 즉 몸과 몸이 부딪히는 구체적 얽힘의 장소로 이어진다. 실험실, 숲, 폐허, 그리고 텍스트 속에서 우리는 비인간과 마주한다. 하대청은 과학 실험실이라는 공간에서 벌어지는 인간과 실험 쥐의 관계를 미시적으로 추적한다. 그는 실험동물을 데이터 생산을 위한 도구로 환원하는 대신, 그들과 연구자가 맺는 '동고

(同苦, co-suffering)'의 관계에 주목한다. 연구자는 실험동물의 고통을 목격하고 관리하며, 때로는 그 고통에 감응하여 자신의 몸과 마음이 변화하는 경험을 한다. 함께 노동하고 고생하며 서로에게 길들여지는 이 과정에 대한 생생한 서술은, 차가운 객관성이라는 신화 뒤에 숨겨진 과학의 윤리적 얼굴을 드러내며 '응답과 돌봄의 과학'을 제안한다.

황희선은 인류학의 시선을 인간 너머로 확장하며 '비인간 인류학'의 지형도를 그린다. 그는 '생명의 인류학'과 '다종민족지'라는 두 가지 핵심 흐름을 통해 인류학이 어떻게 인간 중심성을 탈피하고 있는지 탐색한다. 팀 잉골드의 생명 현상학과 에두아르도 콘의 기호학적 숲에서 출발하여 애나 칭의 '반(半)야생' 지대와 마리솔 데 라 카데나의 '땅의 존재들'에 이르기까지, 이 글은 인간과 비인간이 얽혀 만드는 역동적인 세계를 포착한다. 여기서 인류학의 대상은 더 이상 고립된 '인간(anthropos)'이 아니라, 뭇 생명과 사물이 서로의 삶에 개입하며 만들어가는 다종적 드라마가 된다.

유기쁨은 소록도라는 특수한 장소 안에서 펼쳐지는 애니미즘적 풍경을 포착한다. 인간이 떠난 폐허를 점령한 식물들, 섬의 주인이 된 사슴들, 그리고 그곳에 서린 한센인들의 기억이 뒤섞인 소록도는 단순한 물리적 공간이 아니다. 그는 이를 '살아있는 장소'로 호명하며, 비인간 존재들이 뿜어내는 정동과 활력이 어떻게 장소를 구성하는지를 생생하게 증언한다. 이곳에서 비인간은 배경이 아니라 역사의 주역이자 기억의 담지자로 등장한다.

김성우는 이러한 비인간과의 만남을 '리터러시(literacy)'의 차원으로 확장한다. 문자를 읽고 쓰는 능력을 넘어 식물의 신호, 동물의 흔적, 생태계의 기호를 읽어내는 '비인간 리터러시'는 인간 언어의 독점을 깨뜨린다. 그는 비판적 식물 연구와 생명기호학을 통해 언어가 인간만의 전유물이 아니라 모든 생명체가 세계와 소통하는 방식임을 일깨운다. 숲의 소리, 바람의 냄새, 동물의 몸짓을 읽어내는 능력은 머리가 아닌 몸으로 세계를 읽어내는 체화된 리터러시 교육의 필요성을 역설한다. 이는 텍스트 중심의 교육에서 벗어나 감각과 신체를 통해 세계와 공명하는 법을 배우는 과정이다.

기술적 비인간과 행성적 미래의 상상력

비인간의 스펙트럼은 자연적 존재에 한정되지 않는다. 우리 곁의 가장 강력한 타자, 기술적 비인간 역시 이 책의 중요한 탐구 대상이다. 박승일은 오늘날 가장 논쟁적인 비인간 행위자로 부상한 인공지능(AI)의 존재론적 지위를 묻는다. 그는 인공지능을 인간을 모방하는 '비-인간(inhuman)'과 독자적인 행위성을 지닌 '비인간(nonhuman)' 사이의 중첩과 전이 과정으로 파악한다. AI의 기술적 계보를 추적하는 그의 작업은 기계가 어떻게 인간의 통제를 벗어나 독자적인 의미 생성의 주체가 되고 있는지를 보여준다. AI는 더 이상 인간 지능의 모조품이 아니라, 인간과는 다른 방식으로 사고하고 생성하는 이질적인 지능이다. 이는 기술적 대상과의 공생이 피할 수 없는 미래임을 시사하며, 우리가 기계와 맺어야 할 새로운 관계의 윤리를 요청한다.

마지막으로 손희정은 2025년 서울 '사물의 의회'에서 출발하여 '비인간' 논의가 역설적으로 '인간'을 어떻게 규정하는가에 달려 있음을 보여준다. 저자는 스피박의 『한 학문의 죽음』과 장준환의 〈지구를 지켜라!〉 및 리메이크작 〈부고니아〉를 분석하며, 자본이 추동하는 '지구본(globe)'과 인간에게 완전히 속하지 않는 타자로서의 '행성(planet)'의 차이를 드러낸다. 궁극적으로 비인간을 제대로 사유하기 위해서는 가부장제, 자본주의, 제국주의가 교차하며 만든 지배와 착취의 구조를 분석하는 '행성적 지정학'이 필요함을 논한다.

얽힘의 윤리, 응답하는 능력

이 아홉 편의 글은 각기 다른 비인간—이론, 동물, 식물, 장소, 기계, 행성 등—을 다루고 있지만, 하나의 목소리로 수렴된다. 그것은 바로 우리 자신이 단독자가 아니라는 사실이다. 우리는 박테리아와 공생하며 진화해 온 생물학적 존재이자, 스마트폰과 알고리즘에 접속된 기술적 존재이며, 지구 행성의 기후와 대지의 순환 속에 놓인 생태적 존재다. '나'라는 존재는 이미 수많은 '비인간'들의 얽힘으로 구성되어 있으며, 그 연결망을 떠나서는 잠시도 존립할 수 없다.

궁극적으로 이 책이 제안하는 윤리는 '순수함'이나 '분리'가 아니라 '책임(responsibility)'에 관한 것이다. 도나 해러웨이가 말했듯, 책임이란 타자의 부름에 응답할 수 있는 능력(response-ability)이다. 실험실의 쥐가 보내는 고통의 신호에, 숲이 들려주는 침묵의 언어에, 인공지능이 생성하는 낯선 문장에, 그리고 기후 위기라는 징후를 통해 경고하는 지구의 비명에 귀 기울이고 응답하는 것. 그것이 바로 이 얽힘의 시대를 살아가는 우리가 갖춰야 할 최소한의 예의이자 생존법일 것이다. 우리는 인간 중심적 오만을 내려놓고, 세계가 인간 없이도, 혹은 인간 너머에서 어떻게 풍요롭게 작동하고 있는지를 겸허히 배워야 한다.

이 책은 완성된 결론이 아니라, 지금도 계속되고 있는 거대한 전환의 현장에 대한 기록이다. 우리는 독자 여러분이 이 책을 통해 인간이라는 좁고 안온한 감옥을 걸어 나와, 낯설지만 경이로운 비인간 이웃들과 마주하기를 기대한다. 그 마주침은 때로는 불편하고 두려울 수도 있다. 그러나 그 불편함이야말로 우리가 새로운 존재의 문법을 익히고 있다는 증거일 것이다. 그 마주침 속에서 우리는 비로소 '인간을 넘어선' 세계를 상상할 수 있을 것이며, 파국이 아닌 공생의 미래를 향한 새로운 지도를 그려 나갈 수 있을 것이다. 사물이 말을 걸고, 숲이 생각하며, 기계가 생성하는 이 소란스럽고도 활기찬 세계, 얽힘의 현장으로 여러분을 초대한다.

2025년 12월
엮은이 김상민

18

1

'비인간' 연구의 지도 그리기

인간을 넘어서는 존재들의 탐구를 위하여

김상민

1. 왜 비인간인가?

'비인간(nonhuman)' 연구에 대한 일반적인 시각은 대체로 혹독하거나 오해로 가득하다. 비인간에 대한 연구라면 마치 '인간 아닌' 것들만을 예외적으로 연구한다고 생각하기 쉽다. 또한 '비인간'을 중심에 두고 연구를 한다는 것은 '인간적인' 것들에 대한 가치를 부정하는 것은 아닌지 의심하기도 한다. 즉자적인 반인간주의라는 의심이다. 인간보다 비인간의 중요성을 더 크게 고려하여 결국 '비인간적인(inhuman)' 학문이 될 뿐인 것은 아닌지, 중요한 인간을 내버려두고 왜 인간 아닌 것을 연구하려고 하는지 탐탁지 않게 생각할 수도 있다. 나아가 알고 보면 '비인간'은 언제나 많은 연구의 대상이지 않았는지, 그렇기에 지금의 '비인간' 연구가 굳이 필요한 것인지 반문할 수도 있을 것이다.

사실 우리는 '인간'에 대한 것만큼이나 '인간 이외의' 것들에 대해서 늘 관심을 기울이고 연구해왔다. 아마도 그것이 근대 자연과학과 지식의 토대라고 할 수 있을 것이다. 말하자면 근대 자연과학은 인간을 중심에 두고 그를 둘러싼 세계를 대상으로 삼아 그것에 대한 지식을 축적해왔다. 언제나 '인간의 관점에서', 즉 인간을 중심에 두고 이루어진 세계(즉 객체 혹은 대상)에 대한 '객관적인' 관찰과 분석이 과학의 토대를 이루었다. 물론 이는 자연과학뿐 아니라 근대적인 세계관, 근대적인 사유 체계의 근본적인 토대가 된다. 사실 당시의 자연과학이 근대적인 세계관의 토대를 이루었다고도 볼 수 있다. 요컨대 근대 자연과학은 인간의 관점에서 비인간에 대한 이해와 지식의 구축이었다. 다른 한편, 근대 이후 '인간'에 대한 연구는 인간의 문화와 사회에 대한 연구, 나아가 인간 내면에 대한 연구(인문과학)로 구축되면서, '비인간'에 대한 연구(자연과학)와 벽을 쌓아왔다. 두 과학 사이의 단절은 자연과 문화 사이의 통합 불가능한 간격처럼 커지기도 했다.

우리 시대에 '비인간'에 대해 다시금 촉발되는 관심은 무엇보다 인간과 비인간, 문화와 자연 사이에 놓인 여전히 두터운 이 벽을 허물고자 하는—혹은 그 간격을 메우고자 하는—오랜 노력의 연장으로 이해할 수 있다. '비인간'에 대한 관심의 증가는 '인간'을 포기한다거나 '비인간'을 격상시킨다는 논리와는 무관하게, 혹은 그러한 논리에도 불구하고, '인간'과 '비인간' 혹은 자연과 문화 사이에 놓인 심연의 격차를 제거하고 모든 존재를 평등하게 대하고자 하는 시도로 읽을 수도 있겠다. 또한 이는 곧 세계를 이해하고 작동시키는 주체로서 인간을 중심에 두며, 인간 이외의 모든 것을 대상화하고 인간의 이익에 복무하도록 만들어 온 인간중심주의라는 근대적 가치체계를 전복하고자 하는 시도로 이어진다. 오로지 인간만을 중심으로 세계를 대상화하고 이해하며 이용하고자 할 때 어떤 문제들이 다시 인류를 곤경에 빠트리는지 근대 이후의 우리는 경험하고 있다. 결과적으로 오늘날 비인간에 대한 연구와 관심의 증가는 인간적 삶의 다중적 혹은 총체적 위기에서 시작했다고 할 수도 있을 것이다. 인간적 삶이 근대적 진보와 발전이라는 희망과는 달리 어느새 파국을 향하고 있는 현실은 인간만이 만물의 중심에 위치한다는 사유방식의 한계를 깨닫게 하고 비인간과 인간 사이의 구별과 위계를 넘어서는 행성적 공생의 관계에 대한 고민들을 촉발시키고 있다. 비인간을 배제하고 착취해 온 역사가 어느새 지구상의 인간적 삶을 송두리째 위기로 몰아넣고 있는 상황에서, 중요한 문제는 어떻게 비인간을 인간의 더욱 강력한 통제하에 둘 것인가가 아니라 어떻게 비인간을 (인간에 대한 배제가 아니라) 오히려 '인간의 조건'으로 이해하면서 비인간과 '더불어' 급격한 변화의 가속도를 줄이고 균형을 회복하며 서로의 삶을 지속하게 할 것인가에 있다.

2. 비인간은 누구/무엇인가?

'비인간'은 인간 이외의 존재들을 지칭하는 일반적인 명칭이기 때문에, 여기에는 다양한 존재들이 포함된다. 우선 '자연'이라는 비인간이 있다. 자연은 인간 이전에 존재하던 것, 인간의 영향과 무관하게 존재하던 것이다. 물론 인간조차 자연이기도 하다. 넓게는 우주 전체를 가리키겠지만, 지구를 구성하는 땅, 바다, 강, 산, 숲 등에서부터 동물 및 식물과 같은 생물체에 이르기까지 존재하는 거의 모든 것을 자연(이라는 비인간)으로 부를 수 있을 것이다.

이와는 달리 원래 자연으로 존재하던 것이 아닌 비인간도 있다. 자연

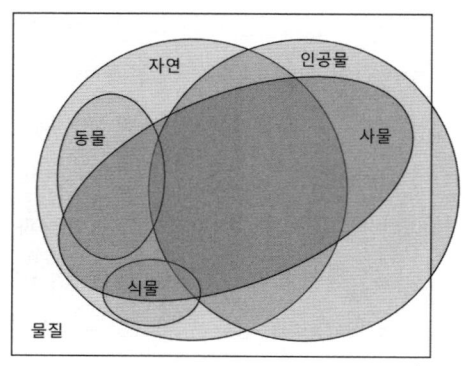

<그림 1> 다양한 존재들의 다이어그램

으로부터 추출한 원료를 가공하여 인간이 만들어낸 비인간 존재를 우리는 '인공물'이라고 부를 수 있다. 인공물은 우리가 흔히 사물이라 부르곤 하는 많은 물건, 도구, 건축물, 음식, 재료나 각종 기계 장치들로부터 물리적·물질적으로 존재하지 않는 언어나 상상의 산물, 가상의 도구들까지(〈그림 1〉에서 물질의 영역을 살짝 삐져나온 인공물의 영역) 포함한다. 사물이나 객체라고 불리는 비인간 존재는 사실 자연일 수도, 인공물일 수도 있다. 사물과 객체는 사실 그 범위가 어디까지 펼쳐질지 한계가 모호하다.

그러나 그런 자연으로서의 비인간과 인공물로서의 비인간과 같은 구분이 중요한가? 어쩌면 자연(비인간)과 문화(인간) 사이의 구분/구획이 만들었던 문제를 비인간 내에서 다시 반복하는 것일지도 모른다. 하지만 그러한 구분은 자연이라는 비인간에 비해 인공적인 비인간, 즉 인간에 의해 만들어진 비인간의 존재가 여타의 비인간(자연)을 비롯한 인류 전체의 삶에 얼마나 강력하게 영향을 미치는지를 고려하고자 할 때 의미가 있다.

그런데 인공물은 어쩌면 자연과 문화 혹은 인간과 비인간 사이의 구분 자체를 혼란스럽게 하는 일종의 하이브리드적 존재[1]는 아닐까? 그러한 인공물은 그 자체로 존재할 수 없다. 즉 그것은 자연이 아니다. 하지만 단순히 인공물로서 인간의 통제하에, 혹은 인간의 의지에 굴복해서 존재하지 않는다. 예컨대 인간의 필요와 목적에 의해 인위적으로 만들어지고 부차적으로 산출된 이산화탄소나 플라스틱, 방사능 폐기물은 그 필요와 목적이 충족된 이후에는 더 이상 인간이 완벽히 관리하거나 통제하기 힘들다. 아니, 불가능해진다. 그것은 인공적인 비인간 존재지만 인간의 통제를 벗어나고 인간적 범위를 넘어선다.[2] 그때에야 비로소 그 비인간 존재는 단순히 폐기처분된 물질이나 쓸모없는 사물이라는 상식을 뛰어넘어 인간과 자연 시스템의 지속가능성을 좌우하는 특별한 존재론적 위상을 획득한다. 더욱이, 필요 이상으로 광범위하게 생산되거나 과도한 생산의 과정에서 부가적인 사물로 생성되는 (비인간) 인공물은 자연과 인간을 포함하는 지구 행성적 시스템의 급격하고 돌이킬 수 없는 변화, 즉 인류세를 초래하고 있다는 점에서 이 존재에 대한 연구는 더욱 중요하게 요구되고 있다.

최근의 비인간에 대한 관심은 상당 부분 제도적 차원에서 두드러져 보인다. 주로 비인간의 권리를 다루는 법률적인 차원에서 논의가 활발하기도 하다. "동물, 강, 산, 열대우림, 생태계, 기계, AI, 로봇과 같은 합성 또는 인공 개체가 현재 세계 여러 지역에서 권리의 주체로 간주되거나 고려되는 과정"에 있는데, 이는 일부 국가에서만이 아니라 국제적인 환경에서도 빠르게 자리를 잡아가고 있다.[3] 에콰도르는 2008년 세계 최초로 자연을 헌법상 '권리 주체'로 명시하고 자연권을 선언했으며, 볼리비아는 2011년 '어머니 지구 권리법'을 명문화했다. "스페인과 뉴질랜드는 유인원에게 인격권(personhood rights)을 인정했고, 스페인 티르게로스 델 발레 시의회는 만장일치로 개와 고양이를 '비인간 거주자'로 규정해 그곳에 사는 인간과 유사한 권리를 부여했으며, 인도 정부는 고래, 돌고래 등 고래류와 심지어 강물도 고유한 권리를 가진 '비인간'이라는 판결을 내렸다."[4]

점점 인간의 인지적·육체적 능력에 가깝게 (혹은 그것을 능가하여) 발전하고 있는 인공지능이나 로봇에 대해서도 법적으로 인격권을 부여해야 한다는 논의가 이루어지고 있다. 동물이나 자연, 나아가 인공물에 법적 권리를 부여하는 이유는 그것을 여러 다른 행위자들의 파괴적 영향으로부터 보호하기 위한 목적(권리의 차원)뿐 아니라 그것이 지니고 있는 (비인간적) 역량을 인정하고 그에 대한 책임을 부여하기 위함(의무의 차원)이기도 하다. 비인간은 한편으로는 다른 것들로부터 보호되어야 할 존재이면서 그것의 힘으로부터 사회를 보호하기도 해야 할 역설적 존재다.

3. 비인간 전회

인문과학의 영역에서는 과거 학문을 가로지르면서 학문장 전반에 거대한 변화를 일으키는 흐름으로 20세기 초반부터 시작된 '언어적 전회(linguistic turn)'나 1970년대 이후의 '문화적 전회(cultural turn)'와 같은 호칭이 있었다. 최근에는 그와 같은 전환에 대비되는 (나아가 극복

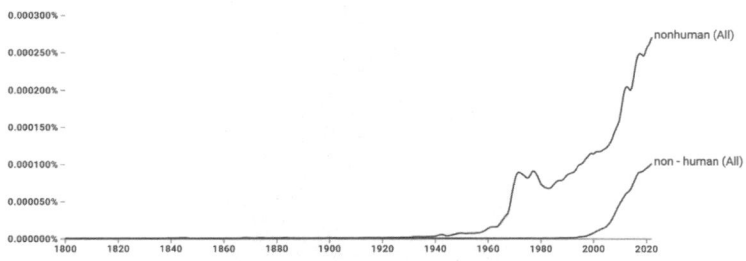

〈그림 2〉 Google Books Ngram Viewer 검색 결과 (1800-2022, English)

하기 위한) 것으로 '유물론적 전회(material turn)'와 더불어 '비인간 전회 (non-human turn)'가 언급되고 있다.[5] 유물론적 전회와 비인간 전회는 서로 상당 부분 겹치면서 비인간과 물질(사물)에 대한 열린 이해와 인정이 동시대와 미래의 현실에서 얼마나 중대한지를 학문의 장에서 보여주고 있는 셈이다.

비인간 전회는 2020년대 현재 일어나고 있는 것이기도 하지만, 사실 이미 10여 년 전부터 본격적으로 시작되었다. 이는 물론 그 이전부터 오랜 기간에 걸쳐 예술, 인문학, 사회과학 등의 분야에서 비인간 전회가 부분적으로 진행되어 왔음을 가리킨다. 그런 점에서 비인간 전회는 20세기 말에 이루어진 다양한 지적이고 이론적인 발전들에 그 기원을 두고 있으며, 21세기에 들어서서 다양한 영역에서 더욱 심화되어 일어나고 있다고 할 수 있다.

이에 대한 간접적인 증거로 우리 사회에서 '비인간'이라는 용어 사용의 증가를 들 수 있다. 구글 북스의 엔그램 뷰어에서 '비인간(nonhuman과 non-human)'을 검색하면, 그 용어는 20세기 중반, 특히 1960-70년

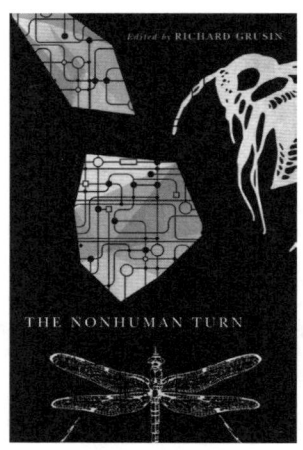

〈그림 3〉 *The Nonhuman Turn* 표지

대에 전 세계 영어권 서적에서 처음으로 큰 폭으로 증가하고, 다시 1990년대 이후 지속 증가하다가 특히 2010년대 이후에 가장 가파른 증가세를 보인다. 이처럼 '비인간'이라는 용어가 실제로 많은 일반 및 학술 서적에서 (그 이전에 비해) 폭발적으로 사용되고 있다는 점에서도 비인간 전회는 현재 실질적으로 진행 중이라고 믿어볼 수 있겠다.

2012년 5월 위스콘신 밀워키 대학교에서 개최되었던 "비인간 전회 (The Nonhuman Turn)" 컨퍼런스는 비인간 전회를 처음으로 다루고 있는 학술행사였으며, 이 행사의 학술적 결과물은 (앞서 인용한) 리처드 그루신(Richard Grusin)이 편집한 *The Nonhuman Turn* (University of Minnesota Press, 2015)에 집대성되었다. 여기에는 정동 및 문화 연구자인 브라이언 마수미, 스티븐 샤비로, 에린 매닝을 비롯해, 미디어 연구자인 이언 보고스트, 마크 B. N. 핸슨, 웬디 희경 전, 그리고 신유물론을 다루는 티모시 모턴, 레베카 셸던, 제인 베넷이 참여했다. 여기에서 다룬 내용들은 비인간 행위성과 사물의 정치를 주창한 브뤼노 라투르의 행위자-연결망 이론(ANT), 정동 이론, 도나 해러웨이를 통해 촉발되고 진전된 동물 연구 및 동물권 프로젝트, 질 들뢰즈와 마누엘 데란다의 배치 이론, 기술 네트워크와 인터페이스 등에 관련된 뉴미디어 이론, 인지과학과 인공지능을 포함한 새로운 뇌 과학, 객체지향 철학과 같은 사변적 실재론 등 매우 광범위한 주제와 영역을 아우른다.

다양한 학문적 접근방법을 특성으로 가지지만, '비인간 전회'는 일반적으로 "비인간을 향한 전회와 비인간에 대한 관심/우려를 위하여 인간(적인 것)을 탈중심화하는 것에 관여"[6]하는 여타의 학문적 주요 국면 혹은 지적 운동으로서 이해될 수 있다. "비인간 전회는 우리가 인간과 함께 시작하고 인간[적인 것]으로부터 인간 이후의 혹은 너머의(after or beyond the human) 탈인간[적인 것]으로의 변환(transformation)을 보는 목적론이나 진보에 관한 주장을 하지 않는다"[7]는 점에서 우리가 흔히 혼동하곤 하는 탈인간적(포스트휴먼) 전회(posthuman turn)와는 다소 다른 방향을 향한다고 볼 수 있다. 그루신의 관점은 상당히 엄격한데, 비록 포스트휴먼이 "탈인간적 전회를 구축하면서 인간과 비인간의 중첩을 촉발한다 해도 포스트휴먼이라는 개념 자체는 인간으로부터 인간 이후의 어떤 것으로 나아가는 역사적 발전을 수반한다"고 본다. 그와는 달리 "비인간 전회는 (라투르를 환언하자면) '우리는 인간이었던 적이 없다'고, 하지만 인간[적인 것]은 언제나 비인간[적인 것]과 공진화해왔거나 공존해왔거나 협력해왔다고—또한 인간[적인 것]이란 정확히 비인간[적인 것]과의 이 구분 불가능함을 특징으로 한다"[8]고 주장한다.

4. 비인간 연구와 관련된 학문 분야들

'비인간'이 여러 학문의 대상이 되고 그에 관심을 기울이는 학자들이 늘어나며 나아가 '비인간 전회'라는 새로운 학문적 흐름마저 이루게 되니, 마치 비인간이 그 이전에는 연구되거나 학문의 대상이 된 적이 없었다는 착각을 불러일으키기도 한다. 그러나 비인간[적인 것]에 대한 전회는 상당히 오랜 기간 축적되어 온 여러 학문적 노력이 있었기에 가능한 것이다. 비인간에 대한 연구는 예컨대 기술(기계)과 신체(생물)의 유기적 조합(사이보그)에 대한 연구와 그 뒤를 이은 포스트휴머니즘, 사물(thing)에 대한 학제적 연구와 그 연장선상에 있는 브뤼노 라투르의 ANT, 물질이나 객체(object)와 같은 존재에 대한 새로운 사유를 펼쳐내는 신유물론, 인간[적인 것]을 넘어서려는 인류학, 그리고 그 모든 분야들을 가로지르는 과학기술학(science and technology studies) 등을 꼽을 수 있다. 어느 것이 먼저 시작되었는지와는 무관하게 이들 분야는 이질적이지만 지속적으로 서로의 경계를 넘나들며 영향을 미쳐왔다. 이들 학문 분야가 비인간 연구에 어떻게 직·간접적으로 연결되는지 개괄적으로 살펴보는 것은 비인간 연구의 폭을 가늠하는 데 도움이 될 것이다.

1) 사물 이론

우리의 상식적인 생각과는 달리 사물은 나름의 힘을 가지고 있다. 하지만 대부분의 사물은 그 자체로 힘을 가지고 있다고 하기에는 너무 견고하거나 정지하고 있으며, 반대로 너무 희박하거나 흩날린다. 사물은 주체가 아니지만 또한 대상이나 객체이기만 한 것도 아닌데, 보통은 어떠한 능동적인 힘이나 활력을 가지고 있다고 간주되지 않는다. 그저 인간 주체가 그것을 움직이거나 자극하거나 소비하거나 이용할 때만 제 역할과 기능을 한다고 여겨진다. 그렇기에 사물은 능동적인 인간 주체에 비해 부차적인 것이며 어떤 행위성(agency)도 가지지 않은 것이라고 당연시되어왔다. 비록 자연과학이 사물에 대해 깊이 들여다보고 그 본성을 탐구한다 하더라도, 사물에 대한 우리의 이해는 늘 부족하다. 사물이 지닌 힘이 강력하다는 것은 알게 되지만, 사물이 우리에 대해서 가진 특별한 힘 자체에 관해 우리는 여전히 잘 알지 못한다.

그럼에도 사물은 늘 우리 곁에 있으며 우리에게 영향을 미치고 우리의 삶을 변화시키는 데 있어 특별한 것이기에, 많은 이들이 사물에 대해 아주 오래전부터 사유해왔다. 기원전으로 거슬러 가면 에피쿠로스학파의 일원인 루크레티우스(『사물의 본성에 관하여』)에서부터 근현대의 철학자 하이데거(『존재와 시간』, 「예술작품의 근원」)에 이르기까지, 철학에서 사물은 늘 사유의 중요한 대상으로서 우리에게 특별한 의미를 가져왔다. 특히 지난 세기말 무렵부터 활기를 띠기 시작한 물질문화연구의 측면에서는 '사물에 대한 이론'이 과연 가능한지 묻기 시작했다.[9]

"최근 '사물들'이 대유행이다."[10] 이렇게 시작하는 한 책은 2005년에 출판되었다. 그 문장에 이어 저자가 덧붙이는 "2001년 2월 24일자 뉴욕타임스의 '예술과 아이디어' 섹션은 물질문화에 대한 학계의 폭발적인 관심을 특집으로 실었다"라는 문장으로 판단컨대, 대략 2001년경에 저 문장을 썼다는 것을 알 수 있다. 놀랍게도 지금으로부터 20여 년 전에도 '사물'은 이미 학계에서 큰 관심거리였던 것이다. '사물'은 지금도 여전히 다른 비슷한 이름들(객체, 물질 등)과 함께 많은 이들에게서 회자된다. 사물의 유행은 20년이 넘도록 지속하고 있는 중이다.

사물은 왜 여전히 우리의 주요한 관심사며, 우리는 사물에 대한 집착에서 벗어나지 못하는 것일까? 한편으로는 사물의 물질성, 그러니까 우리가 손으로 만지고 직접 경험할 수 있는 구체적 대상으로서의 사물이 점차 소멸하고 있다는 두려움이 우리 시대에 존재하기 때문일 것이다. 물리적 대상들에 대한 상실감이다. 하지만 손으로 만질 수 있는 사물의 시대가 저물었다고는 하지만 사물들이 정말 사라질 순 없다. 사물 없이 우리는 살아가지 못하니까. 대신 사물과의 접촉, 사물과의 대면, 혹은 사물 경험은 점점 퇴색하고 있다고 말할 수 있다. 예컨대 우리는 점점 종이로 인쇄된 책을 펼쳐 읽는 대신 모니터로 전자책이나 파일을 본다. 사물은 다르게 경험되고, 그에 따라 우리의 감각과 지각의 방식도 변화하고 있다.

사실 근대 이후 인류는 너무 많은 물질을 추출해왔고, 너무 많은 사물을 만들어 소비하고 폐기했으며, 또 끊임없이 새로운 사물을 만들어내고 있다. 나노 단위의 입자에서부터 지구 바깥으로 추진되는 우주선에 이르기까지, 비가시적인 막대한 에너지부터 어디에나 존재하는 합성물질에 이르기까지, 인류가 만들어낸 사물의 규모와 범위는 넓고 깊다. 그것은 결국 지금의 급격한 기후변화를 낳고 지구 시스템의 총체적인 전환인 인류세의 시대로 우리를 폭력적으로 밀어 넣었다. 석유, 핵, 플라스틱, 나무, 금속, 광물 등 무분별하게 채굴된 원료와 가공된 재료로 만들어진 무수한 사물들이 있다. 대부분은 상품이고 어떤 것은 무기이고 다른 것들은 유용한 도구들이다. 우리가 만들어 사용하고 버린 사물들은 사라지지 않고 자꾸만 우리에게 되돌아온다. 되돌아올 때는 우리 눈에 보이지도 않으면서 엄청난 독성을 지닌 채 우리의 삶의 조건들을 철저히 파괴한다. 그렇다면 우리 시대의 사물들은 약화되고 사라지는 존재라기보다는 오히려 우리에게 위협적일 정도로 너무 강력해진 존재가 아닌가.[11]

2) 포스트휴머니즘

탈인간주의의 시도이건 인간주의의 연장이건, 포스트휴머니즘은 1980년대 테크노-사이언스 문화에 대한 다양한 학문적 논의들과 더불어 활기를 띠기 시작했다. 사이버네틱스와의 연관성을 따지자면 1960년대까지도 거슬러 올라갈 수도 있겠지만, 실질적으로 1980년대 중후반 특히 도나 해러웨이의 「사이보그 선언문」이나 1990년대 말 캐서린 헤일스의 『우리는 어떻게 포스트휴먼이 되었는가』에서 시작해 2000년대 말 캐리 울프(Cary Wolfe), 2010년대 로지 브라이도티 등에 이르기까지 지속적으로 기술적 및 생물학적 비인간과 인간의 관계/결합에 대해 논의를 이어가고 있다. 그런 점에서 보자면 다양한 학제를 가로지르며 본격적으로 비인간을 사유하고 논의를 확장하기 시작한 것은 바로 포스트휴머니즘이라고 볼 수 있다.

포스트휴머니즘은 비인간 자체를 다룬다기보다는 인간과 비인간 사이의 경계를 무화하고 나아가 인간과 비인간의 유기적 접속, 결합, 통합에 대한 학문이다. 즉 인간이나 생물이 비인간이나 기계의 존재론적 경계를 허물고 둘 사이의 이질적인 차이를 극복하며 어떻게 새로운 정체성/주체성을 획득하는지 혹은 그래야 하는지를 논한다. 각각 행위자로서 인간과 비인간의 이질적인 배치가 만들어내는 새로운 가능성들을 과거의 자율적이고 닫힌 주체성을 넘어 사유할 수 있게 했다. 나아가 비인간의 자리에 역사적으로 덜-인간적인(less-than-human) 존재로 자리매김되어 온 다양한 타자와 소수자들(여성, 어린이, 유색인종, 원주민, 장애인, 성소수자 등)이 포함될 수 있겠다. 그들은 인간이라는 점에서 비인간이라 할 수 없지만, 표준의 인간이자 동등한 시민으로 인정받는 데 여전히 어려움을 겪고 있다.

흔히 포스트휴머니즘은 신유물론의 한 부분으로 이해되기도 한다. 그러나 캐서린 헤일스, 캐리 울프에 이어 흔히 신유물론의 주요한 흐름으로 간주되는 그레이엄 하먼까지도 포스트휴머니즘의 논의 속에 포함시키기도 한다.[12] 포스트휴머니즘과 신유물론은 비인간 존재들에 대한 관심이라는 측면에서 어느 정도 서로 연속성을 지닌다고 할 수 있겠다. 하지만 앞서 그루신의 언급처럼 비인간 연구는 초인간이나 포스트휴먼 연구와 달리 인간의 변화(진화나 발전)에 덜 주목한다고도 할 수 있겠다.

3) 신유물론

신유물론은 행위자-연결망 이론에서부터 포스트휴머니즘, 사변적 실재론, 객체지향 존재론뿐 아니라, 생기론적 유물론, 행위적 실재론, 생태적 페미니즘 등에 이르기까지 매우 광범위하고 이질적인 접근법을 통칭하지만, 기본적으로 "고대와 근대 유물론의 물질관을 현대과학 (주로 양자이론과 분자생물학)을 발판으로 극복해나가면서 하나의 새로운 존재론을 세우려는 시도"[13]라고 요약할 수 있다.

신유물론의 대표적인 경향들로는 브뤼노 라투르의 ANT, 퀑탱 메이야수 등의 사변적 실재론(speculative realism), 그레이엄 하먼의 객체지향 존재론(object-oriented ontology), 도나 해러웨이, 로지 브라이도티, 애나 칭 등의 페미니즘적 포스트휴머니즘, 제인 베넷의 생기론적 유물론(vitalist materialism), 캐런 바라드의 행위적 실재론(agential realism) 등을 꼽을 수 있다. 이들 각각은 물질, 사물, 혹은 비인간에 대한 독자적인 연구 분야로 따로 떼어서 설명해야 할 정도로 이질적인 면을 보여주기도 한다. 그럼에도 물질, 객체, 자연과 같은 비인간이 지닌 행위성에 관한 것을 이들의 가장 중요한 공통점으로 꼽을 수 있을 것이다. 인간이 아닌 것, 즉 비인간이나 물질이 인간과 마찬가지로 행위자로서의 행위 능력을 가지고 있다는 것이다. 예컨대 라투르의 ANT는 "인간과 비인간 모두를 행위자로 보며, 이 둘을 차별하지 않는"[14] 것을 그 핵심적인 주장으로 한다. 인간 행위자와 비인간 행위자는 존재로서 동등한 위상을 가지며 역동적이고 이종적인 네트워크를 구성한다.

이러한 관점은 객체지향 존재론에서도 마찬가지인데,[15] 이는 인간(사유, 감정)이건 객체(사물, 물질)건 실재하는 모든 것은 동일한 방식으로 다루어져야 한다는 '평평한 존재론(flat ontology)'을 그 기준점으로 삼는다는 점에서 그렇다.[16] 제인 베넷 또한 소위 '생기론적 유물론'의 관점에서 먹거리, 상품, 폭풍, 금속과 같은 사물들이 지닌 역량을 '생기(vitality)'라고 칭하면서 이들은 "인간의 의지와 설계를 흩뜨리거나 차단할 뿐 아니라 자신만의 궤적, 성향 또는 경향을 지닌 유사 행위자나 힘으로서 작용"[17]한다는 점을 강조한다.

그러나 모든 물질이 다 생기가 있지는 않으며, 생기나 활기를 띠고 있는 것은 우리가 흔히 동물이나 식물 등으로 부르는 유기적인 것들에 한정된다고 보는 팀 잉골드(Tim Ingold)는 물질을 그 특성에 따라 활성/비활성(animate/inanimate)으로 구분한다.[18] 요컨대 신유물론의 문제는 물질 혹은 사물 자체의 능동적 역량, 즉 행위성을 어느 정도까지 인정할 수 있으며, 그러한 사물의 행위성이 인간의 행위성과 어떠한 관계를 맺는지에 대한 판단에 결부된다.[19]

ANT에서와 같이, 사물이나 객체에 인간과 같은 (혹은 인간이나 동물처럼 살아 있는 생명체가 지닌) 행위성을 부여하고, 나아가 인간 주체와 비인간 객체를 동일한 존재론적 위상을 가진 것으로 파악한다는 것은 누군가에게는 받아들여지기 어렵다. 움직이지도 않고 심지어 살아 있지도 않는 비인간 객체가 어떻게 존귀한 인간과 동일한 존재론적 위상을 가질 수 있는지를 이해할 수 없다는 반응이 뒤따르기도 한다. 길가에 구르는 돌과 코로나 바이러스 같은 미생물, 미세먼지 입자와 목장에서 풀을 뜯는 소, 그리고 지구상 지고의 존재인 인간 사이에는 물론 분명한 존재론적 차이가 있다. 그 존재론적 차이는 어쩌면 물질의 희소성이나 역할, 그것이 지닌 감각, 지각, 인지 능력의 정도에 따라 구성되는 것이겠지만, 이는 특정 기준에 따라 분류하고 위계를 설정하는 인간적 과정에서 미리 전제된다.

그러나 객체지향 존재론과 같이 모든 존재자들을 동등한 평면 위에 놓고 바라보고자 하는 '평평한 존재론'은 모든 사물과 동물 사이에 존재하는 차이를 무시하고 무차별적 동일성을 주장하는 것이 아니다. 또한 하면이 밝히듯, "객체는 (…) 물리적이지 않을뿐더러 실재적이지도 않은 존재까지 포함해야" 한다. 그러므로 객체지향 존재론은 "절대로 모든 객체가 '동등하게 실재적'이라고 주장하지 않는다." 하지만 더욱 중요한 점은 단지 "모든 객체가 동등하게 실재적이라는 것이 아니라, 그것이 동등하게 **객체**라는 것이다."[20] 그런 점에서 객체지향 존재론은 평평한 존재론처럼 존재자들 사이의 차이를 인정하면서도 객체라는 점에서 모든 존재자를 동등하게 대한다고 할 수 있다.[21]

4) 인간적인 것을 넘어선 인류학

최근의 인류학은 과거 근대 초기의 인류학과는 완전히 다른 관점에서 '인간' 혹은 인간 너머의 세계에 접근한다. 인류의 다양하고 또한 보편적인 사유체계와 생활양식을 탐구하기 위해 세계의 여러 문화를 비교하고, 흔히 문명 세계와 단절되어 인류의 '원시적' 모습을 유지하고 있는 오지의 부족들을 관찰하거나 전형적인 근대의 타자를 대상으로 하여 인류의 근원적인 속성을 탐구하려는 인류학적 방법은 이제 그 유효성을 잃었다고 할 수 있다. 오히려 서구 문화 내 자신들의 동시대 현상과 문제들을 다루거나 현대의 과학기술이나 산업현장, 일상에서의 관찰에 기반한 인류학적 연구들이 많은 부분을 차지하게 되었다. 여전히 인류학의 대상이 '사람'이지만 새로운 접근법들은 점점 사람이 '연결'되는 지리, 테크놀로지, 제도, 산업, 자본, 문화, 자연 등 이질적인 요소들과의 관계 속에서 타자와 자신을 함께 바라보고자 하는 시도들로

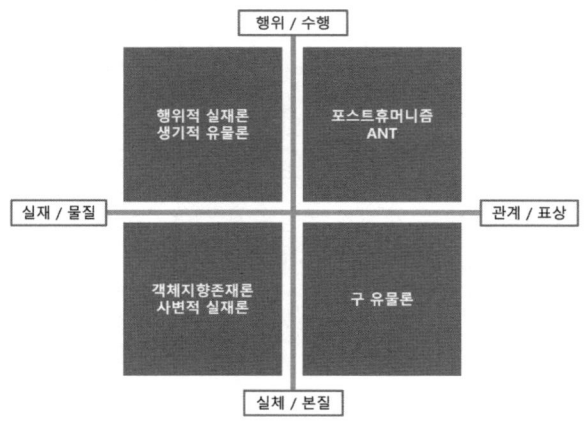

〈그림 4〉 비인간 존재를 읽어내는 관점들의 비교

변화하고 있다.

　자연과 문화의 이원론을 넘어 인간과 비인간 사이의 관계에서 다양성을 설명하면서 사고의 전환을 촉발하는 시도들이 인류학에서 2000년대 이후 이어지고 있다. 대표적으로 필리프 데스콜라(Philippe Descola)의 '자연의 인류학(anthropology of nature)'[22], 에두아르도 콘(Eduardo Kohn)의 '인간적인 것을 넘어선 인류학(anthropology beyond human)'[23], 에두아르두 비베이루스 지 카스트루(Eduardo Viveiros de Castro)의 퍼스펙티브주의(perspectivism) 등을 들 수 있다. 이들은 특히 남아메리카와 아마존 강 유역에서의 인류학적 연구를 통해 기존의 서구 인식론적인 접근법을 벗어나 존재론적이고 다종적이며 탈식민주의적 관점들을 제시한다. 아마존 원주민들의 사유가 더 이상 서구 근대적 형이상학의 관점에서 분석되고 이해될 수 없고 비록 복수나 식인의 형식으로 드러난다 할지라도, 그들이 적대적인 부족이든 자신을 해치는 숲의 동물이든 무수한 타자들의 세계에 대해 열려 있다는 점에서, 우리는 그들의 관점들로부터 비인간에 대한 새로운 접근법을 배워볼 수 있을 것이다.

5. 비인간 논의의 핵심 개념과 전제들

이와 같이 직·간접적으로 연결된 여러 학문 분야를 가로질러 '비인간'에 관련하여 논의되고 있는 주요한 쟁점과 개념은 무엇이 있을까? 논의의 지형 자체가 매우 복잡할 뿐 아니라 개별 학자들이나 각 분야에서 주로 사용하는 개념이 다르거나 비인간에 대한 논의를 전개하는 과정에서 새로운 개념을 창조하기도 하는 이유로 인해, 명확한 개념과 쟁점의 정리가 쉽지 않다. 동물이나 식물과 같은 비인간의 양상을 구체적으로 다루기보다는, 도식화의 위험과 한계를 무릅쓰고 비인간 논의에 관련된 개념들을 다음의 몇 가지 정도로 압축하고 재구성해보고자 한다.

1) 존재의 위계를 지우기

인간과 비인간, 문화[사회]와 자연, 주체와 객체(대상), 인문과학과 자연과학 사이의 대립과 구분은 오랫동안 근대적 사유의 근본적인 논리로 작동해왔다. '비인간 전회'의 주창자들은 이러한 이원론적 대립의 논리가 결과적으로 인간[적인 것]에 대한 특권화라는 문제를 지속시켜 왔음을 문제 삼는다. 그런 비판에서 '사회구성주의(social constructivism)' 또한 예외는 아니다. 왜냐하면 그것은 "비인간의 세상에서 행위성 혹은 내재적 의미나 특성을 제거"[24]하기 때문이다. 즉 사회구성주의적 관점에서는 비인간 혹은 "자연의 행위성, 의미, 가치를 [그 자체로 인정하기보다는] 모두 문화적, 사회적, 이데올로기적 기입이나 구축에서 유래"하는 것으로 보았다.

철학에서 주체와 대상[혹은 객체]의 구분은 사실상 인간과 비인간의 구분과 평행하다. 우리는 흔히 철학에서 주체의 상대항(counter term)으로 '대상'이라는 용어를 사용한다. 주체-객체의 쌍도 쓰지만 주체-대상의 쌍도 함께 사용한다. '대상'은 독일어에서 말 그대로 주체에 대해서 있는 것(Gegenstand)인데, 이는 대상이 인간 주체의 의식, 지적 활동, 감각, 사유의 내용이나 질료가 될 때만 그것의 존재론적 의미가 생겨난다는 의미로 이해된다. 독일 관념론 이후 근대 철학의 연장선상에서 보이는 인간중심적 혹은 '상관주의적(correlational)' 사유에서 세계는 늘 인간(사유)의 수동적인 대상으로 존재한다.[25]

비인간 존재는 그것이 무엇으로 불리건 존재의 이원론적 구분 속에서 이미 하위의 자리를 차지해왔다. 포스트휴머니즘에서부터 다양한 신유물론의 흐름들을 포함하는 비인간 연구의 핵심에는 (인간이든 비인간이든) 존재들 사이의 위계를 지우고(평평한 존재론), 모두 존재라는 측면에서 동일하다는 관점에서 출발한다.

2) 사물과 물질의 행위성을 인정하기

근대적 사유체계 아래에서 행위자는 언제나 인간이었다. 왜냐하면 '행위자'라는 용어가 의미하듯이 인간만이 '주체적으로' 그리고 '능동적으로' 다른 것에 영향을 줄 수 있는 존재라고 간주되었기 때문이다.[26] 의미론적으로는 사물도 사람이나 다른 사물에 영향을 미칠 수 있겠지만, 인간과 같은 의도나 의지를 가지지 않은 것의 행위성은 대체로 인정되지 않았다—혹은 인간의 행위성에 비해 미약하거나 하찮은 것으로 받아들여졌다. 요컨대 행위성은 무엇보다 "행위할 수 있는 잠재적 능력, 역량, 힘" 그리고 "그런 행위나 능력의 주체가 됨"을 의미한다.[27]

'비인간은 행위성을 가지고 있는가?'라는 질문은 그렇기에 비인간에 대한 여러 연구에 있어서 가장 핵심적이다. '비인간이 왜 가치 있게 다뤄져야 하는가?'라는 의문에 대해, 여러 비인간 연구들은 '왜냐하면 그것이 인간과 마찬가지로 나름의 행위성을 지니고 있기 때문'이라고 공통적으로 답할 수 있을 것이다. 비인간은 단지 수동적이거나 인간의 능동적인 행위성의 대상이기만 한 것이 아니라, 비인간도 나름의 행위성을 가진다는 것이다. 그런데 한편으로는 비인간 존재가 행위성을 가진다는 이러한 주장은 현대인에게 당연한 것으로 받아들여지기도 하지만, 다른 한편으로는 가장 받아들이기 어려운 주장이기도 하다. 예컨대 개나 고양이과의 반려동물과 같은 비인간 존재가 인간에게 능동적으로 미치는 영향은 누구나 인정할 수 있을 테지만, 전원 버튼을 눌러야 작동하기 시작하는 기계장치와 같은 비인간 존재는 인간에게 아무런 능동적인 영향을 미치지 않는 존재라고 간주하기 쉽기 때문이다. 프롬프트를 입력해야 작동하기 시작하는 생성형 인공지능 알고리즘과 같은 비인간 존재를 고려하기 시작하면 논의는 더욱 복잡해진다. 그렇다면 고양이와 전기 청소기라는 비인간 존재들은 같은 비인간으로 분류되지 않고, 생명이 있는 비인간과 생명이 없는 비인간, 행위성을 지닌 비인간과 행위성이 없는 비인간으로 구분되어야 할까? 아마도 이 질문에 대한 답은 각각의 학자들과 연구 분야에 따라 확연하게 다를 것이다.

예컨대『생동하는 물질』의 저자 제인 베넷이라면 쓰레기 더미나 국가의 전력망과 같은 비인간도 활기를 지니고 있으며 따라서 행위성이 명백히 있다고 주장하겠지만,『숲은 생각한다』의 저자 에두아르도 콘이라면 생명을 가지고 있는 것, 살아있는 것(적어도 식물과 동물이 구성하는 복합체)이어야 비인간 행위성을 지닌다고 볼 것이다. ANT의 브뤼노 라투르라면, 나아가 객체지향 존재론의 그레이엄 하먼이라면 이른바 '평평한 존재론'에 의거하여 그것이 사물이든 생물이든, 구체적인 존재든 가상의 사건이든, 즉 인간이든 비인간이든 상관없이 모두 특정한 배치 속에서 나름의 행위성을 지닌다고 말할 것이다.

이 문제는 '수행성(performativity)'이라는 개념과도 관련을 맺는다. 행위자를 어떤 행위를 수행하는 주체로 보고 행위란 그 주체가 수행하는 것이라는 공식에서는 특정한 행위가 계속해서 특정한 주체로 환원될 수밖에 없다. 따라서 행위 주체를 모든 사건이나 운동의 근원으로 보는 것은 그 행위 주체의 위치에 인간 주체를 놓게 만든다. 그런 점에서 행위의 주체가 아니라 행위 자체, 즉 행위가 수행되는 방식(수행성)에 강조점을 둠으로써 (인간의 주체성으로 환원되지 않는) 비인간의 능동적 행위성에 대한 논의가 가능해진다. 이론 물리학자이자 신유물론 페미니스트인

캐런 바라드(Karen Barad)의 행위적 실재론은 그런 점에서 비인간의 행위성을 보다 적극적으로 사유해볼 수 있게 만드는 관점을 제공한다.

3) 배치와 얽힘

'배치'라는 개념은 프랑스 철학자 질 들뢰즈와 펠릭스 가타리의 정신분석학적 개념에서 유래하고 이후 마누엘 데란다가 체계적으로 재구성했다.[28] 최근의 논의에서는 주로 '집합체'로 번역되곤 하는 '배치'의 원어는 (들뢰즈와 가타리의 원저서에서) 프랑스어 'agencement'이지만 영어로 번역되면서 'arrangement'가 아니라 'assemblage'로 번역되었다. 그런데 이후 이 영어로 번역된 용어를 우리말로 중역해 쓸 때 영어 '어셈블리지'가 아니라 프랑스어인 '아상블라주'로 오해하여 받아들이는 경향이 있다. 아주 다른 의미라고 할 수는 없지만 정확하지 않기에 이해와 번역 과정에서 주의해야 할 필요가 있는 개념이다. 여기서 배치는 단순히 특정한 위치에 놓인다는 의미보다는 여러 다른 요소들과의 조합을 통해 새로운 관계를 형성하게 된다는 의미로 읽어야 한다.

비인간과 인간은 다양한 배치 속에서 혹은 새로운 집합체로서 고유한 행위성을 발현한다. 배치는 이질적인 혹은 비균질한 행위자들의 연결을 통해 창발하는 새로운 관계성을 가리킨다. 왜 배치가 중요한가? 지금껏 인간은 유일한 행위주체로서 자연과 비인간은 수동적인 대상으로 다루어왔다. 그런데 사실은 인간과 자연, 인간과 비인간은 모두 행위자, 행위주체로서—그러나 모두가 동질적이지는 않다—서로에게 영향을 미친다. 즉 이질적인 행위자들은 서로 협력하거나 적대하면서 새로운 배치를 창발한다. 예컨대 라투르가 총을 사례로 들고 있는 것처럼, 총이 발사되어 결국 사람을 죽게 만든다(유물론자)고 보거나, 총은 인간의 통제하에 있는 단순히 중립적인 도구이므로 인간만이 실질적으로 총을 발사하여 사람을 죽인다(사회학자)는 식의 설명은 모두 잘못되었다. "당신은 손에 총을 쥐고서 달라지며, 총은 당신에게 쥐어지면서 달라진다. 당신은 총을 쥐고 있기 때문에 또 다른 주체이며, 총은 그것이 당신과의 관계에 들어섰기 때문에 또 다른 객체다."[29] 즉 총이라는 객체와 사람인 주체는 서로 얽히면서 새로운 배치—라투르는 "총과 총기 소지자로 구성된 잡종(hybrid) 행위자"라고 부른다—를 만들어낸다.

과학적 사실이나 기술적 인공물 또한 여러 이질적인 행위자들(문헌, 실험실의 장치, 과학자/기술자, 사회적 논리 등)의 배치 속에서 구성된다. 인간의 신체(내의 장기) 또한 여러 독립적이고 자율적인 행위자들(세포, 장내 박테리아, 대장균 등)이 공존하는 생태적 공동체로서 구성 요소들은 서로 협력하거나 방해하면서 독특하게 배치된다. 그런 점에서 배치라는 개념과 더불어 도나 해러웨이에게서라면 반려종과 '함께 되기(becoming with)'를 떠올려 볼 수 있겠고,[30] 애나 칭에게서라면 송이버섯을 둘러싸고 형성되는 교란에 기반한 다종적 생태를 그려볼 수 있겠다.[31] 그리고 캐런 바라드라면 여러 이질적인 행위자들 사이의 마주침과 관계를 '얽힘(entanglements)'으로, 그들 사이의 복잡한 상호작용을 '내부-작용(intra-action)'으로 설명할 것이다. 배치란 미리 결정된 관계가 아니라 서로 얽혀 있는 행위성/행위자들이 "상호작용보다 앞서 존재하는 구분된 개별 행위성들을 가정"하는 내부-작용을 통해 창발하고 생성하는 관계라고 할 수 있겠다.[32]

6. 비인간 연구를 둘러싼 몇 가지 논점들

1) 인간의 위상 변화

많은 이들은 비인간에 대한 대중적이고 학술적인 관심의 증가에 대해 이런저런 우려를 하고 있다. 인간과 비인간의 경계를 허문다는 것에는 결국 특정한 의도가 개입되거나 의도치 않은 역설적 효과가 발생하는 것이 아닌가 하는 염려다. 인간 내부의 다양한 경계(젠더, 민족, 계급 등)는 여전한데도, 인간과 그 외부의 것(비인간) 사이의 경계를 허문다는 것 혹은 인간 내부의 경계들은 내버려두고 엉뚱한 경계만 허문다는 것에는 분명 좋지 않은 의도가 있을 것이라는 의심의 눈초리로 바라보기도 한다. 마르크스주의(자)라면 계급의 (평등이나 해방이라는) 문제를 놓(치)고 비인간의 (평등이나 해방이라는) 문제를 다루는 것은 역사의식의 상실이라는 관점에서 의심을 품을 것이다. 단순히 말하자면, 비인간에 대한 학문적·현실적 관심의 증가는 그것이 인간의 현실보다 비인간의 문제를 더 중요하고 긴급한 의제로 여긴다는 오해를 불러일으킨다.

이는 앞서 법률적, 제도적 관점에서 '비인간 권리'의 문제를 다루는 경우에 특히 그러하다. 실제로 비인간의 권리에 대한 요청이 급증하고 있는 지금 오히려 인권(인간의 권리)에 대한 불확실성은 더욱 커지고 있다. 근대 이후 더 공정하고 평등하고 정의로운 세계에서 인권이 전반적으로 개선되고 있다는 일반적인 인식과 달리, 지구 곳곳에서 벌어지고 있는 전쟁, 기후위기, 새로운 불평등의 심화는 오히려 인권의 급격한 후퇴를 가져오고 있다.

또한 급변하는 자동화 기술의 발전과 함께 자동화된 시스템 속 주체가 새롭게 열어내는 역설적 상황은 인간과 비인간 존재의 위상에 대해 많은 것을 고민하게 만든다.

현재 자동화의 조건에서 인간은 기술적 자동화 때문에 플랫폼 노동, 긱 노동과 같은 불안정한 노동으로 밀려나 전통적인 노동자의 지위를 상실하고 오히려 노동자의 지위와 권리를 얻기 위해 투쟁하고 있으며, 반면 로봇이나 AI 같은 자동화된 기술은 점점 그것이 생산의 영역에서 두각을 나타내고 있기에 오히려 법률적 인격을 부여받아 로봇세나 AI세 등을 부과해야 할 정도로 노동자의 지위를 획득하고 있는 것이다. 이 역설적 상황은 인간과 비인간(AI) 사이의 구분보다는 이들 사이의 통합적인 이해가 필요하다는 점을 상기시킨다.[33]

이와 유사하게, 객체지향 존재론을 주창하는 레비 브라이언트나 그레이엄 하먼이 주로 기대고 있는 '평평한 존재론'이 흔히 인간과 사물을 비롯한 모든 존재가 존재론적으로 동일하다고 본다는 오해를 받는다. 즉 새로운 유물론을 경유할 때 존엄한 인간 존재의 위상을 사물이나 비인간과 동일한 수준으로 낮추는 것으로 이해되고는 한다. 그러나 사물과 비인간 존재가 지닌 힘과 영향력이 인간의 존재에 비해 무력하거나 사소하다고 볼 수 없다는 점에서 객체나 사물에 대한 새로운 이론들은 사물의 위상을 (그마저도 인간중심적 사유 안에서) 높였다고 보아야 할 것이다.[34]

만약 이를 인간과 비인간 사이의 힘(권력)의 증가 혹은 감소라는 관

		지구	
		변하지 않는 힘	강해진 힘
인간	변하지 않거나 약해진 힘	인류세 부인	포스트휴머니즘 존재론적 다원주의
	강해진 힘	에코모더니즘 체제	신인간중심주의

〈표 1〉 인류세를 둘러싼 지구와 인간 사이의 힘 구조 변화[35]

점에서 논한다면 '거대한 전환 앞에 선 인간과 지구 시스템'이라는 부제를 달고 있는 클라이브 해밀턴의 『인류세』에서의 분류가 도움이 될 것이다. 그에 따르면, 인류세 논의에 대응하는 방식은 인간과 지구 간의 역학관계 변화를 어떻게 이해하느냐에 따라 네 범주로 구분된다(〈표 1〉). 첫 번째 입장은 양측의 역량 모두 이전과 다르지 않다고 여기며, 따라서 인류세라는 개념 자체를 받아들이지 않는다. 두 번째는 인간의 역량 증대를 강조하되 지구 자체의 변화는 인정하지 않는 에코모더니즘적 태도다. 이 관점에서는 증강된 인간의 기술적 역량을 통해 생태 위기를 제어하고 교란된 균형을 재건할 수 있다고 낙관한다. 세 번째 입장인 포스트휴머니즘 혹은 존재론적 다원주의는 정반대로, 지구 시스템의 역량이 급격히 증대한 반면 인간의 역량은 상대적으로 정체되거나 축소되었다고 파악한다. 해밀턴의 분석에 따르면, 이러한 시각은 호모사피엔스 중심의 시대가 종언을 맞이하고 물질적 세계와 비인간 행위자들(가령 지구 시스템)의 영향력이 부상하면서, 인간과 자연(혹은 물질, 지구)이 대등한 위상을 획득하게 되었다고 주장한다.

해밀턴이 지지하는 네 번째 관점은 다음과 같다. 환경 파국으로 가시화되는 지구의 역량 강화는 역설적으로 인간 활동이 지구 시스템을 좌우할 만큼 막강해졌음을 반증한다. 다시 말해, 오늘날의 인류세는 인간 역량의 극적 확대가 초래한 결과이며, 이 사실을 외면하거나 부인해서는 곤란하다는 것이다. 다만 이러한 인식이 인간을 세계의 지배자이자 중심으로 위치시키는 전통적 인간중심주의(또는 에코모더니즘)로 왜곡되어서는 안 된다. 동시에 포스트휴머니즘처럼 인간을 여타 사물이나 객체와 평평하게 배치함으로써 책무를 희석시키는 방향도 지양해야 한다고 본다. 결론적으로 이는 비대해진 인간 역량에 상응하는 윤리적·정치적·기술적 책임성을 촉구한다는 측면에서, 기존의 인간중심주의와 구별되는 새로운 형태의 인간중심주의, 즉 신인간중심주의가 요구된다는 주장으로 귀결된다.[36] 그러나 다시 한 번 (새로운) 인간중심주의로 돌아간다는 것은 인류세나 기후위기의 해법을 여전히 인간에게서 찾으려고 한다는 의심을 하게 만든다.

그 어떤 종류의 것이건 비인간(에 관한) 연구들이 초점을 맞추는 것은 그동안 늘 중심을 차지했던 인간을 바깥으로 몰아내자는 주장에 있지 않다. 물론 비인간 존재들에 대한 더 깊은 고려가 필요하다는 전제가 있겠지만, 인간의 위상을 끌어내린다는 의심은 비인간(에 관한 연구)에 대한 순수한 오해에서 비롯되는 것이리라.

2) 의인화와 은유

동물이나 식물과 같은 비인간 존재들에 대해 사유하거나 상상하기 위해서 우리는 종종 애니미즘(animism)이나 페티시즘(fetishism)과 같은 것을 필요로 한다. 인간은 어떻게 해서도 비인간 존재의 입장, 관점을 가질 수 없다. 동물과 같은 비인간 존재가 비록 나름의 언어를 가지기도 하고 지각 및 인식 작용을 한다고 할 수 있지만, 인간은 그것이 어떤 방식으로 가능한지 알지 못하며, 따라서 인간의 관점에서 그것을 설명할 수 있을 뿐이고 또 그렇게 하려고 한다. 예컨대 1974년에 발표된 토머스 네이글의 유명한 논문, 「박쥐가 되는 것은 어떤 것인가?(What is it like to be a bat?)」에서는 인간이 경험하고 상상하는 박쥐의 경험(음파탐지에 의한 지각)은 실제의 그것과 전혀 유사하거나 같지 않다는 점이 논증된다. 인간이 비인간의 감각을 경험하는 것은 완전히 불가능한 것일까?

미디어학자 이언 보고스트는 이와 같이 비인간이 경험하는 현상을 객관적으로 완전히 재현할 수 없다는 점에서 비인간에 대한 인간적 사유/해석 방식을 '에일리언 현상학'이라 부른다. 그런데 이 "에일리언 현상학을 수행하는 유일한 방법은 비유(analogy)를 통해서 이루어진다. 예를 들면, 박쥐는 잠수함처럼 작동한다."[37] 그러나 이런 설명은 비록 때로는 불가피하다 해도 인간 경험과 인식의 주관적 본성으로 인해 인간중심주의로 되돌아 갈 위험이 상존한다. 객체지향 존재론의 그레이엄 하먼의 경우도 객체에 대한 주관적 경험이 예술을 통해 간접적인 관계를 맺게 되는 '은유(metaphor)'의 차원에 대해 중요하게 다루고 있다.[38]

어쩌면 예술, 비유(유비), 은유는 비록 의인화(anthropomorphism)를 통해 인간적 관점이 주입될 수 있는 위험이 있지만 여전히 비인간에 대한 이해를 돕는 거의 유일한 해법이라 볼 수 있다.

그렇다면 우리가 의인화나 은유를 아무런 거리낌 없이 비인간에 대한 적절한 이해의 방식으로 사용하는 것에 문제는 없는 것일까? 최근의 인공지능 기술의 경우, 여러 다른 사회적이고 문화적인 문제들을 발생시키고 있지만, 특히 의인화와 관련해 중대한 문제를 보이고 있다. 우선 인공'지능'이라는 용어 자체에서부터 '기계 학습'이나 생성형 인공지능의 '환각'과 같은 용어의 사용은 비유나 의인화를 통해 그것에 대한 이해를 돕지만, 여러 가지 오해와 착각을 일으키게 만들기도 한다. 인공지능의 작동에 있어 학습이나 지능과 같은 개념을 사용함으로써 알고리즘과 같은 비인간이 인간적 능력을 모방하는 것을 넘어 실제로 구현하고 있으며, 따라서 인간과 동일하거나 더 뛰어난 '인간적' 능력을 지니는 것으로 오해된다. 이는 인공지능의 물질적 작동 메커니즘(거대한 데이터세트 처리나 막대한 에너지의 소비 등)을 보이지 않게 만들고 나아가 기술의 실제 작동 방식을 이해할 기회를 박탈하기도 한다. 나아가 인공지능 시스템을 '행위자'처럼 만들면서 정작 그 시스템을 설계하고 훈련하고 배치하는 기업과 권력 주체들의 책임을 흐릿하게 만들기도 한다. 의인화는 인공지능을 인간 지능의 모방이나 발전형으로만 사유하게 만들어 정작 비인간적인 것을 비인간성 그 자체로 사유할 가능성을 차단할 수도 있다. 비인간을 이해한다는 것은 그것을 인간으로 환원하는 것이 아니라 그 이질성과 물질성을 직시하는 것이어야 한다.

3) 비인간과 기술의 확장

현대 사회에서 우리가 비인간을 만나게 되는 가장 빈번한 곳은 다름 아닌 기술의 영역이라 할 수 있을 것이다. 물론 이때의 비인간은 자연이라기보다는 인공적인 비인간이다. 이 인공적인 비인간에는 ('인공'이라는 용어 때문일 수 있겠지만) 인공지능과 같은 자동화된 장치를 포함하는 대부분의 기술적 사물이 포함된다. 공장이나 가정에서의 다양한 기계장치와 로봇, 알고리즘과 소프트웨어, 기반 시설로서의 데이터 센터나 플랫폼 등 모든 자동화를 지향하는 기술이 특히 비인간의 영역에서 관심의 대상이다.

인공적인 비인간은 여러 측면에서 인간 신체의 확장이나 보조 도구로서 이해되다가(마셜 매클루언), 통제와 커뮤니케이션의 체계 내에서 인간(혹은 동물)과 동등한 위상으로 간주되고(노버트 위너, 사이버네틱스), 나아가 인간의 삶에서 필수적인 기계와 통합되는(포스트휴먼) 것이 되어왔다. 그런 점에서 비인간 기술 혹은 인공적 비인간은 지금까지 인간적인 것의 확장, 인간과의 통합, 인간의 완성, 나아가 인간의 극복(혹은·초월)을 목적으로 추구되어 왔다고 할 수 있다. 한편으로는 인간을 위한 도구와 수단으로(대상), 다른 한편으로는 새로운 인간이라는 이상으로(목표) 그려졌다. 따라서 기술의 영역에서 인공적인 비인간은 애초 유용한 도구이자 초월적 이상이라는 역설적인 존재다.

자동화를 둘러싼 최신의 기술은 인간의 능력을 뛰어넘는 비인간의 막강한 능력을 보여주고 행사함으로써, 비인간 기술은 인간과 세계의 구성에 있어서 무시할 수 없는, 따라서 반드시 중대하게 고려해야만 하

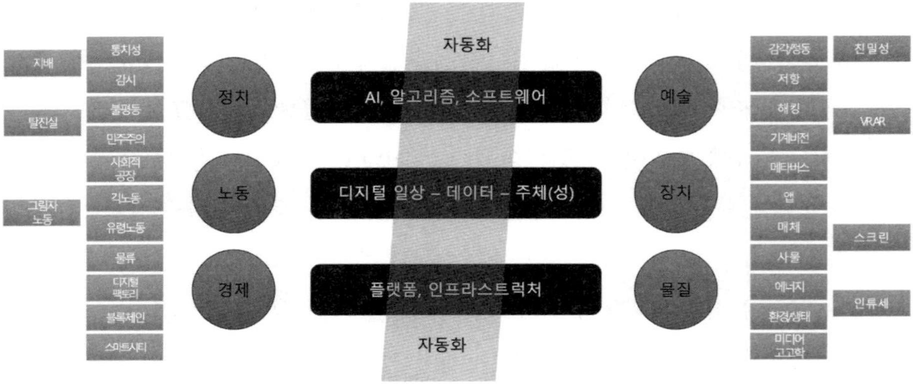

지배
통치성
감시
탈진실
불평등
민주주의
사회적 공장
그림자 노동
긱노동
유령노동
물류
디지털 팩토리
블록체인
스마트시티
정치
노동
경제
자동화
AI, 알고리즘, 소프트웨어
디지털 일상 – 데이터 – 주체(성)
플랫폼, 인프라스트럭처
자동화
예술
장치
물질
감각/정동
저항
해킹
기계비전
메타버스
앱
매체
사물
에너지
환경/생태
미디어 고고학
친밀성
VR AR
스크린
인류세

〈그림 5〉 자동화를 중심으로 하는 비인간 기술의 양상, 관점, 주제, 문제들

는 존재가 되었다. 디지털적 대상의 존재론을 하이데거, 스티글러 등을 관통하며 펼쳐내는 철학자 육후이(Yuk Hui)는 "우리 환경이 도구와 정치로 가득 차 있을 뿐 아니라 보다 중요하게는 기계들의 논리적 능력과 조작[연산]이라는 측면에서도 테크놀로지가 점점 더 우리의 사유과정에 끼어드는 것을 볼 수 있"으며, 그러한 환경에서 "시스템이나 앙상블 내부에서 결정은 의미를 결정하는 주체적 선택에 의존하는 대신 알고리즘에 의해 체계적으로 규정된다"[39]는 점을 지적한다. 문제는 인간의 능력을 훌쩍 뛰어넘어 매 순간 엄청난 가속도로 발전하고 있는 이 비인간 기술의 환경 속에서 현재와 미래의 인간과 세계는 과연 어떤 강도와 폭으로 영향을 받게 될지에 대해서는 아직도 예측하기 어렵다는 점이다.

비인간 기술은 삶의 모든 영역에 매우 깊이 개입하고 있다(〈그림 5〉).

자동화라는 기본적인 원리(혹은 논리)가 관통하는 지금의 인공적인 기술의 세계는 한편으로 비인간이 인간 삶의 광범위한 영역에서 주요한 행위자로 등장하고 있다는 사실을 보여준다. 다른 한편 비인간 기술의 확장은 인간을 자동화된 시스템 내 일부분이 되도록 강제하면서 인간을 자동화하고 나아가 비인간화하는 경향을 띤다. 이는 표면적으로는 사이버네틱스가 목표로 했던 인간(동물)과 기계(장치)가 통합되어 작동하는 하나의 시스템을 완성하는 것처럼 보이기도 한다. 하지만 비인간이 능동적인 행위자로, 인간이 수동적인 대상으로 주객의 관계가 완전히 역전되는 상황은 상상으로 존재하던 디스토피아적 미래 현실이 지금 미리 구현된 것처럼 보인다.

7. 결론: 비인간 연구의 지평과 과제

지금까지 살펴본 바와 같이, 비인간 연구는 근대 이후 지속되어 온 인간중심주의와 자연-문화의 이원론을 넘어서려는 광범위한 학문적 시도이다. 사물 이론, 포스트휴머니즘, 신유물론, 행위자-연결망 이론 등 다양한 학제적 접근들은 비인간 존재들이 단순히 인간 행위의 수동적 대상이 아니라 고유한 행위성을 지닌 능동적 행위자임을 밝히고 있다. 특히 평평한 존재론, 배치, 얽힘과 같은 개념들을 통해 인간과 비인간이 위계적 관계가 아닌 동등한 존재론적 위상에서 이질적이면서도 상호의존적인 관계를 맺고 있음을 드러낸다. 이러한 관점의 전환은 기후위기와 인류세라는 총체적 위기 앞에서 인간만의 힘으로는 더 이상 지속가능한 미래를 구축할 수 없다는 절박한 인식에서 출발한다.

그러나 비인간 연구를 둘러싼 논쟁들—인간의 위상 문제, 의인화와
은유의 함정, 기술적 비인간의 급격한 확장—은 이 분야가 여전히 정
교화되어야 할 과제들을 안고 있음을 보여준다. 특히 인공지능을 비롯
한 자동화 기술의 발전은 비인간 기술이 인간의 능력을 넘어서는 동시
에 인간을 시스템의 부품으로 환원시키는 역설을 낳고 있다. 이는 비인
간 연구가 단순히 비인간의 행위성을 인정하는 차원을 넘어, 어떻게 인
간과 비인간이 서로를 착취하거나 도구화하지 않으면서도 공존할 수
있는지에 대한 윤리적·정치적 기획으로 나아가야 함을 시사한다. 의인
화를 경계하면서도 비인간의 이질성을 존중하는 방법론, 인간의 책임
을 회피하지 않으면서도 비인간의 역량을 인정하는 균형 잡힌 관점이
필요하다.

앞으로의 비인간 연구는 학제적 협력을 통해 더욱 구체적이고 실천
적인 방향으로 발전해야 한다. 법적·제도적 차원에서 비인간 권리를
어떻게 구현할 것인가, 예술과 문화의 영역에서 비인간과의 새로운 관
계를 어떻게 상상하고 실험할 것인가, 기술 개발과 운용 과정에서 비인
간의 물질성과 생태적 영향을 어떻게 고려할 것인가 등의 구체적 질문
들이 제기되어야 한다. 무엇보다 비인간 연구는 인간을 배제하는 것이
아니라, 인간과 비인간이 서로 "응답-능력(response-ability)"[40]을 키우는
관계 속에서 함께 변화하고 지속하는 새로운 배치를 모색하는 작업이
어야 한다. 이는 결국 인간적 삶의 지속가능성이 비인간과의 공생 없이
는 불가능하다는 인식에서 출발하여 행성적 규모의 공동체를 재구성
하는 장기적 기획이 될 것이다.

주

1 브뤼노 라투르, 『우리는 결코 근대인이었던 적이 없다』, 홍철기 옮김, 갈무리, 2009, 42쪽.

2 '하이퍼객체(hyperobject)'라는 명칭은 바로 그와 같이 특수한 인위적인 객체/사물을 의미한다. Cf. 티머시 모턴, 『하이퍼객체: 세계의 끝 이후의 철학과 생태학』, 김지연 옮김, 현실문화, 2024.

3 Alexis Alvarez-Nakagawa, Costas Douzinas (Eds.), *Non-Human Rights: Critical perspectives*, Edward Elgar Publishing, 2024, p. 1.

4 Colin Dayan, "Residual Humanism," *Non-human Rights*, p. 15.

5 이 둘을 통틀어 '존재론적 전회(ontological turn)'로 부를 수 있겠다.

6 Richard Grusin, "Introduction," *The Nonhuman Turn* (R. Grusin Ed.), University of Minnesota Press, 2015, p. vii.

7 Ibid., p. ix.

8 Ibid.

9 김상민, 「사회적 참사와 사물의 정치」, 『문화연구』, 11(1), 2023, p. 8. Cf. Daniel Miller, "Materiality: An introduction", In D. Miller (Ed.), *Materiality*, Duke University Press, 2005, pp. 1-50.

10 W. J. T. 미첼, 『그림은 무엇을 원하는가?』, 김유경 옮김, 그린비, 2010, 162쪽.

11 김상민, 「사물의 우울」, 『깨끗한 석판 - Tabula Rasa』, 유무형프레스, 2026.

12 이동신, 『포스트휴머니즘의 세 흐름: 캐서린 헤일스, 캐리 울프, 그레이엄 하먼』, 갈무리, 2022, 24쪽.

13 박준영, 「신유물론의 이론적 지형」, 『문화/과학』, 107호, 2021, 78쪽.

14 홍성욱, 「7가지 테제로 이해하는 ANT」, 『인간, 사물, 동맹』, 이음, 2010, 22쪽.

15 세부적인 논의에 들어가면, ANT는 행위자들을 네트워크상에서 서로에 대한 상호적 효과로 환원시키고, 사물 그 자체의 힘을 평가절하한다는 점에서 객체지향 존재론과는 차이점을 보인다고 할 수 있다. Graham Harman, *Object-Oriented Ontology: A new theory of everything*, Pelican Books, 2018, p. 107 참고.

16 Ibid., p. 54.

17 제인 베넷, 『생동하는 물질: 사물에 대한 정치생태학』, 문성재 옮김, 현실문화, 2020, 9쪽.

18 Tim Ingold, *Being Alive: Essays on movement, knowledge and description*, Routledge,

2011.

19 김상민, 김성윤, 「물질의 귀환: 인류세 담론의 철학적 기초로서의 신유물론」, 『문화/과학』, 97호, 2021, 65-66쪽.

20 그레이엄 하먼, 『쿼드러플 오브젝트』, 주대중 옮김, 현실문화, 2019, 23쪽. 강조는 원문의 것이다.

21 김상민, 「객체의 미학: 즉물성의 극복과 새로운 연합을 향하여」, 『문화/과학』, 107호, 2021, 166-167쪽.

22 필리프 데스콜라, 『타자들의 생태학: 자연과 문화의 이원론을 넘어서는 인류학』, 차은정 옮김, 포도밭출판사, 2022.

23 에두아르도 콘, 『숲은 생각한다』, 차은정 옮김, 사월의책, 2018, 22쪽.

24 Grusin, *op. cit.*, p. xi.

25 김상민, 「객체의 미학: 즉물성의 극복과 새로운 연합을 향하여」, 『문화/과학』, 107호, 2021, 164쪽.

26 행위성(agency)이라는 단어는 라틴어 'agentia'(action, activity), 'agent-'(doing)를 어원으로 가지며, 사전적으로 '어떤 사람 혹은 어떤 것에 영향을 미치는 사람 혹은 사물'(A person who or thing which acts upon someone or something), '힘을 행사하는 사람 혹은 사물'(one who or that which exerts power)을 의미한다. Cf. OED. 영어의 'agency'를 우리말로 옮길 때에는 행위성, 행위자성, 행위주체성 등 다양한 번역어가 사용된다.

27 문규민, 『신유물론 입문: 새로운 물질성과 횡단성』, 두번째테제, 2022, 29쪽.

28 마누엘 데란다, 『새로운 사회철학: 배치 이론과 사회적 복합성』, 김영범 옮김, 그린비, 2019.

29 브뤼노 라투르, 『판도라의 희망』, 장하원, 홍성욱 옮김, 휴머니스트, 2018, 287쪽.

30 도나 해러웨이, 『종과 종이 만날 때』, 최유미 옮김, 갈무리, 2022.

31 애나 로웬하웁트 칭, 『세계 끝의 버섯』, 노고운 옮김, 현실문화, 2023.

32 박신현, 『캐런 바라드』, 컴북스캠퍼스, 2023, 2쪽.

33 김상민, 「유령 노동에서 자동화된 공산주의까지: AI 자동화 이론의 지형」, 『인공지능, 플랫폼, 노동의 미래』, 빨간소금, 2023, 120쪽.

34 김상민, 「사회적 참사와 사물의 정치」, 『문화연구』, 11(1), 2023, 9쪽.

35 클라이브 해밀턴, 『인류세: 거대한 전환 앞에 선 인간과 지구 시스템』, 정서진 옮김, 이상북스, 2018, 140쪽.

36 김상민, 김성윤, 「물질의 귀환: 인류세 담론의 철학적 기초로서의 신유물론」, 『문

화/과학』, 97호, 2021, 61-62쪽.

37 이언 보고스트, 『에일리언 현상학, 혹은 사물의 경험은 어떠한 것인가』, 김효진 옮김, 갈무리, 2022, 138-139쪽.

38 그레이엄 하먼, 『예술과 객체』, 김효진 옮김, 갈무리, 2022.

39 육후이[허욱], 『디지털적 대상의 존재에 대하여』, 조형준, 이철규, 임완철 옮김, 새물결, 2021, 406-407쪽.

40 도나 해러웨이, 『트러블과 함께하기』, 최유미 옮김, 마농지, 2021, 25쪽.

2

신유물론의 역설적 의인화

포스트휴먼 인식론을 위한 시론

문규민

1. 유물론의 전략으로서의 의인화

신유물론은 그 명칭과는 달리 하나의 일관된 이론적 입장이라기보다는 느슨한 공통감각에 기대어 구성된 '스타일' 또는 '운동'에 가깝다.[1] 그럼에도 불구하고 이 운동 속에서 하나의 흥미로운 공통점을 발견할 수 있다. 정도의 차이는 있지만 신유물론자들은 마치 금기라도 깨고 싶다는 듯 사물과 물질에게 감정과 욕망, 행위성과 주체성을 과감하게 부여한다. 즉 의인화(anthropomorphism)를 구사하고 있다는 것이다. 가령 바라드(Karen Barad)는 다음과 같이 말한다. "물질은 느끼고, 대화하며, 고통받고, 욕망하고, 갈망하며, 기억한다."(Dolphijn and van der Tuin, 2012: 48) 노골적인 의인화. 비인간의 의인화가 신유물론의 언어를 특징짓는 것이다. 당장 의심이 든다. 신선하고 재미있기는 하지만, 의인화는 어디까지나 의인화일 뿐이지 않을까? 인간의 얼굴을 물질, 사물, 비인간에 덧씌우는 이 오래된 기법은 예술의 낭만적 언어 또는 애니미즘의 주술적 언어이지 않았는가?[2] 명색이 유물론인데 의인화에 호소하는 것은 자가당착 아닌가? 더 큰 아이러니는 따로 있다. 신유물론은 인간중심주의(anthropocentrism)를 열정적으로 비판한다. 그런데 비인간을 다시금 인간의 형상으로 묘사함으로써 신유물론은 자신이 비판하고자 했던 바로 인간중심주의를 반복하는 것은 아닌가?

이 글은 이러한 의심에 답하고자 한다. 신유물론의 의인화는 전략적으로 의도된 포스트휴먼 인식론(posthuman epistemology)의 실험으로서 중요한 인식적 역할을 수행하고 있다. 이를 보이기 위해 우선 신유물론의 의인화에 대한 비판을 요약하고 분석할 것이다. 특히 의인화의 수준과 종류를 나눔으로써 수사학적 기법도 형이상학적 유비도 아닌 제3의 의인화가 가능하다는 점을 보일 것이다. 다음으로 의인화에 관한 베넷(Jane Bennett), 라투르(Bruno Latour), 그리고 플럼우드(Val Plumwood)의 작업을 분석하면서, 신유물론이 구사하는 의인화가 역설적 준-의인화(paradoxical quasi-anthropomorphism), 즉 비인간의 고유한 물질성과 행위성을 노출시키기 위한 일종의 발견법(heuristic)으로 기능하고 있음을 밝힐 것이다. 신유물론의 의인화는 '인식적 마중물'과 같다. 그것은 일견 인간적인 것을 '집어넣음'으로써 역설적으로 비인간적인 것을 '끌어내고' 있는 것이다.

2. 의인화? 어떤 의인화?

신유물론의 의인화에 대한 비판의 핵심은 그것이 신유물론의 이론적 기획 자체와 충돌을 일으킨다는 것이다. 주지하다시피 신유물론은 한편으로 물질의 행위성을 강조하면서 다른 한편으로 탈-인간중심주의(post-anthropocentrism)를 내세운다. 그런데 의인화는 본질적으로 인간의 속성들을 비인간에게 투사하는 것이고 따라서 의인화에 의존하는 것은 인간중심주의에서 벗어나는 게 아니라 오히려 인간화된 타자만을 만나게 한다는 것이다. 가령 지젝(Slavoj Žižek)은 신유물론의 주요 흐름인 베넷의 생기적 유물론(vital materialism)을 겨냥하여 다음과 같이 말한다.

> 신유물론을 규정하는 이러한 움직임은, 주체와 객체를 구분 짓는 초월적 차원 (⋯) 신유물론은 이 틈을 은폐하고, 주체적 행위성을 자연 현실 속에 내재한 행위 원리로 다시 새겨 넣는다. (⋯) 그러나 우리는 '우주의 깊은 영적 연결성과 통일성'이라는 뉴에이지적 주제와, '비인간 타자(the inhuman Other)'와의 조우 가능성이라는 유물론적 주제를 분명히 구분해야 한다. (⋯) 이러한 조우는 타자적 주체의 결핍된 양식과의 조우가 아니라, 가장 순수한 형태의 타자, 즉 타자를 "우리와 같은 자," "공감적으로 이해 가능한 자"로 만들어주는 상상적 동일시(imaginary identifications)에 의해 은폐되거나 매개되지 않은, 심연의 타자성과의 조우이다. (Žižek, 2014)

지젝의 요점은 다음과 같다. 신유물론의 의인화는 인간의 주체적 행위성을 타자들 속에 투사하는 일종의 "상상적 동일시"이기에 인간과는 절대적으로 무관한 타자를 만나는 데 실패한다는 것이다. 의인화를 통해 비인간 타자, 즉 비인간 그 자신으로서의 비인간을 만나기는커녕 오히려 "우리와 같은 자", "공감적으로 이해 가능한 자"로서의 비인간만

만나게 된다는 것이다. 이는 탈인간중심주의가 아니라 오히려 인간중심주의의 재확인 아닌가?

직접적으로 신유물론을 겨냥한 것은 아니지만, 메이야수(Quentin Meillassux) 또한 생기론이 자승자박에 빠진다는 점을 지적한다(Meillassux, 2016). 그는 니체와 들뢰즈를 '구유물론(old materialism)'에 맞서는 생기론으로 분류하면서, 그들이 모든 실재를 사물 안에 실현된 "주체성의 감각 가능한 양태"와 동일시하는 일종의 물활론(hylozoism)이라고 주장한다(ibid.: 123). 이 때문에 생기론자들이 의식이나 주체를 비판할 때 기묘한 일이 벌어진다. 그들은 의식, 이성, 자유, 코기토(cogito) 등 인간 주체성의 양태들이 그리 근본적이지 않다고 비판하지만, 이 비판을 위해 인간 주체성의 특성들을 실재 전체에 부여함으로써 정작 그것들을 더할 나위 없이 실체화하게 된다는 것이다. 즉 생기론자들은 주체의 우위를 비판하는 것처럼 보이지만, "실은 주체적인 것을 도처에 확산시키는 것, 인간에게만 존재한다고 여겨졌던 특정한 주체성(의식, 자유, 객관적 지식)에 맞서 모든 곳에 깃든 또 다른 형태의 주체성(의지, 생명, 습관, 지속의 수축 등)을 내세우는" 상황에 봉착한다(ibid.: 124). 메이야수에 따르면, 생기론자들이 말하는 자연의 탈인간학화(de-anthropologization)란 사실상 "감각, 습관, 창조성, 문제 해결 등으로 정의된 생명력 같은 인간성의 또 다른 측면을 자연 전체에 다시금 실체화"하는 것에 지나지 않는다(ibid.: 124). 생기론이 공통적으로 반인간주의(anti-humanism)을 내세운다는 점을 지적하면서, 메이야수는 다음과 같이 말한다.

무엇보다도 주목해야 할 것은, 이 인간중심주의의 거부가 실제로는 매우 놀라운 의인화로 이어졌다는 점이다. 이는 가장 전형적인 착각에 의해, 모든 실재 속에서 (심지어 무기물적 실재 안에서조차) 본래는 인간적인 주체적 특성들을 본 것에 다름 아니었다. 왜냐하면 이시도는 단지 인간의 상상력을 통해 항상 인간적인 존재방식의 체험가능한 특성들을 정도 차원에서 변주한 뒤, 이 이중으로 인간화된 결과를 모든 사물 속에 배치한 것에 지나지 않았기 때문이다. (…) 그렇기 때문에, (…) 모든 사물 속에서 자기 자신을 보았던 이들의 오만이 오히려 더 컸다고 말해야 할 것이다. 왜냐하면 이런 주체적 특성들은, 그 보편적 척도에 따르면, 대개 인간을 그것들의 가장 주목할 만한, 아니면 가장 고도로 집약된 지지체로서 칭송하기 때문이다. 만약 인간이 모든 것의 정점에 자신을 올려놓는 방식이 있다면, 그것은 바로 인간을 모든 것 안에 가장 희석된 상태로나마 위치시키는 것일 것이다. (Meillassux, 2016: 126)

메이야수의 요점은 명확하다. 그는 생기론이 의식과 주체 등으로 비판하고자 하지만 그 과정에서 사물들에게 생기와 능동적 힘을 부여함으로써 오히려 역효과가 발생한다고 주장하는 것이다. 이러한 비판은 그대로 신유물론의 주요 흐름인 생기적 유물론에도 그대로 적용된다. 생기적 유물론은 탈-인간중심주의를 말하지만, 비인간을 적극적으로 의인화하고 인간 주체성을 비인간으로 투사시킴으로써 자가당착에 빠진다는 것이다. 보이센은 정확히 이 점을 지적한다. 그에 따르면 베넷의 전략적 의인화는 일관성이 없다(Boysen, 2018: 225). 왜냐하면 "문제는 단순히 이러한 인격화의 종교적 톤과 애니미즘적 영향력에 있는 것이 아니라, 이러한 수식구에 인간 주체성이 깊이 내재되어 있다는 점"이기 때문이다(ibid.: 236). 보이센에 따르면 "결국 의인화란 우리 관점에서 사물을 상상하게 하는 투사이다. 의인화된 대상은 따라서 우리의 언어가 반영된 울림이다. 베넷은 이를 활용함으로써 인간 언어와 사고의 나르시시즘적 반사 작용을 재현하며, 그녀가 초월하려 하는 바로 그것을 재현한다."(ibid.: 236)

과연 신유물론은 의인화를 활용함으로써 제 꾀에 자기가 빠진 것일까? 시쳇말로 '스텝이 꼬인' 것일까? 의인화에 대한 위와 같은 비판이 성공적인지는 결국 신유물론에서 의인화가 어떤 역할을 하는지에 달려 있을 것이다. 중요한 사실은 의인화가 결코 하나가 아니라는 것이다. 의인화는 다양한 수준에서 펼쳐지는 스펙트럼으로서 적어도 세 가지 수준으로 나눌 수 있다.

(1) 비-의인화(non-anthropomorphism): 의인화가 이루어지지 않는 수준. 인간과 비인간 사이의 어떤 유사성도 포착되거나 기술되지 않는다. 이 경우 인간은 비인간으로부터 인식적으로 거리를 취하고 최대한 객관적이고 중립적이려고 노력한다. 또한 비인간은 기존의 기술 방식, 기성의 인식론적 문법(epistemological grammar)에 의해 기술된다.

(2) 준-의인화(quasi-anthropomorphism): 의인화가 제한적이고 특정한 측면에서 이루어지는 수준. 인간과 비인간 사이의 모종의 유사성이 포착된다면 이미 준-의인화의 수준에 있다고 할 수 있다. 이 경우 비인간은 특정한 맥락에서 이제껏 인간에게만 배타적으로 적용되어 오던 술어, 개념, 속성 등을 통해 포착되고 기술될 수 있다. 기성의 인식론적

문법을 다소간 벗어난 최소 의인화에 해당한다.

(3) 완전-의인화(full-anthropomorphism): 의인화가 무제한적이고 전면적으로 이루어지는 수준. 인간과 비인간 사이의 유사성을 넘어 형이상학적인 동일성을 주장한다. 인간과 비인간은 맥락과 조건에 무관하게 단적으로 동일시되어 동일한 방식으로 기술된다. 의인화는 더 이상 유비나 수사가 아니라 문자 그대로의 의미를 가지며, 인간과 비인간은 현실적으로 동등한 존재자가 된다.[3]

의인화에는 수준 차이만이 아니라 종류의 차이도 있다. 최소한 세 가지의 의인화가 가능하다.

(a) 수사학적 기법(rhetorical technic): 인식된 비인간의 특정한 측면을 효과적으로 묘사하고 전달하기 위해 인간과의 유비에 호소하는 언어적 기법. 의인화는 주로 인간에게 적용되던 언어 표현들을 비인간에게 확장하여 사용하는 수사학적 전략일 수 있다. 수사학적 기법으로서의 특정한 맥락에서 기존에 알려진 비인간의 속성이나 특징들을 쉽게 이해시키거나 실감나게 기술하기 위해 도구적으로 활용된다.

(b) 형이상학적 유비(metaphysical analogy): 인간의 속성을 비인간에게 귀속시키기 위한 추론 또는 논증. 의인화는 인간과 비인간의 사이의 유사성에 착안하여 인간의 속성을 비인간으로 투사하는 데 쓰일 수 있다. 이는 대부분 명시적이거나 암묵적으로 유비 추론의 형태를 띤다. 이러한 추론은 언어적 전략을 넘어서 비인간이 어떻게 문자 그대로의 의미에서 인간과 동일하거나 또는 유사한 속성을 지니는지를 논증하고 주

장하기 위해 활용된다.

(c) 역설적 발견법(paradoxical heuristic): 이제까지 몰랐던 비인간의 속성을 포착하고 인식하기 위한 발견법. 여기서 의인화는 비인간을 인간화하는 언어와 이미지를 통해 인간중심적 관점을 탈피하고, 비인간에 고유한 물질성과 조우하게 만든다는 점에서 역설적이다. 의인화하는 언어와 이미지는 인간의 속성을 투사하는 게 아니라 오히려 비인간의 속성들을 발견하게 만드는 인식적 역할을 함으로써 비인간에 대한 지식을 촉진한다.

신유물론의 의인화를 이미 알려진 것을 효과적으로 전달하기 위한 수사학적 기법 정도로 생각한다면, 의인화의 적극적 활용은 과도한 수사 정도로밖에 보이지 않을 것이다. 이런 이해가 옳다면, 신유물론은 대단한 사상이 아니라 그저 호들갑스러운 말잔치나 장광설에 불과하게 된다. 대략 사반세기 전부터 신유물론의 스펙트럼 내에서 이루어져 왔던 수많은 학제적 연구와 실천적 프로젝트가 있는데, 신유물론이 수사학에 지나지 않는다면 그들은 전부 그럴듯한 말잔치에 속아 넘어간 헛짓거리가 되어버릴 것이다. 신유물론의 의인화가 형이상학적 유비인지도 분명치 않다. 지젝이나 메이야수의 비판은 의인화를 비인간에 대한 형이상학적 규정으로 보고 있는데, 이는 의인화를 인간의 속성을 비인간으로 귀속시키는 논증, 또는 비인간이 정말로 유사-인간적 속성을 가진다는 것을 논증하기 위한 유비 추론일 경우에만 타당하다. 그들은 의인화를 비인간이 '정말로' 인간적 속성을 갖거나 적어도 인간과 유사한 속성을 갖는다는 것을 주장하기 위한 논증으로 보는 것이다. 그렇다면 그들의 지적은 날카로운 듯 보이지만 실은 다소 순진하다고 할 수 있다. 일견 신유물론의 탈-인간중심주의와 의인화 사이의 수행적 모순(performative contradiction)을 지적하는 것 같지만, 의인화를 문자 그대로 받아들인다는 점에서 순진한 것이다.

신유물론의 의인화는 어떤 수준에서 어떤 역할을 하고 있는 것일까? 신유물론이 완전한 의인화를 하고 있지 않다는 점은 명백하다. 그 어떤 신유물론자도 물질, 사물, 비인간이 모든 면에서 문자 그대로 인간처럼 행위한다고 주장하지 않기 때문이다. 그렇다면 그것은 어디까지나 온건하고 이해 가능한 제한적인 의인화로서 최소 의인화라고 할 수 있다. 즉 신유물론의 의인화는 기껏해야 준-의인화에 해당하는 것이다. 앞서 살펴본 의인화에 대한 비판들은 모두 의인화의 제3의 가능성, 즉 역설적 발견법으로서의 잠재성을 간과하고 있다. 의인화가 통상적으로 수사학적 기법으로 쓰인다고 해서 반드시 그런 역할만 해야 하는 것은 아니다. 의인화가 어떤 맥락에서 형이상학적 유비로 기능할 수 있다고 해서 반드시 그런 기능에 국한될 필요는 없다.

비인간을 의인화하는 것은 이중적이고 역설적인 효과를 발휘할 수 있다. 그것은 기성의 언어 사용, 기존의 인식론적 문법을 교란함으로써 그 속에 암묵적으로 전제되어 있는 인간중심주의를 폭로하고 완화하고 인간중심주의에 의해 진지한 인식의 대상조차 되지 못했던 비인간의 물질적 행위성들을 드러낼 수 있다. 그것은 인간중심주의의 중화(neutralization)와 비인간 물질성의 발견이라는 이중적 역할을 할 수 있는 것이다. 적극적 인간화를 통해 오히려 인간화에서 벗어나 비인간과 만나게 되고, 인간과 비인간의 유사성에 주목함으로써 오히려 비인간 고유의 물질적 차이를 발견하게 된다는 점에서 이는 다분히 역설적이다. 즉 신유물론의 의인화는 **역설적 발견법으로서의 준-의인화**인 것이다. 실제로 신유물론과 유관한 사상들을 살펴보면, 곳곳에서 의인화가 역설적으로 쓰이고 있음을 발견할 수 있다.

3. 거꾸로 가는 의인화: 베넷, 라투르, 플럼우드

베넷은 자신이 의인화라는 것을 잘 알고 있다. 그녀는 의인화를 회피하기는커녕 적극적으로 활용해야 한다고 말한다. 눈여겨봐야 할 것은 그 이유다. 왜 우리는 의인화에 푹 절여져야 하는 것일까? 그 이유는 명백하다. 의인화가 "비인간인 것들을, 가령 동물, 식물, 인공물, 상품을 보다 주의 깊게, 보다 전략적으로 보다 생태학적으로 다루도록 유도"하기 때문이다(베넷, 2020: 68-69). 그녀가 말하는 의인화는 인식적이고 방법적인 것이다. 이런 의인화의 인식적 작동의 범례(examplar)가 바로 다윈의 지렁이 관찰기이다. 주지하다시피 지렁이는 다윈의 '최애' 동물이었다. 얼마나 지렁이를 아꼈는지 다윈은 지렁이에게 자신과 유사한 지성과 의도를 부여하기까지 했다. 여기까지는 의인화의 전형이다. 그런데 베넷에 따르면 이러한 의인화는 다윈 자신조차 예상하지 못한 결과를 가져왔다.

> 다윈은 자신이 관찰한 지렁이를 의인화했다. 그는 지렁이에게서 자신의 그것과 관련되었다고 인식한 지성과 자의를 발견했다. **하지만 이 나르시시즘적 응시는 예상치 못한 결과를 가져왔다.** 그것은 다윈이 지

렁이의 일상적 활동에 주의를 기울일 수 있게 했고, 그것을 통해 그는 지렁이의 고유하고 독특한 물질적 복잡성을 포착할 수 있었다. 그는 박물학자가 지렁이의 '정수(jizz)'라 말한 것을 감지할 수 있었는데, 지리학자 제이미 로리머는 이를 "즉각적인 식별과 타자로부터의 구별을 가능하게 하는 독특한 성질들의 조합"이라 설명했다. (베넷, 2010: 245-246, 강조 추가)[4]

지렁이와 자신의 유사성에 대한 느낌이 지렁이의 고유한 생리, 즉 그 물질성과 행위성을 주목하게 만든 것이다. 의인화가 역설적으로 비인간의 얼굴을 드러낸 셈이다. 다윈의 의인화는 어떤 유의미한 발견과 나아간 발견으로 이어지지 못하는 수사가 아니었다. 정반대로 그것은 수사학적 기법을 넘어서서 다윈으로 하여금 의인화 이전에는 주목조차 하지 못했던 지렁이의 생리에 대한 풍부한 데이터를 얻도록 만들어주었다. 다윈의 의인화는 비인간에 인간성을 투사하는 형이상학적 유비도 아니었다. 지젝이나 메이야수가 옳다면, 다윈은 자신의 주체성을 지렁이로 투사하여 지렁이가 정말로 자신과 유사한 지능을 지닌다고 진지하게 주장하는 것으로 만족했어야 할 것이다. 그러나 결과는 정반대였다. 다윈이 의인화의 끝에서 발견한 것은 지렁이의 고유한 물질성, 그것의 정수라고 할 수 있는 독특한 행위성이었다. 의인화를 인간 주체성의 투사로 보는 것은 다윈의 의인화가 갖는 예상치 못한 효과를 제대로 설명하지 못한다. 흥미로운 사실은 신유물론의 의인화를 비판하는 이들 중 그 누구도 베넷이 공들여 묘사하는 다윈의 지렁이 사례를 언급하지 않는다는 것이다.

베넷이 드러내는 것은 의인화의 역설적 작동이다. 의인화는 일견 비인간을 인간화함으로써 인간중심주의를 강화하는 것처럼 보이지만, 결과적으로 비인간에 대해 이제까지와는 다른 방식으로 주의를 기울이게 만듦으로써 인간중심주의를 뒤흔드는 효과를 낸다. 나아가 그것은 이제까지는 가시화될 수 없었던 비인간들의 고유한 물질성을 엿볼 수 있게 한다.

> 생기적 유물론에서 인식의 의인화적 요소는 반향과 상의 세계 전체를 드러낼 수 있으며, 이 세계는 위계적 구조를 갖는 우주에 비해 소리와 빛이 더 멀리 울려 퍼지고 반사되는 세계다. **처음에서는 우리 자신의 이미지 안에서만 세계를 바라보게 될지 모르나, 곧이어 능력 있는 무리와 생동하는 물질성(바라보는 자아를 포함하는)이 드러나게 될 것이다.** (베넷, 2020: 246, 강조 추가)

"소리와 빛이 더 멀리 울려 퍼지고 반사되는 세계"란 무엇인가? 그것은 뭔가가 더 보이고 더 들리는 세계일 것이다. 처음에는 터무니없어 보이는 의인화가 궁극적으로는 이전까지 볼 수 없었던 비인간의 얼굴을 드러내고 그들의 목소리를 듣게 해준다는 것이다. 의인화는 인간적 속성의 투사이므로 세계는 일단 우리 자신의 이미지, 즉 인간 주체성의 이미지 하에서 인식될 수밖에 없다. 중요한 것은 의인화가 그러한 이미지에 머물지 않는다는 것이다. 인간 주체성의 투사는 유비 추론의 결론이 아니라 오히려 인간 주체성을 교란함으로써 주의 깊은 모색과 관계 맺음의 전제 또는 동기가 된다. 생동하는 물질성을 엿볼 수 있는 것은 그런 모색과 관계 맺기 속에서이다.

　베넷에게서만 이러한 의인화의 역설적 작동을 발견할 수 있는 것은 아니다. 의인화의 기묘한 역설은 라투르에게서도 드러난다. 라투르는 러브록(James Lovelock)의 가이아 이론이 인간이 가진 변형 능력을 미세한 행위자들에게까지 급진적으로 확장한다는 점을 지적한다. 그는 이런 확장에 "의인화의 위험"이 있다는 점을 흔쾌히 인정하지만, 바로 이 사실이 오히려 "이 논리를 더 영리하게 만든다"고 말한다. 그는 여기서 하나의 역설이 작동하고 있음을 간파한다(Latour, 2017).

> 실로, 만약 우리가 모든 행위자에게 지향성(intentionality)을 확장한다면 무슨 일이 일어날까? 역설적으로, 이러한 확장은 곧 의인화의 모든 흔적을 지워버린다. 왜냐하면 그것은 모든 수준에서 '비지향적 회귀작용(non-intentional retroaction)'의 가능성을 열어놓기 때문이다. (…) 모든 유기체가 자신의 생존을 위해 싸우는 과정에서 '이익'이나 '관심'을 최종 원인으로 본다고 하자. 그렇다면 그 '최종 원인'은 더 이상 '최종'이라 할 수 없게 된다. 왜냐하면 그것은 각 지점에서—그만큼 강력한—다른 유기체들의 의도와 관심의 개입에 의해 계속해서 중단되기 때문이다. (…) 당신이 행위자 모두에게 지향성 개념을 확장할수록, 전체 안에서는 오히려 지향성이 더 적게 감지된다. 그 대신 우리는 점점 더 많은 긍정적 혹은 부정적 회귀작용을 관찰할 수 있게 될 따름이다. (Latour, 2017: 99-100)

　라투르는 지향성의 일반화와 동시에 인간중심주의 또는 의인화의 모든 흔적이 순식간에 쓸려 나간다고 말한다. 왜냐하면 모두가 똑같이 목적을 지닌 존재가 되어버릴 경우 그 지향성 자체는 아무런 변별력도 갖지 못하게 되기 때문이다. 의인화의 위험을 무릅쓰고 지향성을 '민주화'해버리자 마자 지향성이 무의미해지면서 비지향적 작용들이 폭로되는 역설적 효과가 발생한다. 이것은 마치 정치적 권리를 '민주화'하자마자 정치적 평등이라는 배경 위에서 자본과 권력의 차이가 노골적으로 두드러지는 것과 마찬가지의 상황이다. 러브록은 이처럼 이익 추구라는 "섭리(providence)를 모든 행위자들에게 일반화함으로써 각 행위자의 섭리들이 상쇄되게 만든다. 섭리라는 개념은 이 과정에서 흐려지고, 픽셀화되고, 마침내 사라진다."(Latour, 2017: 100) 결국 남는 것은 존재자들이 '어떻게 행위하는가' 즉 '어떤 차이를 만들어내는가'뿐이다. 지향성의 일반화가 역설적으로 지향성을 무의미하게 만들어버림으로써 오히려 행위 자체와 그로 인해 발생하는 차이를 부각시키는 게슈탈트적 전환을 야기하는 것이다. "의인화의 위험"이 오히려 "의인화의 모든 흔적을 지워버리는" 것이다. 절묘한 역설이다.

베넷이 다윈의 지렁이 사례를 통해 의인화가 비인간에 고유한 물질성과 마주하게 만든다고 지적하듯이, 라투르 역시 지향성의 일반화가 유사한 효과를 낳는다고 보고 있다. 의인화를 단순히 인간의 특성을 비인간에게 부여하는 과장된 수사나 시혜적 표현으로 치부하는 것은 의인화가 갖는 이러한 발견법으로서의 역할을 간과하는 것이다. 의인화는 처음에는 마치 비인간을 인간처럼 다루는 것처럼 보이지만, 결국에는 비인간의 비인간성, 인간적 범주만으로는 포착 불가능한 물질성과 마주하게 만든다. 이런 전략은 인간중심주의적 관점을 탈안정화하고 교란할 뿐 아니라 이전까지는 보지 못했던 것을 보이게 하고 듣지 못했던 것을 들리게 한다. 인지적 새로움(cognitive novelty)을 가져오는 것이다.

플럼우드가 비인간 동물에 대한 의인화를 다루는 방식에서도 유사한 접근을 찾아볼 수 있다(플럼우드, 2023). 그녀는 〈꼬마돼지 베이브〉와 같은 영화에서 동물을 인간처럼 묘사하는 것은 잘못된 의인화라는 비판에 맞서 다음과 같이 되묻는다.

> 어떤 방식으로 동물의 주체성이나 소통을 담아 내어야 도대체 이런 종류의 반박에 부딪히지 않는 걸까요? 동물의 생명이 내포하는 의미나 위치를 전달하려는 어떠한 시도도 없이 그저 동물을 헐벗은 채로 기록하는 것 외에 어떤 방식이 있을까요? (늑대가 울부짖고 고래가 소리 내는 모습을 카메라에 담아내되 이에 대해 전혀 해설하지 않는 영화처럼 말입니다.) (⋯) 오히려 비인간 존재는 그러한 재현이 그들을 전혀 재현하지 않는다는 역경 앞에서, 다시 말해 소통적 존재이자 의사를 지닌 그들을 소통 능력과 정신 능력이 결여된 존재로 재현하는 극악무도함 앞에서 창백해집니다. **이는 그 어떤 의인화보다도 훨씬 부당하고 부정확한** 것이지요. (플럼우드, 2023: 176-179, 강조 추가)

플럼우드는 의인화가 동물을 인식하는 방법이라는 사실을 넘어서 그것이 필수적이고 불가피한 방식이라는 점을 드러낸다. 그녀는 의인화를 피하자는 결심이 실은 동물을 포함한 비인간의 말을 듣는 것, 그들에게 말을 거는 것을 원천 봉쇄해버린다는 사실을 지적한다. 의인화

없이는 다큐멘터리는 고사하고 기본적인 보고서 한 줄 쓰기 힘들다는 것이다. 그렇다면 인간중심주의 무서워서 의인화를 하지 않겠다는 것은 구더기 무서워서 장 못 담그는 것 또는 목욕물 버리려다 아기까지 같이 버리는 것이나 마찬가지다. 의인화는 제거해야 할 오류가 아니라 애초에 비인간에 대한 인식을 가능케 하는 '문법'이다.

일견 인간중심주의로부터 벗어나고자 한다면 의인화를 완전히 거부해야 할 것처럼 보인다. 즉 비-의인화의 수준에서 멈추어야 할 것 같다. 그러나 이는 결과적으로 기성의 인식론적 문법을 승인함으로써 오히려 그 문법에 암묵적으로 내재되어 있는 인간중심주의를 보존하거나 심지어 강화할 위험이 있다. 과학의 객관성에 대한 하딩의 비판은 이런 위험을 잘 보여주고 있다(하딩, 2009). 주지하다시피 하딩은 전통적으로 과학적이라고 여겨져 오던 중립적이고 보편적인 시각은 사실상 특정한 인구 집단, 주로 백인, 중산층, 서구 남성의 위치성(positionality)이 보편화된 것에 불과하다는 점을 폭로하면서, 이런 시각이 확보할 수 있는 객관성이 기껏해야 약한 객관성(weak objectivity)에 지나지 않는다는 점을 지적한 바 있다. 관찰자의 주체성을 배제하고 지식의 대상으로부터 거리를 취하면서 편견 없는 중립적 관찰을 이상으로 삼는 것은 실제로는 자신의 위치나 편향을 성찰하지 않기 때문에 오히려 덜 객관적일 수 있다는 것이다. 하딩에 따르면, 사회적 약자라는 특정한 위치에서 나온 지식이 지식 생산의 전체 구조를 비판적으로 볼 수 있는 통찰을 제공할 수 있다는 점에서 중립성을 가장하는 것보다 한층 더 나은 객관성, 즉 강한 객관성(strong objectivity)을 가질 수 있다. 이처럼 하딩은 페미니즘을 기존 과학이 배제해온 다양한 시각을 포함해 지식의 질을 높이는 인식론적 방법으로 보고 있다. 비인간에 대한 의인화에 대해서도 마찬가지로 말할 수 있다. 인간중심주의로 회귀할 수 있다는 이유로 의인화를 금지하고 비-의인화의 수준에 머무르는 것은, 기성의 기술 방식, 방법론, 언어가 인간중심주의라는 위치성에 기반하고 있음을 망각한 채 일종의 약한 탈인간중심주의(weak post-anthoropocentrism)에서 멈추는 일이 될 수 있다. 약한 탈인간중심주의는 그 이면의 암묵적인 인간중심주의에 대해 맹목적이라는 점에서 플럼우드가 말하듯 "어떤 의인화보다도 훨씬 부당하고 부정확"할 수 있다.

플럼우드에 따르면 동물과 인간 사이의 번역을 포기하지 않는 한, 약한 의인화(weak anthropomorphism)와 강한 의인화(strong anthropomorphism)를 나누어야 할 필요가 있다. 약한 의인화란 "불확실성의 존재에 주목하고 잠정적 입장을 취함으로써 여러 대안을 탐색하며 다른 삶의 형식에 맞춰 개념 형성을 상상하고 위치시키려" 시도하는 것을 말한다(플럼우드, 2023: 178). 그것은 인간과 비인간에 대한 개방적이고 신중하며 세심한 관찰은 물론 자신의 관점과 위치에 대한 비판적 성찰을 요구한다. 이에 반해 강한 의인화는 일종의 '디즈니 패러다임'으로서 "동물의 특징이나 상황을 알아차릴 수 있는 언급은 거의 없거나 전혀 없고 동물과 인간이 맺는 관계 혹은 인간과 동물이 뒤섞인 공동체의 구성원과 맺는 관계를 나타내는 것 역시 결코 허용되지 않는" 의인화를 말한다(ibid.: 180-181). 이런 인간중심적 의인화에서 동물은 자신의 주체성이나 상황과 무관하게 인간이 자의적으로 부여한 의미를 담지하는 무력한 존재로 표상된다. 강한 의인화는 인간중심주의를 강화할 뿐 아니라 동물을 독립적 타자로 만날 가능성을 차단한다. 반면에 약한 의인화는 동물을 "행위자로, 소통적 주체로, 지식의 전달자로, 인간과 동물이 섞인 공동체의 구성원으로" 진지하게 받아들인다(ibid.: 181-182). 앞서 제시한 분류에 따르면 강한 의인화는 형이상학적 유비에, 약한 의인화는 역설적 발견법에 대응할 것이다. 핵심은 약한 의인화의 경우 동물이 어느 정도로 인간화(humanisation)되는지가 애당초 문제가 아니라는 것이다. 의인화의 가치는 "그것이 얼마나 해로운지 그리고 어떤 목적을 가지고 있는지"에 따라 결정된다(ibid.: 179). 의인화에 대한 평가는 순수한 비인간이 불순한 인간성에 얼마나 '오염'되었는지가 아니라 "그 사례가 제시하거나 방지하는 통찰, 그리고 그 재현에 담긴 도덕의 질이라는 측면에서" 이루어져야 한다(ibid.: 180). 이처럼 플럼우드에게서 의인화는 정교하고 완화된 형태로 비인간 타자에 대한 접근을 위한 인식론적이고 방법론적 역할을 하고 있다.

베넷, 라투르, 플럼우드 모두가 각기 다른 맥락, 다른 근거에서 말하고 있기는 하지만, 그들의 요점은 분명하다. 의인화가 단순히 비인간을 인간으로 유비하는 것이 아니라, 오히려 비인간만의 물질성에 주목하게 하고 그것을 발견하게 한다는 인식적 역할을 한다는 것이다. 베넷이 의인화의 인식적으로 역설적인 작동을 지적하고, 라투르가 그 역설의 논리를 정밀하게 드러낸다면, 플럼우드는 그러한 역설이 비인간 동물과의 관계에서 거의 필수적이기에 정제되고 세련되어야 할 필요성을 말하고 있다. 의인화가 통상 비인간의 인간화로 이해된다는 점을 생각하면 이는 분명히 역설적이다. 이런 점에서 역설적 발견법으로서의 의인화는 거꾸로 뒤집혀 있다고 할 수 있다.[5] 통상적인 의인화가 비인간 속에서 인간적인 것을 발견하게 한다면, 신유물론에서 의인화는 반대로 인간화 속에서 비인간을 발견하게 한다. 비인간에서 출발하여 인간에 도착하는 것이 아니라 거꾸로 인간에서 출발하여 비인간에 도달하는 것이다. 신유물론의 의인화는 역설적 준-의인화, 거꾸로 가는 의인화다.

신유물론의 역설적 준-의인화가 발견법이라면, 그것을 어떻게 평가해야 할까? 발견법은 표현력이나 전달력으로 평가되어서는 안 된다. 수사학적 기법이 아니기 때문이다. 그것은 타당성 여부로 평가될 수도 없다. 형이상학적 투사나 유비 추론이 아니기 때문이다. 역설적 발견법은 방법적이고 전략적인 것이고, 방법이나 전략의 가치는 그것을 표현하는 텍스트의 해석학이 아니라 그것을 실행했을 때 얻어지는 **효력, 효과, 실효**에 따라 평가되어야 한다. 비인간에 대한 의인화가 유의미한 결과를 내놓는다면, 즉 어떤 새로운 인식과 실천을 가능하게 한다면, 의인화는 실용적 측면에서 정당화될 것이다. 반대로 인식적, 실천적 효과가 미미하다면, 그것은 기껏해야 과장된 수사라는 비판을 면할 수 없을 것이다. 의인화의 성과는 신유물론을 방법적으로 활용하는 연구와 실천에 대한 평가가 장기적으로 누적될수록 더 정확해질 것이다. 그러므로 신유물론의 의인화에 대한 판단은 그것의 '사용후기'가 누적된 이후에야 가능할 것이다. 그리고 그런 사용후기가 누적되면 될수록 역설적 준-의인화는 더욱더 세련될 것이다.

인간에게 쓰이는 술어나 인간적 이미지를 의도적으로 갖다 붙이는 경우가 아니라고 하더라도 비인간의 물질성과 행위성에 주목하게 만드는 것이라면 모두 의인화와 같은 역할을 한다고 할 수 있다. 베넷은 쓰레기 더미에서 활력과 생기를 느낀 경험을 상세하게 서술한다. 많은 이들이 이런 경험담을 베넷의 주관적 감상 정도로 폄하했지만, 중요한 사실은 그 주관적 감상이 인간중심주의적 태도를 유지한 상태에서는, 즉 물질을 인간의 의도와 목적을 고분고분하게 따르는 재료나 사물로 보는 관점에서는 경험할 수 없는 종류의 것이었다는 점이다. 그러한 감상은 그녀로 하여금 쓰레기의 물질성을 알아차리게 만들었다. 그녀의 경험담은 인간이 우연한 계기로 인간중심주의적 태도를 벗어나 사물의 물질적 생기와 마주친 상황에 대한 증언인 셈이다. 사물에 고유한 물질성을 인지하게 만들었다는 점에서 베넷이 산책 중에 겪은 경험은 지렁이에 대한 다윈의 애정, 라투르의 지향성의 확장, 플럼우드의 약한 의인화와 동일한 인식적 역할을 하고 있다. 그것은 일종의 우발적, 자생적 의인화의 계기였던 것이다. 의인화는 의도적으로 수행되는 방법일 수도 있고 우발적으로 발생하는 사건일 수도 있다. 의도적이건 우발적이건, 비인간, 사물, 물질의 예상치 못한 물질성과 행위성에 주목하게 되는 계기는 모두 어느 정도는 의인화를 함축할 것이다. 인간중심주의에 물들어 있던 행위성을 포착하고 서술하는 언어들을 비인간에게 적용하도록 강제하기 때문이다.

4. 생성적 의인화: 작동 중인 역설적 의인화와 의인화 펌프

신유물론의 정교하고 완화된 의인화는 정말로 비인간에 대한 인식을 가능하게 하는 것일까? 생기적 유물론은 그저 다윈의 일화적 사례를 침소봉대하는 건 아닐까? 라투르가 보여준 의인화의 역설은 그럴

듯한 사변적 논리에 지나지 않는 건 아닐까? 플럼우드의 약한 의인화는 그저 허울 좋은 말일 뿐이지 않을까? 그렇지 않다. 의인화가 유의미한 인식적 역할을 할 수 있다는 강력한 근거는 비인간에 대한 과학의 현장에서 나온다. 이미 로봇 연구에서, 그리고 동물 연구에서 의인화는 탈인간중심적 방법론으로서 활용되고 있는 것이다. 이들은 말하자면 작동 중인(in action) 역설적 의인화라고 할 수 있는데, 이처럼 의인화가 비인간에 대한 인식을 가능하게 하는 방법론으로 실제 연구 현장에서 쓰이고 있다는 사실은 신유물론의 의인화가 근거가 없지 않으며 오히려 비인간에 대한 인식론의 일부가 될 수 있다는 것을 보여준다.

의인화는 이제껏 인간 발달 초기의 아동기에 인지적인 오류나 또는 '원시적인' 토착민들에게서 나타나는 주술적 믿음 정도로 여겨져 왔다. 그러나 현대의 로봇 연구는 더 이상 의인화를 그렇게 보지 않으며, 그것을 인간에게 새로운 경험을 발생시키는 도구로 사용한다. 사회적 로봇 연구(social robotics)는 이미 여러 다양한 형태의 의인화를 나누고, 이들을 여러 방식으로 결합하여 다양한 사회적 로봇을 실제로 만들어내고 있는 중이다. 사회적 로봇 연구에서는 '삼각 스펙트럼(triangular spectrum)'을 말하는데, 스펙트럼의 세 꼭지점은 각각 동물과 유사한 외형으로 의인화를 유도하지만 사회적 수행성(social performance)은 낮은 로봇, 의인화를 유도하는 외형은 아니지만 정교한 사회적 수행성으로 의인화를 유도하는 로봇, 마지막으로 외형과 사회적 수행성 모두로 의인화를 유도하는 로봇으로 구성된다(Damiano and Dumouchel, 2018: 3-4). 삼각 스펙트럼의 어디에 위치하건 모든 사회적 로봇들은 결국 의인화를 유도하게 되어 있다. 중요한 사실은 인간이 여러 방식으로 로봇들과 상호작용하면서 그들이 객체에서 주체로 바뀌는 듯한 경험을 하게 된다는 것이다. 인간-로봇 상호작용에 대한 많은 연구들이 이런 경험적 변환을 강하게 시사한다(Kahn et al., 2002; Severson and Carlson, 2010; Turkle, 2011; Gaudiello et al., 2015).

중요한 점은 이런 경험이 인간이 세계를 설명하는 데 사용해왔던 존재론적 범주들을 교란한다는 것이다. 일종의 존재론적 변형이 일어나는 것이다. 어린이만 이런 변형을 경험하는 것이 아니다. 청소년, 성인, 노인들도 사회적 로봇들을 감능(sentience)/비감능, 지능/비지능, 생물/무생물과 같은 범주들로 구별될 수 없는 것으로 경험한다(Kahn et al., 2002). 사회적 로봇은 능동적 인간 주체와 수동적 도구 객체라는 경계의 횡단(transvers)을 통해 객체들을 분류하기 위해 인간이 전제하고 있던 존재론적 범주를 수정하도록 유도한다. 가령 터클(Sherry Turkle)은 사회적 로봇들이 "어느 정도 살아 있는(sort of alive)" 또는 "충분히 살아 있는(alive enough)" 존재로 여겨진다고 보고한다(Turkle, 2011). 사회적 로봇의 모호한 지위는 새로운 과학적 시도를 강하게 촉진했고, 이 때문에 사회적 로봇에 대한 의인화의 과학적 중요성은 점점 더 커지고 있다.

인간과 로봇 사이의 경계가 흐려질수록 "인간다움"이란 무엇인가에 대한 질문이 다시 제기된다. 패리시에 따르면 로봇에 대한 의인화는 '인간이란 무엇인가'에 대한 탐구를 갱신하는 새로운 인간 과학(novel science of human beings)의 가능성을 제시한다(Parisi, 2014). 이 과학에서 로봇은 '객체'이자 동시에 '도구'로 기능한다(Kahn et al., 2007). 이 새로운 인간 과학을 **합성 인류학**(synthetic anthropology)이라고 부를 수 있는데, 이 학문의 핵심은 변화하는 로봇의 능력을 비교 기준으로 삼는 새로운 형태의 비교 행동학과 비교 심리학이다. 이시구로(Hiroshi Ishiguro)의 "안드로이드 과학(android science)"이 합성 인류학의 대표적인 사례가 될 수 있을 것이다(Ishiguro, 2006; MacDorman and Ishiguro, 2006; MacDorman et al., 2009). 합성 인류학은 체화된 접근(embodied approach)을 통해 재해석되고 의인화된 로봇을 통해 실현됨으로써 인간의 마음을 여타 체화된 마음들 중 하나로 비교 연구할 수 있는 가능성을 열어준다. 이렇게 사회적 로봇 연구에서 활용되는 **응용 의인화**(applied anthropomorphism)는 합성 인류학의 핵심 방법론으로서 인간이 자신의 복잡한 복제물들과의 체계적 비교를 통해 자신의 본성과 지위를 근본적으로 재고하게 만든다(Damiano and Dumouchel, 2018: 2-5).

합성 인류학에서 응용 의인화는 분명히 역설적으로 작동하고 있다. 로봇을 다양한 방식으로 인간과 비슷하게 만들어서 의인화를 유도하는 일은 분명히 비인간 기계에 인간성을 투사하는 것이다. 지젝이 옳다면, 로봇에 대한 의인화는 우리 인간 주체와 로봇 객체와의 상상적 동일시에 머무르면서 비인간 타자와의 만남을 방해하는 인간중심주의를 유지해야 할 것이다. 메이야수가 옳다면, 로봇을 의인화하는 것은 기계에까지 인간의 주체적 특성을 희석시켜 집어넣는 고도화된 인간중심주의일 것이다. 그러나 의인화의 효과는 정반대였다. 로봇에 대해 유도된 의인화는 인간중심주의를 유지하거나 강화하는 게 아니라 거꾸로 능동적 사용자로서의 인간 주체와 수동적 도구로서의 로봇 객체라는 인간중심적 범주 구분을 와해한다. 이 점에서 응용 의인화는 작동 중인 역설적 의인화이며, 합성 인류학은 인류학적 포스트휴머니즘이라고 할 수 있다.

비인간 기계만이 아니라 비인간 동물에 대해서도 상황은 마찬가지다. 의인화는 과학적으로 유용하다는 것이 입증되었다. 동물 연구의 현장에서 과학적 방법론으로 정착되고 있는 것이다. 많은 분야들이 의인화와 다양한 방식으로 불가분의 관계를 맺고 있다. 의인화는 많은 경우 동물의 인지 기능 및 그 진화적 역사에 대한 가설을 생성하는 도구로 기능한다(Arbilly and Lotem, 2017). 동물 학습 분야에서 동물의 삶에 대한 의인화는 많은 동물들이 자신의 행동을 의도하고 인식하며 그 결과를 평가한다는 것을 보여주었다. 동물 커뮤니케이션 연구 역시 동물의 행태에 대한 순전히 행동주의적인 분석을 포기한 후에야 비로소 과학적으로 의미 있는 성과를 거둘 수 있었다. 인지 동물행동학에서의 의인화는 동물의 복지를 실질적으로 개선하는 데 크게 기여했다. 우리가 그들에게서 느낄 수 있는 감정을 공감적으로 투사함으로써 동물들을 위한 사육 환경을 개선할 수 있었고, 결과적으로 그들의 무기력 및 이상 행동들을 유의미하게 감소시킬 수 있었다. 의인화가 이처럼 과학적으로 생산적이라면 의인화를 부정하는 것이 오히려 오류를 낳을 수도 있을 것이다. 실제로 드 발(de Waal, 1999)은 이러한 오류를 "의인부정(anthropodenial)"이라고 불렀다. 비과학적이라는 이유로 의인화를 덮어놓고 거부하는 것이 오히려 비과학적일 수 있다는 것이다.[6]

결국 관건은 적절한 의인화를 식별할 수 있는 지침을 찾는 것이다. 다양한 지침과 개념이 제시되었다. 드 발은 의인화에 얼마나 인간중심주의가 내포되어 있는지에 주목한다. 연구자의 관점이 인간의 정신 상태와 태도에 대한 통념에 지배될 경우, 동물에게 인간의 감정을 순진하게 부여하는 의인화가 일어나기 쉽다.[7] 드 발은 이와 반대되는 동물중심적 의인화(animalcentric anthropomorphism)를 제시한다. 동물중심적 의인화는 "좁은 인간 관점에서 의인화하는 대신, 행동학자가 동물의 행동을 그 종의 습성과 자연사를 포괄하는 더 넓은 맥락에서 해석할 때" 작동한다(ibid.: 264). 베코프(Marc Bekoff)가 제안한 생명중심적 의인화(biocentric anthropomorphism)도 이와 맥을 같이한다(Bekoff, 2000). 부르크하르트(Gordon Burghardt)는 인간 중심의 편견이 낳을 수 있는 오류 가능성을 인지한 상태에서 동물 인지를 이해하는 데 유용한 아이디어를 생성하기 위해 의인화를 활용하자는 입장에서 비판적 의인화(critical anthropomorphism)를 제안한다(Burghardt, 1991, 2007). 여기서 의인화는 자연사, 생리적·신경학적 제약 조건, 세밀한 행동 묘사 등 다각적이고 풍부한 맥락 속에서 작동하기에 '비판적'이다. 비판적 의인화를 수행할 때는 특히 다른 동물들이 인간과는 전혀 다른 세계를 살고 있다는 점을 간과하는 오류, 즉 "생략에 의한 의인화(anthropomorphism by omission)"를 범하지 않도록 주의를 기울여야 한다(Rivas and Burghardt, 2002). 아빌리와 로템(Arvilly and Lotem, 2017)은 구성적 의인화(constructive anthropomorphism)를 제안하는데, 이 접근은 인간의 인지 모델을 동물에게 적용함으로써 "보통 동물에게는 부여하지 않는 복잡한 인지 능력을 고려하도록 강제하고, 이를 단순한 생물학적 원리로 설명한 뒤, 그것이 동물에게 어떻게 적용될 수 있는지를 신중히 검토하게 한다."(ibid.: 2) 곤충학에서 꿀벌의 '춤'에 대한 연구, 정동신경과학에서 쥐의 '웃음'에 대한 연구, 인간과 동물의 '놀이(play)'에 대한 연구에서 신중하게 사용된 의인화의 사례를 찾아볼 수 있다.

동물 연구에서 활용되는 다양한 의인화는 인간중심주의의 공고화가 아니라 거꾸로 비인간에 대한 인식 가능성을 확장하고 있다. 의인화는 비인간 동물에 대한 신빙성 있는 과학 지식을 생산하는 데 중요한 기여를 할 뿐 아니라, 그렇게 생산된 지식에 기반하여 동물에 대한 윤리와 복지에도 깊은 영향을 끼쳤다. 합성 인류학의 응용 의인화와 마찬가지로, 동물중심적이고 생명중심적인 의인화, 비판적이고 구성적 의인화는 작동 중인 약한 의인화이자 역설적 의인화라고 할 수 있다. 이들과 플럼우드가 말하는 약한 의인화 사이의 유사성은 명백하다. 동물 연구 현장에서 채택된 의인화 방법론들은 약한 의인화가 어떻게 실제로 실행될 수 있는지를 잘 보여주고 있다. 약한 의인화는 그저 한 명의 페미니스트가 제안한 그럴듯한 개념에 불과한 것이 아니었다. 역설적 의인화는 '물질에 취한 철학자들'이 구사하는 난해한 궤변이 아니었다. 그것은 지식 생산과 윤리적 실천의 현장에서 논의되고, 활용되고, 세공되고 있는 인식론이자 방법론인 것이다.

신유물론의 역설적 준-의인화는 과학 실천의 현장에서 작동 중인 방법적 의인화를 비유기적인 존재자들에게까지 급진적으로 확장한 것으로 이해할 수 있다. 의인화는 이미 사회적 로봇 연구에서 정립된 방법론으로 활용되고 있다. 그렇다면 의인화를 로봇에만 적용하라는 법이 있을까? 그것을 더욱 확장하여 비유기적인 사물, 물질, 인공물, 자연물에 적용하지 못할 이유가 있는가? 로봇에 대한 다양하고 세련된 의인화가 뿌리깊은 인간중심주의를 교란할 수 있다면, CO_2와 미세먼지, 바람과 물과 땅, AI와 블랙홀에 대한 의인화는 왜 그럴 수 없을까? 비판적이고 구성적인 의인화가 비인간 동물에 대한 인식적 진보를 가능하게 했다면, 동물적이거나 생물학적이지 않은 비인간들, 가령 베넷이 산책길에서 마주친 배수구의 쓰레기더미나 대규모 정전사태를 일으킨

전력공급망에 대한 의인화는 왜 안 된다는 말인가? 신유물론의 의인화는 테크노사이언스에서 작동하고 있는 의인화의 발견법적 잠재력을 사물, 물질, 비인간 일반의 수준으로 끌어올린다.

물론 동물이나 로봇에 비해 사물과 물질 일반은 인간과의 유사성이 약하기에 의인화가 쉽지는 않다. 그렇기 때문에 일종의 '펌프질'이 필요하다. 데닛(Daniel Dennett)은 철학적 논쟁에서 논증적 힘을 갖는 것처럼 보이는 직관이라는 것이 사고실험을 어떻게 설계하고 가상 시나리오를 어떻게 짜는지에 따라 강화되거나 약화될 수 있음을 보여준 바 있다. 관련된 세부사항들을 창의적으로 변형함으로써 약하고 모호한 직관도 강하고 명증한 직관으로 끌어올릴 수 있다는 것이다. 이것이 데닛이 말하는 직관 펌프(intuition pump)다. 이와 유사하게 신유물론에서 활용되고 있는 의인화를 의인화가 가진 인식적 유효성을 확장하고 증진한다는 의미에서 의인화 펌프(anthropomorphism pump)로 볼 수 있을 것이다. 일견 유치하고 기이해 보이는 의인화도 펌프질을 잘 한다면 과학적이고 창의적인 발견법이 될 수 있는 것이다. 비인간 일반을 향해 펌프질된 의인화는 비인간과 인간의 미묘한 유사성에 주의를 기울이게 함으로써 끈질기고 암묵적인 인간중심주의를 불안정하게 만든다. 이러한 인간중심주의의 완화 내지 중화는 우리로 하여금 비인간에 대해 여태껏 **알아차리지 못하던 것을 알아차리게 만듦**으로써 다양한 데이터의 수집을 촉진하고 새로운 가설을 수립하게 한다. 즉 신유물론의 의인화는 방법적으로 펌프질된 역설로서 새로운 발견과 데이터, 가설을 '생성'한다. 발견법으로서의 의인화, 역설적 준-의인화는 **생성적 의인화**(generative anthropomorphism)였던 것이다.

5. 포스트휴먼 인식론을 위한 시론: 포스트휴먼 지식을 향하여

데닛은 의식 연구와 관련하여 신경과학자들과 철학자들의 게으른 지성을 질타한 바 있다. 그는 철학자와 과학자들이 '그 다음에 무슨 일이 일어나는가(And then what happens)?'라는 질문을 등한시함으로써 뇌와 의식에 대한 과학적 이해를 지지부진하게 만들어왔다고 비판한다. 그는 이 질문을 차머스(David Chalmers)가 제기한 어려운 문제(the Hard problem)와 구별하여 '어려운 질문 (the Hard Question)'이라고 부른다 (Dennett, 1991: 255; 2004: 127-128, 138). 데닛에 따르면 의식이 뇌의 기능만으로는 설명하기 어려운 마법처럼 보이게 된 것은 뇌에서 일어나는 일들에 대해 그 후속 효과(aftermath)를 철저하게 조사하지 않았기 때문이다. 즉 그 효력을 면밀하게 추적하지 않은 것이다. 신유물론의 의인화와 관련해서도 이와 비슷한 일이 벌어진 것으로 보인다. 신유물론을 긍정하는 쪽이건 의심하는 쪽이건 의인화가 신유물론의 두드러지는 특징이라는 것에는 모두 동의할 것이다. 그렇다면 자연스러운 수순은 그런 의인화의 이유 또는 쓸모, 즉 그 '효력'을 묻는 것일 것이다. 그러나 놀랍게도 지젝이나 메이야수 같은 이들은, 아니 국내외를 막론하고 그 누구도 신유물론에서 의인화가 어떤 효력을 가지는지를 알아보려고 하지 않은 것 같다. 의인화에 주목하면서도 '의인화를 하고 난 다음에 무슨 일이 일어나는가?'라는 의인화에 대한 어려운 질문에 답하려 하지 않은 것이다. 그 질문은 망각되거나 회피되었고, 이 때문에 의인화의 인식론적 중요성, 그것이 만들어낼 수 있는 인식적 차이는 은폐되었다.

이 글에서의 논의가 옳다면, 신유물론의 의인화에서 인간중심주의의 확장만을 보는 지젝이나 메이야수 같은 이들은 의도적이건 비의도적이건 간에 의인화에 대한 어려운 질문을 회피한 셈이다. 신유물론은 제 꾀에 제가 빠지지도, 스텝이 꼬이지도 않았다. 오히려 지젝과 메이야수를 비롯하여 의인화를 인간중심주의 표현으로만 본 이들이 어려운 질문 앞에서 뒷걸음질 친 것이다.[8] 신유물론은 그저 방만한 의인화나 조잡한 유비가 아니냐는 비판을 받아왔다. 그러나 이제까지의 논의가 옳다면, 오히려 의인화를 비판하는 쪽이 의인화가 가질 수 있는 효력을 방만하고 조잡하게 이해한 것이다. 그러한 비판은 의인화에 여러 수준이 있다는 점을 간과한 채 신유물론의 의인화를 완전-의인화로 넘겨짚는다는 점에서 방만할 뿐 아니라, 의인화에 여러 용도가 있다는 점을 파악하지 못한 채 신유물론의 의인화를 형이상학적 유비로 단순화한다는 점에서 조잡하다.

의인화는 비인간에 대한 지식 생산에 기여할 수 있다. 하지만 당연하게도 단지 의인화가 인식적 발견법으로 기능할 수 있다는 점을 밝히는 것만으로는 비인간에 대한 인식론, 즉 포스트휴먼 인식론을 완전히 해명할 수 없을 것이다. 발견법은 지식 생산 과정에 필수적인 부분이지만, 어디까지나 그 일부일 뿐이다. 지식의 문제를 온전히 이해하기 위해서는 지식의 정당화(justification), 합리성(rationality), 객관성(objectivity), 그리고 무엇보다 진리(truth)의 문제가 규명되어야 한다. 의인화가 펌프질된 역설이자 발견법이라는 것은 포스트휴먼 인식론을 위한 시론일 뿐이다. 아마도 페미니스트 과학철학과 인식론에서 말하는 **상황**

지어진 지식(situated knowledge)에 대한 심도 있는 분석이 언급된 문제들을 다루는 데 도움이 될 것이다(Haraway, 1988). 그러나 이는 별도의 글에서 다루어야 할 주제이다.

주

1 신유물론으로 분류되는 사상적 흐름에 대한 정리는 매우 혼잡스럽다. 특히 현재 신유물론과 객체지향 존재론(object-oriented ontology, OOO), 그리고 OOO의 사촌이라고 할 수 있는 사변적 실재론(speculative realism) 등이 하나로 묶여서 신유물론이라는 명칭으로 불리고 있다. 그러나 OOO의 주창자인 하먼(Graham Harman)은 오히려 OOO와 신유물론을 거의 양립 불가능한 입장으로 정리하고 있다. 그는 책의 한 장을 할애하여 OOO와 신유물론, 정확히는 바라드의 행위적 실재론(agential realism)를 조목조목 대조한다(하먼, 2020: 59-67). 신유물론자들은 OOO를 거의 언급하지 않거나, 언급해도 다소 비판적으로 평가하고 있다. 예 컨대 브라이도티(Rosi Braidotti)는 OOO의 정치학을 다음과 같이 평가한다. "라 투르와 그의 객체-존재론(object-ontology)의 투사들이 옹호한 평평한 존재론은 세계의 서로 다른 실체들 간의 관계적 상호 접속의 정치적 힘을 부인한다. 라투르 는 포텐시아로서의 힘이 지닌 차이 나는 정도들을 평평하게 만들어버림으로써 주 체 기능도 통째로 버린다."(브라이도티, 2022: 92) 이런 진술은 라투르와 OOO를 뒤섞는다는 점에서 문제적이지만, 적어도 브라이도티가 왜 평평한 존재론에 반대 하는지를 보여준다. 그러므로 적어도 하먼 유의 OOO와 신유물론은 하나로 묶일 수 없다. 그럼에도 국내외를 가리지 않고 OOO, 사변적 실재론을 뒤섞어 신유물 론으로 정리하는 행태가 사라지지 않고 있다. 신유물론을 소개하는 2차 문헌들을 국내 연구자들이 별 생각 없이 받아쓰면서 이런 경향이 그대로 이어지고 있는 것 으로 보인다. 일일이 문헌을 언급하는 것이 무의미할 정도로 이런 경향은 매우 팽 배해서, 신유물론과 OOO 양쪽 모두에 대한 정확한 이해를 가로막고 있다. 레비 브라이언트(Levi Bryant)의 기계-지향 존재론(machine-oriented ontology)이나 티머시 모턴(Timothy Morton)의 어두운 생태학(dark ecology)처럼 OOO와 신유 물론의 교차점을 시사하는 이들도 있긴 하지만, 그렇다고 그 둘을 혼동해서는 안 된다. 신유물론을 논의하는 데 있어 반드시 교정되어야 할 문제라고 생각한다.

2 애니미즘이 정말로 미개하고 유치하다는 의미에서 '주술적'인지는 전혀 분명하지 않다. 베넷의 경우 실제로 자신의 입장을 신애니미즘(neo-animism)으로 부르기 도 한다(Bennett, 2011: 404-406). 그러나 신유물론의 비판자들이 종종 애니미즘 을 부정적인 의미로 활용하는 경우가 있기에 이 글에서는 애니미즘을 그들이 이 해하는 대로 사용하고자 한다. 가령 지젝은 생기적 유물론이 그리는 세계를 신이 없는 대신 모든 사물이 마법적 힘과 선하고 악한 영(spirits)으로 가득 차 있는 이 국적인 판타지 세계로 묘사한다(Žižek, 2014).

3 준-의인화와 완전-의인화는 플럼우드가 말한 약한 의인화와 강한 의인화의 구별

과 유사하다고 할 수 있다. 이에 대해서는 3장을 참조.

4 번역을 일부 수정했다.

5 보이센은 베넷의 의인화가 전략적이라는 것을 알고 있다(Boysen, 2018: 235-236). 그럼에도 불구하고 그는 계속 의인화가 인간 주체성의 투사에서 벗어날 수 없다고 주장한다. 생기적 유물론, 신유물론에 대한 보이센의 비판의 요점은 지젝의 것과 다르지 않다. 보이센은 인간 주체성의 투사, 즉 "나르시시즘적 응시"가 어떻게 예상치 못한 결과를 초래하는지를 이해하지 못하고 있다. 그는 사실상 지젝의 비판을 받아쓰기하고 있을 따름이다.

6 의인부정의 오류에 지속적으로 빠지는 사람들을 킬리(Keeley, 2004)는 "반의인론자(antianthropomorphites)"라고 부른다. 또한 카트밀(Cartmill, 2000)은 비인간 동물에게 인간적 특성을 체계적으로 부정하는 오류의 유용한 은유로 "의인신장주의(anthroporenalism)"를 제시한다. 이는 "모건의 법칙의 비뇨기학적 버전으로서, 다른 설명이 가능하다면 동물의 소변을 인간 유사한 신장 활동의 결과로 해석하는 것을 금지해야 한다"는 것이다(ibid.: 841). 어떤 생리학자도 의인신장주의를 진지하게 주장하지 않을 것이다. 이러한 사실은 비교인지과학에 팽배한 반의인화 태도가 일견 합리적으로 보이지만 사실은 인간과 동물의 명백한 유사성에서조차 눈을 돌리게 만드는 문제가 있음을 드러낸다.

7 버크너(Buckner, 2013)는 이런 의인화의 오류를 "인류작화(anthropofabulation)"라고 부른다. 인류작화는 비인간 동물의 인지를 연구하면서 우리 인간이 스스로의 능력에 대해 꾸며낸 이야기를 동물에게 뒤집어씌우는 것을 말한다(p. 185). 이는 과학적 오류에 취약하며 인간중심주의에 물든 형태의 의인화라고 할 수 있다.

8 메이야수는 의인화 또는 인간학화(anthropologization)가 용어의 의미를 세밀하게 분별함으로써 허용될 수 있다는 점을 인정한다. 그는 다음과 같이 말한다. "그것은 주체성, 의지, 창조에 관한 문제였지만 결코 인간적이고 의식적인 사례에서의 그것을 의미하는 것은 아닐 것이다. 이러한 급진적인 거리가 전제된다면, 그것은 결코 순진한 애니미즘의 문제가 아닐 것이다. 아주 좋다. 그런데 그렇다면 왜 같은 단어를 사용하는가? 니체가 '권력에의 의지(will to power)'라는 표현을 사용했다면, 우리가 우리 자신 안에서 경험하는 의지와 어떤 관련이 있는 무엇을 말하고자 한 것이 아니었다면, 도대체 왜 그런 표현을 썼겠는가?"(Meillassux, 2016: 124) 하지만 의인화의 역설적 작동을 고려할 때 이는 좀 유치한 반론이다. 메이야수는 비인간에 대해 인간에게만 쓰던 단어를 사용할 경우에만 인간중심주의에 혼란을 일으킬 수 있다는 점, 비인간의 물질성과 행위성으로의 초점 이동은 그 혼란을 틈타서 일어난다는 점을 이해하지 못하고 있다.

참고문헌

베넷, 제인 (2020). 『생동하는 물질: 사물에 대한 정치생태학』. 문성재 옮김. 현실문화.

브라이도티, 로지 (2022). 『포스트휴먼 지식: 비판적 포스트인문학을 위하여』. 김재희, 송은
주 옮김. 아카넷.

플럼우드, 발 (2023). 『악어의 눈: 포식자에서 먹이로의 전략』. 김지은 옮김. yeondoo.

하딩, 샌드라 (2009). 『누구의 과학이며 누구의 지식인가: 여성들의 삶에서 생각하기』. 조주
현 옮김. 나남.

하먼, 그레이엄 (2020). 『비유물론: 객체와 사회 이론』. 김효진 옮김. 갈무리.

Arbilly, M., & Lotem, A. (2017). Constructive anthropomorphism: A functional evolutionary approach to the study of human-like cognitive mechanisms in animals. *Proceedings of the Royal Society B: Biological Sciences*, 284 (1869), 20171616.

Bekoff, M. (2000). Animal emotions: Exploring passionate natures. *BioScience*, 50(10), 861–870.

Boysen, B. (2018). The embarrassment of being human: A critique of new materialism and object-oriented ontology. *Orbis Litterarum*, 73(3), 225–242.

Bruni, D., Perconti, P., & Plebe, A. (2018). Anti-anthropomorphism and its limits. *Frontiers in Psychology*, 9, 2205.

Buckner, C. (2013). Morgan's canon, meet Hume's dictum: Avoiding anthropofabulation in cross-species comparisons. *Biology & Philosophy*, 28, 853–871.

Burghardt, G. M. (1991). Cognitive ethology and critical anthropomorphism: A snake with two heads and hognose snakes that play dead. In C. A. Ristau (Ed.), *Cognitive Ethology: The minds of other animals* (pp. 53–90). Lawrence Erlbaum Associates.

Burghardt, G. M. (2007). Critical anthropomorphism, uncritical anthropocentrism, and naive nominalism. *Comparative Cognition & Behavior Reviews*, 2, 136–138.

Cartmill, M. (2000). Animal consciousness: Some philosophical, methodological, and evolutionary problems. *Behavioral Processes*, 52, 89–95.

de Waal, F. B. M. (1999). Anthropomorphism and anthropodenial: Consistency in our thinking about humans and other animals. *Philosophical Topics*, 27(1), 255–280.

Damiano, L., & Dumouchel, P. (2018). Anthropomorphism in human–robot co-evolution. *Frontiers in Psychology*, 9, 468.

Dennett, D. C. (1991). *Consciousness Explained*. Little, Brown and Company.

Dennett, D. C. (2004). *Sweet Dreams: Philosophical obstacles to a science of consciousness*. MIT Press.

Dolphijn, R., & van der Tuin, I. (2012). Interview with Karen Barad. In R. Dolphijn & I.

van der Tuin (Eds.), *New Materialism: Interviews & cartographies* (pp. 48–70). Open Humanities Press.

Gaudiello, I., Lefort, S., & Zibetti, E. (2015). The ontological and functional status of robots. *Computers in Human Behavior*, 50, 259–273.

Haraway, D. J. (1988). Situated knowledges: The science question in feminism and the privilege of partial perspective. *Feminist Studies*, 14(3), 575–599.

Ishiguro, H. (2006). Android science: Conscious and subconscious recognition. *Connection Science*, 18(4), 319–332.

Kahn, P. H., Friedman, B. Jr., & Hagman, J. (2002). "I care about him as a pal": Conceptions of robotic pets in online AIBO discussion forums. In *CHI '02 Extended Abstracts on Human Factors in Computing Systems* (pp. 632–633). ACM Press.

Kahn, P. H., Ishiguro, H., Friedman, B., Takayuki, K., Freier, N. G., Severson, R. L., et al. (2007). What is a human? *Interaction Studies*, 8(3), 363–390.

Keeley, B. L. (2004). Anthropomorphism, primatomorphism, mammalomorphism: Understanding cross-species comparisons. *Biology & Philosophy*, 19, 521–540.

Latour, B. (2017). *Facing Gaia: Eight lectures on the new climatic regime* (C. Porter, Trans.). Polity Press. (Original work published 2015)

MacDorman, K. F., & Ishiguro, H. (2006). The uncanny advantage of using androids in social and cognitive science research. *Interaction Studies*, 7(3), 297–337.

MacDorman, K. F., Vasudevan, S. K., & Ho, C.-C. (2009). Does Japan really have robot mania? Comparing attitudes by implicit and explicit measures. *AI & Society*, 23, 485–510.

Meillassoux, Q. (2016). Genealogies of speculation: Materialism and subjectivity since structuralism (A. Avanessian & S. Malik, Eds.). In A. Avanessian & S. Malik (Eds.), *Genealogies of Speculation* (pp. 117–198). Bloomsbury Academic.

Rivas, J., & Burghardt, G. M. (2002). Crotalomorphism: A metaphor for understanding anthropomorphism by omission. In M. Bekoff, C. Allen, & G. M. Burghardt (Eds.), *The Cognitive Animal: Empirical and theoretical perspectives on animal cognition* (pp. 9–17). MIT Press.

Severson, R. L., & Carlson, S. M. (2010). Behaving as or behaving as if? Children's conceptions of personified robots and the emergence of a new ontological category. *Neural Networks*, 23(8–9), 1099–1103.

Parisi, D. (2014). *Future Robots*. John Benjamins.

Turkle, S. (2011). *Alone Together*. Basic Books.

Žižek, S. (2014). *Absolute Recoil: Towards a new foundation of dialectical materialism*. Verso.

3

비인간과 행위자-연결망 이론

세계들의 전쟁 속에서 세계들을 더 잘 묘사하기

박동수

1. "비인간은 행위자인가?"라는 질문에 대하여

최근 인문사회과학 연구에서 비인간과 연관된 문제를 탐구하는 것은 더 이상 낯설거나 새로운 일이 아니다. 과학기술학, 기술문화 연구, 동식물 연구, 생태 정치 등을 둘러싼 여러 분야에서는 과학적 도구, 기술적 장치, 동물과 식물, 박테리아, 강과 숲, 땅과 지구 등의 비인간 존재들이 이미 그 나름의 학문적 시민권을 획득했다. 나아가 비인간이 지닌 (혹은 지녔다고 여겨지는) 행위자로서의 지위 역시 더 이상 주변적인 문제로 다뤄지지 않는다.

그런데 이와 같은 논의들에 대해 반복적으로 제기되는 질문이 하나 있다. "비인간은 과연 행위자인가?"라는 근본적인 의문이다. 일단 이 의문이 제기되기 시작하면 학문적 논쟁은 쉽게 다음과 같은 전형적인 질문들의 연쇄로 흘러간다. 돌, 기계, 동물 등은 어디까지 인간과 유사한 행위 역량을 갖는가? 그 행위 역량은 인간의 행위 역량과 얼마나 동등한가? 비인간 존재는 정말로 인간과 같은 수준의 의도적이고 지향적이며 반성적인 행위를 수행할 수 있는가?

이 질문들 하나하나에 답하는 것도 물론 중요한 일이지만, 이 자리에 서는 그동안 간과된 측면으로 눈을 돌려 보고자 한다. 이러한 질문들은 그것이 놓여 있는 지반을 충분히 점검하지 않으면 모종의 함정에 빠져 들 수 있기 때문이다. 그러한 질문들이 답을 요구하는 방식 속에는 이 미 어떠한 존재론적 구도나 인식론적 도식이 전제되어 있다는 뜻이다. 다시 말해 비인간이 '지닌' 행위 역량이 무엇인지를 묻는 순간, 우리는 거의 반자동적으로 그러한 행위 역량을 어떤 개체가 '소유'하거나 '보유'하는 능력으로 상정하게 된다. 요컨대 "비인간은 과연 행위자인가?"라는 질문은 "비인간 개체가 소유하는 행위성이란 무엇인가?"라는 질문으로 부지불식간에 바뀐다.

그러나 애초에 행위란 한 개체가 오로지 자신의 역량만으로 수행할 수 있는 어떤 것일까? 그 개체가 어떤 환경과 상황에 놓여 있는지, 어떤 과정과 흐름 속에 있는지, 다른 어떤 존재들과 연결되어 있는지와 무관하게 답할 수 있을까? 만약 그렇지 않다고 한다면, 우리는 왜 이러한 질문들의 연쇄가 환경과 상황, 과정과 흐름, 다른 존재들과의 연결을 완전히 간과한 채 제기되고 있는가 하는 한층 더 깊은 이론적 문제를 다루지 않을 수 없다.

이와 관련해 인류학자 팀 잉골드(Tim Ingold)는 『만들기(*Making*)』에서 근래 논의되는 비인간 행위자의 "행위성에 관한 질문 전부가 잘못된 전제에 기반"(Ingold, 2013/2025: 240)하고 있다며 통렬하게 비판한다. 이 비판에서 그는 연날리기의 사례를 하나의 반례로 제시하고 있다. 연이 하늘을 난다는 것은 단지 사람(연 날리는 자)과 인공물(연) 사이의 상호작용만으로는 설명될 수 없다는 것이다. 연이 떠오르기 위해서는 대기의 흐름, 기류, 날씨와 같은 '제삼자'로서의 '공기'라는 환경이 있어야 하기 때문이다. 이때 공기는 단순한 배경이나 외적 조건에 불과한 것이 아니라 연이 하늘로 날아가는 사건을 성립시키는 적극적인 요소다. 이 지점에서 잉골드는 다음과 같은 예리한 질문을 제기한다. "공기를 어떻게 행위자로 간주할 수 있을까?"(ibid.: 250)

잉골드가 보기에 비인간 사물 또한 행위성을 가진다고 말하는 새로운 이론적 흐름들은 어떤 오해에 바탕을 두고 있다. 그러한 논의들에서는 행위성이라는 관념이 "사물이 스스로 닫히는 신체화의 논리"(같은 곳)에 기반을 두고 있다는 것이다. 그는 그러한 발상이 행위성을 사물 내부의 닫힌 능력으로 환원하는 오류를 범한다고 비판한다. 다시 말해 다른 사물들과 완전히 분리되어 있고 고립되어 있는 상상 속의 비인간 사물을 상정해 놓고서 행위성에 관한 논의를 전개하고 있다는 비판이다. 실제로 통상적으로 논의되는 행위성 개념은 강이나 공기, 구름처럼 열려 있고 개방적이며 유동성을 지닌 대상들에는 제대로 적용하기 어려운 점이 있다. 그래서 잉골드는 실상 공기도 사물도 유기체도 그리고 심지어 인간도 "행위성을 **소유하지** 않으며, 그 문제라면 비인간도 마찬가지"(ibid.: 241)라고 단언한다. 행위성이란 누군가 또는 무언가, 즉 주체 또는 객체가 갖고 있는 어떤 것이 아니라는 말이다.

요컨대 한편에는 근대적 상식에 기반을 두고 있는 비인간의 행위성에 관한 소박한 개체주의적 논의가 있다. 이때 비인간의 행위성은 비인간 개체의 객관적 소유물이나 본질적 속성으로서 다뤄진다. 다른 한편에는 잉골드와 같이 공기의 사례를 들어 행위성이란 고정된 윤곽과 영역을 지닌 개체에 귀속될 수 없음을 역설하는 도발적인 논의가 있다. 어느 쪽의 손을 들어 주어야 할까? 비인간 객체가 인간 주체처럼 행위성을 소유하는 것일까? 아니면 애초에 어떤 개체에 행위성을 귀속시키는 것 자체가 지극히 근대적인 사고방식에 불과한 것일까?

이 글에서는 비인간의 행위성에 관한 기존 논의가 반복적으로 제기해 온 질문, 즉 "비인간 개체가 소유하는 행위성이란 무엇인가?"라는 본질주의적인 문제 제기를 비판적으로 재검토하는 행위자-연결망 이론(Actor-Network Theory, 이하 ANT)의 요점을 소개하고자 한다(2절). ANT는 그 출발점에서부터 비인간의 행위성에 진지하게 천착해 왔다. 나아가 ANT의 독특한 관점은 방금 살펴본 대립 구도에서 벗어날 수 있는 또 다른 길을 제시한다.

ANT는 인간과 비인간의 행위성이 어떻게 분배되고 구성되고 재구성되는지의 구체적인 양상을 경험적으로 다룬다. 이때 행위성은 개체에 온전히 귀속되는 것도 아니지만, 그 어떤 행위자에게도 부여할 수 없는 완전히 유동적이기만 한 것도 아니다. ANT는 고립된 개체성에 귀속되는 행위성이라는 근대적 전제를 넘어서는 한편, 유동적인 흐름에만 매달리는 것을 넘어 어떻게 그러한 행위의 흐름이 안정적인 연결망으로 구축되는지도 함께 보여준다. ANT의 핵심 목표는 비인간 행위자의 고정된 능력이나 행위 역량의 목록을 선험적으로 규정하는 데 있는 것이 아니라, 비인간의 행위성이 인간과 비인간의 이질적인 결합이 성공적으로 이루어질 때마다 사후적으로 재구성되는 복잡한 정치적 쟁점임을 밝히는 데 있다.

이러한 구성과 재구성의 복잡한 과정을 따라가기 위해 ANT는 초창기 ANT의 논의에 그치지 않고 그 윤리적, 정치적 한계를 성찰하며 포스트-ANT의 논의로 한 발짝 더 나아갔다(3절). 이 글에서는 ANT와 포스트-ANT를 둘러싼 이론적 논의를 '화천 산천어 축제'라는 실제 사례 속에서 살펴봄으로써 비인간의 행위성이 어떻게 정치적 논쟁의 초점에 놓이는지를 구체적으로 확인해 볼 것이다(4절). 이를 통해 세계들의 존재론들이 충돌하는 일종의 전쟁 상황에서 ANT가 추구하는 '묘사하기'가 어떻게 외교의 길을 찾을 수 있는 '개입하기'의 실천인지를 탐구해 보고자 한다(5절).

2. ANT가 보는 비인간의 행위성

행위자-연결망 이론(ANT)은 사회학자 미셸 칼롱(Michel Callon), 존 로(John Law), 브뤼노 라투르(Bruno Latour) 등이 중심이 되어 전개해 온 이론적, 방법론적 입장이다. ANT는 원래 1980년대 과학기술학(STS) 분야에서 출발했지만, 이후 그 영향력과 활동 범위가 광범위하게 넓어져 사회학과 인류학은 물론 경영학, 경제학, 정치학, 지리학, 생태학, 디자인, 건축, 예술 등에 이르는 다양한 분야에서 참조되고 있다. 또한 신유물론이나 객체지향 존재론 같은 현대 사상의 새로운 흐름이 형성되는 데 큰 영향을 끼쳤다. 한국에서도 2000년대 이후 과학기술학, 환경사회학, 기술철학, 교육학, 미학 등을 중심으로 수용되기 시작했으며, 최근에는 비인간, 생태, 기술을 둘러싼 논의 속에서 더욱 크게 주목받고 있다.

ANT는 무엇보다도 인간뿐 아니라 인간 이외의 존재, 곧 비인간

(nonhuman)도 행위자(actor)로 인정한다는 도발적인 주장으로 널리 알려졌다. 여기서 말하는 비인간 존재에는 과학적 장치와 기술적 인공물에서 동물과 식물, 문서와 기록물, 인프라와 표준, 추상적 개념과 음악 등에 이르는 거의 모든 것이 포함된다. 중요한 것은 다양한 비인간 존재들을 단순히 인간에 의해 해석되거나 활용되는 수동적 객체의 위치에 두는 것이 아니라, 사회와 집합체를 구성하는 과정에 개입하는 동등한 행위자로 인식하고 분석한다는 점이다.

그러나 어떤 면에서 '비인간도 행위자다'라는 주장은 이제 일정 부분 학술적 상식이 되었다. 이미 여러 연구에서 반복적으로 활용되고 있기에 더 이상 그 자체로는 새롭거나 획기적으로 느껴지지 않을 수도 있다. 그렇다면 ANT의 비인간 논의는 이제 단지 역사적으로만 의미를 지니는 주장, 다시 말해 이미 지나가 버린 과거의 문제 제기에 불과한 것일까? 그렇지 않다. ANT가 제시해 온 비인간의 행위성 논의는 통상적으로 수용되는 것보다 훨씬 더 급진적이고 근본적인 함의를 지니고 있기 때문이다. ANT는 비인간에 대한 관념, 행위자와 행위성의 개념, 나아가 행위란 무엇이며 행위성이 어디에 귀속되는가에 대한 문제 설정 전체를 통째로 바꾼다.

이러한 존재론적 전환의 문제를 이해하기 위해 먼저 ANT가 비인간을 어떤 방식으로 이론의 영역에 도입하게 되었는지부터 찬찬히 살펴보자.

1) ANT는 어떤 비인간 행위자를 어떻게 도입하는가?

ANT가 처음 다루기 시작한 비인간은 자연적 사물이나 추상적 개념이 아니었다. 연구사적으로 보면 ANT 연구자들이 주목한 비인간은 과학과 기술의 실천 한가운데에서 실제로 동원되고 작동하던 존재들이었다. ANT의 주창자 중 한 명인 브뤼노 라투르는 자신의 과학기술학 연구를 요약하고 재구성하는 『판도라의 희망(*Pandora's Hope*)』 서두에서 자신과 동료들의 작업을 이렇게 회고한다.

> 안락의자에 앉은 옛 과학철학자들의 벽에 걸린 박제된 과학자들 대신에 우리는 실험실에 푹 빠져 있고, 열정으로 가득 차고, 도구들로 무장하고, 노하우를 몸에 익혔으며, 더 크고 역동적인 환경에 연결된 생생한 사람들을 묘사해 왔다. 창백하고 핏기 없는 과학의 객관성 대신에, 우리는 실험실의 실행을 통해서 우리의 집합적 삶에 혼합되어 있는 수많은 비인간까지도 역사를, 유연성을, 문화를, 피를 가졌다는 사실을 보여주었다. 이는 대학 캠퍼스의 다른 편에 선 인문학자들이 부인해 왔던 것이었다. (Latour, 1999/2018: 27-28)

라투르와 그의 동료들은 과학적 실천과 기술적 혁신의 현장을 연구하며 ANT 연구를 시작했다. 과학 실험실과 기술 혁신의 현장에서 그들이 발견한 것은 과학적 사실의 생산이나 기술적 성취가 인간만의 사유나 의도, 행위만으로 결코 성립하지 않는다는 점이었다. 실험 장치, 측정기기, 표준화된 문서, 기록물, 미생물, 시료 같은 비인간들 없이는 과학도 기술도 없다. 갈릴레오가 망원경을 사용하고 로버트 보일이 공기 펌프를 사용한 이래 실험 기구나 기기를 사용하지 않는 과학은 거의 존재하지 않으며, 현대의 나노과학은 원자나 분자 레벨의 비인간을 정교하게 통제하여 과학적 사실을 산출한다(홍성욱, 2010).

비인간은 인간의 의도를 그대로 전달하거나 재현하는 단순한 중립적 도구가 아니다. 측정기기, 실험용 생쥐, 저기압 기상 시스템, 연료주입 장치 같은 실험 기구나 기술적 인공물은 실험의 방향을 바꾸고, 기술적 결과를 제한하거나 증폭시키며, 성공과 실패의 조건을 적극적으로 구성하는 존재로 작용한다. 다시 말해 비인간들은 인간 행위자를 단순히 보조하는 것이 아니라, 과학적, 기술적 실천의 형식과 가능성을 공동으로 만들어내는 행위자들이다.

이러한 배경에서 ANT는 "일반화된 대칭성(generalized symmetry)"이라는 유명한 원칙을 제시한다(Callon, 1984/2010). 이는 "우리가 마주하는 것이 인간이건, 세균이건, 텍스트건, 기계건 동일한 분석적·묘사적 틀을 채택해야 한다"(김환석, 2012: 45)는 요청이다. 세계에 차이와 변화를 만들어내는 역량을 갖는 한 그것들은 모두 행위자로서 분석되어야 한다는 것이다. 이 원칙은 인간과 비인간을 본질적으로 동일하다고 주장하기 위한 것이 아니라, 실제 과학과 기술의 현장에서 세균, 텍스트, 기계 등이 발휘하는 행위성의 효과를 추적하고 파악하기 위해 제안된 경험적인 연구 전략이었다.

ANT가 "물질적 기호학(material semiotics)"이라 불리는 이유도 여기에 있다(Law, 2008). 기호학에서 의미가 단어 자체가 아니라 단어들 사이의 관계에서 발생하듯, ANT는 행위 역시 개별 존재에 내재된 본질적 속성이 아니라 존재들 사이의 연결과 배치 속에서 발생한다고 본다. 이러한 행위의 발생 과정을 따라가기 위해 ANT는 그레마스(Algirdas Julien Greimas)의 기호학에서 유래한 "행위소(actant)" 개념을 차용한다. 그레마스의 기호학에서 행위소란 내러티브 속에서 역할을 담당하는 모든 존재를 의미하며, ANT에서 행위소란 인간이든 비인간이든 특정한 행위의 연쇄 속에서 차이를 만들어내는 모든 존재를 가리킨다. 따라서 "행위소는 문자 그대로 행동의 원천으로 인정받은 것이면 무엇이든 될 수 있다."(Latour, 1996/2010: 107) ANT는 인간 및 비인간 행위소들이 끊임없이 서로 연관되고 포개지는 과정을 묘사하고 드러내는 것을 탐구의 일차 목표로 삼는다.

ANT에서 말하는 비인간 행위자 또는 행위소는 과학적 도구와 기술적 산물처럼 명확한 물질적 형태를 지닌 사물들에만 국한되지 않는다. 예를 들어 음악도 하나의 비인간 행위자다. 음악은 다른 것들과 구별되는 고유한 행위 역량을 갖는다. ANT를 통해 음악을 연구하는 사회학자 앙투앙 에니옹(Antoine Hennion)은 "음악적 사물(musical thing)을 출현하는 무언가로, 하나의 현존으로 바라보되, 그것을 우리 눈앞에 고립시킬 수 있는 어떤 고정된 대상으로 보지 않음으로써"(Hennion, 2016: 294) 음악이라는 비인간이 행위를 수행한다는 것을 분명하게 보여준다. 음악은 우리를 매개시키고, 우리는 음악적 사물을 통해 매개됨으로써 전과는 전혀 다른 감흥과 감동, 느낌과 정동을 얻는다. 이 점에서 비인간 사물들은 "저항하는 것일 뿐만 아니라, 또한 넘어서는 것, 넘쳐흐르는 것, 되돌아오는 것"(ibid.: 295)이기도 하다.

행위소들은 다른 행위소들과 횡단적으로 관계할 뿐 아니라 시간적

궤적 속에서 그 규모가 커지기도 하고 그 내구성이 단단해지기도 하며 그 복잡성이 늘어나기도 한다. 행위소들은 어떤 특정한 상태로 단순히 존재하는 것이 아니라 언제나 생성되는 과정 속에 있다. ANT에서는 과학적 사실도, 기술적 산물도, 자연적 사물이나 음악적 사물도, 심지어 자연 법칙도 "많은 요소들을 동원하고 그것들을 통해 점차 안정성을 획득해가는, 성장하는"(Blok & Jensen, 2011/2017: 133) 행위소들의 집합체라는 점에서 모두 동등하다. 요컨대 ANT는 행위소라는 개념을 활용하여 인간 행위자와 비인간 행위자를 하나의 평면 위에 나란히 놓고 그것들이 수행하는 행위들을 서로 비교하고 대조할 수 있게 하는 것이다.

2) 행위자와 연결망은 분리될 수 없다

따라서 '비인간도 행위자다'라는 말은 ANT의 결론이 아니라 논의의 출발점에 지나지 않는다. ANT가 겨냥하는 진짜 문제는 비인간이 행위자인가 아닌가가 아니라, 비인간을 행위자 또는 행위소로 볼 때, 그것이 발휘하는 행위 역량이 어떻게 구성되고 변형되고 번역되고 매개되는지를 경험적으로 관찰하고 기록하여 그 전모를 제대로 이해하는 데 있다. ANT는 인간들의 사회 이론에 그저 비인간을 추가하는 데 그치는 것이 아니라, 인간과 비인간의 행위성을 묻는 탐구 방식 자체를 근본적으로 바꾸려 한다.

이 문제의식을 밀고 나가면, 우리는 ANT의 핵심적 관점에 도달하게 된다. ANT는 행위자는 연결망과 분리될 수 없으며, 연결망 역시 행위자 없이 존재하지 않는다고 말한다. 그래서 ANT는 '행위자-연결망' 이론이다. 행위자-연결망이라는 관점이 지닌 가장 기본적인 문제의식에는 행위가 하나의 개체에 귀속되지 않는다는 점이 있다. "누가 행위를 하는가? 이 질문에 대하여 ANT는 다음과 같이 답한다. 한 명의 인간 개체가 아니라 네트워크 전체가 행위한다."(김홍중, 2022: 19)

ANT에서 인간과 비인간의 행위성을 동등하게 바라봐야 한다고 말하는 근본 이유는, 행위자의 행위 역량이 오직 그것이 연결되어 있는 연결망을 통해서만 발휘되고 발생할 수 있기 때문이다. 연결망 없는 행위자는 공허하고, 행위를 산출하지 못하는 연결망은 의미를 갖지 못한다. 이 점에서 보면 고립된 행위도, 고립된 개체도, 고립된 행위자도 없다. 오직 행위와 연결의 연쇄 속에 놓인 행위자들, 곧 행위자-연결망들만이 존재한다. 행위자와 연결망의 불가분성은 ANT의 가장 중요한 통찰이다.

ANT는 행위의 귀속 지점을 개체에서 연결망으로 옮긴다. 행위자-연결망의 관점에서 행위를 바라보면 기존과는 전혀 다른 질문들이 생기게 된다. 어떤 행위들의 결합 속에서 무엇이 행위자로 등장하는가? 그 행위성은 어떤 번역과 매개를 거쳐 분배되고 안정화되며 다시 변형되는가? 행위자-연결망은 얼마나 길고 단단한가? 하나의 행위에는 어떤 다른 존재들이 개입하는가? '우리'는 얼마나 많은가?

그리하여 ANT의 행위자-연결망 관점은 근대 사회 이론이 전제해 온 실체주의, 개체주의, 환원주의와 근본적으로 단절한다. 개체적 실체를 중심에 놓는 근대 사회 이론에서는 먼저 고정된 행위자(개체, 주체, 구조, 사회)를 상정하고 그것이 어떤 속성을 갖는지를 묻는다. 그러나 ANT에서는 행위자와 그것의 속성이 사전에 선험적으로 주어지지 않는다. 행위자는 다양한 연결 속에서 끊임없이 갱신되고 변형되는 존재이며, 그 정체성은 언제나 잠정적이다. ANT의 주창자 중 한 명인 존 로가 말하듯, "질서를 이루기 위해 일시적으로 소집되어 있는 부분과 조각들은 따라서 언제든 붕괴될 수 있으며 스스로 소멸할 수 있다."(Law, 1992/2010: 49)

ANT는 행위자를 자기 동일성을 지닌 본질적 실체로 다루지 않는다. 라투르가 말하듯 "본질은 존재이며 존재는 행위다."(Latour, 1999/2018: 287) 행위자-연결망은 어떤 실체적 본질을 지닌 것이 아니라, 그 실존에 따라서 그 본질이 끝없이 갱신되고 변화하는 과정 속에 있다. 이때 ANT의 핵심 개념으로 등장하는 것이 번역(translation)과 매개(mediation)다.[1]

ANT에서 번역이란 용어는 라투르와 칼롱이 전기자동차, 글로벌 통신 시스템, 파리 대중교통 시스템 등 당시 일어나고 있던 기술 혁신 과정을 설명하기 위해 사용한 기본 개념이었다. 그들은 기술 혁신을 "다수의 이질적인 요소를 소수의 강력한 대표자의 영향력 범위 안으로 번역해(강제하고 구부리고 회유하고 조직화해) 넣는 과정으로 묘사"(Blok & Jensen, 2011/2017: 28)했다. 다시 말해, 행위자들은 서로 다른 존재들의 관심과 역량을 결합하고 변형하고 재배치하는 번역 과정을 통해 행위자들의 특정한 관계인 행위자-연결망을 스스로 구성한다. ANT의 역할은 행위자-연결망들이 번역 과정을 통해 "서로를 연결함으로써 스스로를 설명"(Latour, 1996/2010: 114)하는 과정을 따라가는 데 있다.

한마디로 이렇게 말할 수 있을 것이다. "비인간은 과연 행위자인가?"

라는 질문에 대하여 ANT는 "비인간은 언제나 행위자-연결망이다."라고 답한다고 말이다. 이 대답은 "비인간 개체가 소유하는 행위성"이라는 근대주의적 전제에서 벗어날 뿐 아니라, "공기는 행위자가 아니다"라는 비판에서도 벗어나 있다. 행위자-연결망은 개체적이지도 않지만 완전히 개방적이거나 유동적인 것도 아니다. 국지적으로 성립된 행위자-연결망은 서로 동떨어져 존재하던 여러 이질적인 행위소들을 하나로 결합시킴으로써 일시적으로 안정화된 일종의 블랙박스(내부의 복잡한 번역 과정이 가려진 채 하나의 실체처럼 간주되는 임시적 구성물)다.

블랙박스로서의 행위자-연결망은 특정한 과학적 사실을 구축할 수도 있고 실제로 작동하는 기술적 장치로 작동할 수도 있지만, 때때로 고장 나거나 부서질 수 있는 취약한 존재이기도 하다. "우리가 조심하지 않으면 벽은 무너지고, 나무는 벌레에 먹혀 부서져 먼지가 되고, 수정은 깨지고, 자동차는 고장 나고, 기차는 탈선하고, 배양된 박테리아는 죽고, 해먹의 밧줄은 해어진다. 컴퓨터는 일종의 악성 기능 불량으로 오작동을 일으킨다."(Latour, 2012/2023: 335) 마치 어떤 날에는 이 음악이 나에게 감동을 주지만, 다른 날에는 같은 음악이 전혀 감동을 주지 못하는 것과 같다. ANT는 행위자들에 의해 점진적으로 구축되고 변형되는 임시적인 안정화와 질서화 과정을 따라가고 이해하는 것을 탐구의 주요 목표로 삼는다.

3) ANT는 형이상학이 아니라 탐구의 이론이다

여기서 한 가지 주의할 점이 있다. ANT에서 제안하는 비인간 개념은 주체-객체 이분법을 우회해서 활용되는 경우에만 의미를 갖는다는 것이다. 라투르는 『판도라의 희망』에 실려 있는 '용어 해설'에서 비인간을 이렇게 정의한다.

> 비인간(Nonhuman): 이 개념은 '인간-비인간' 쌍과 주체-객체 이분법 사이의 차이에서만 의미를 지닌다. 인간과 비인간의 연합은, 주체와 객체의 구분이 우리에게 강요하는 전쟁과는 다른 정치적 통치 체제를 가리킨다. 따라서 비인간은 평화로운 시기의 객체의 형태이다. 즉 적법한 정치적 과정을 단축하는(shortcut) 전쟁에 결부되지 않았을 경우 객체는 이렇게 보여진다는 것이다. 인간-비인간의 쌍은 주체-객체 구분을 '극복'하기 위한 길이 아니라 그것을 완전히 우회하는 길이다. (Latour, 1999/2018: 477, 번역 일부 수정)

어째서 ANT는 주체-객체 이분법을 '우회'하면서 인간-비인간 쌍을 도입하는 것일까? 주체-객체 이분법을 넘어서는 것은 한가로운 철학적 논쟁의 문제가 아니다. 왜냐하면 주체-객체 이분법은 정치적 논쟁을 종결시키고 반대자를 침묵시키기 위한 인식론적 전쟁 도구로 사용되어 왔기 때문이다. 어떤 사태가 '객관적 자연' 혹은 '객체의 영역'으로 규정되는 순간, 그 문제는 과학자나 기술자, 전문가의 판단에만 맡겨진 것이 되고 그와 연관된 다른 당사자들의 개입은 비과학적이거나 비합리적인 것, 비전문적인 것으로 배제되기에 이른다. 이때 객체는 정치적 논쟁을 차단하는 장치로 작동한다. 따라서 주체-객체 이분법은 "적법한 정치적 과정"을 거치지 않은 채 세계에 대한 특정한 해석과 결론을 기정사실로 만드는 "정치적 인식론"(Latour, 2012/2023: 480)의 역할을 수행하는 것이다.

쉽게 말해 객체에 대해서는 논쟁할 수 없지만 비인간에 대해서는 논쟁할 수 있다. "비인간은 평화로운 시기의 객체의 형태"라는 말이 바로 이런 맥락에서 나온다. ANT에서 제안되는 비인간 개념은 새로운 형이상학적 범주를 제시하기 위한 것이라기보다는 주체-객체 이분법을 우회함으로써 사태를 다시 논쟁 가능한 상태로 되돌리려는 인식론적, 정치적 개입이다. 객체와 달리, 비인간은 그것을 집합체에 포함할지 혹은 거부할지를 두고 논쟁할 수 있는 존재이기 때문이다.

이러한 이유에서 ANT는 자연 세계와 사회 세계를 구성하는 존재들의 목록을 사전에 확정하지 말 것을 요구한다. 인간과 비인간의 행위성은 언제나 탐구의 결과로 드러나야 한다. ANT가 자연과 사회, 인간과 비인간의 관계를 "평평하게" 묘사하려는 이유도 여기에 있다. 그래서 ANT는 무엇보다 부정적인(negative) 방법으로 규정된다. "ANT는 하나의 방법이며, 그것도 상당히 부정적인 방법이다. ANT는 ANT로 묘사되고 있는 것의 **형태**에 대해서는 아무것도 말해주지 않는다."(Latour, 2005: 142)

바로 이 점에서 ANT는 "모든 선험적인 환원에 반대하여 비환원성을 묘사할 가능성을 열어줄"(Latour, 1996/2010: 111) 수 있다. 왜냐하면 ANT는 "행위자들에게 행위능력을 부여하면서 그들을 새로운 세계를 만드는 존재론적 잡종"(ibid.: 119)으로 묘사하고 이해할 수 있는 다른 길을 열어주기 때문이다. 때로는 무언가 적극적으로 규정하고 설명하는 것이 아니라, 행위자들이 하는 일을 그저 따라가고 묘사하고 기록하고 경청하는 것만으로도 새로운 길이 열린다. 그리고 이러한 '경청'을 위해서는 강한 이론적 헌신이 필요하다. 자연/사회, 주체/객체 같은 기존 범주로 쉽게 환원하지 않으면서 그들의 행위를 추적할 수 있어야 하기 때문이다.

한마디로 말하면 이렇다. "행위자-연결망 이론은 사회적 세계의 본성에 관한 이론이 아니다(사회에 대한 형이상학이 아니다). 그것은 사회과학에서의 탐구에 관한 이론이다."(Latour, 2010b) ANT는 연구자에게 '이동의 자유'를 부여한다. 자연과 사회, 객체와 주체, 사실과 가치라는 범주적 경계를 미리 설정해 두지 않고, 그 경계들이 언제, 어디서, 어떤 필요에 의해 등장하고 고정되는지를 따라갈 수 있게 해주기 때문이다. 대신 그 자유에는 엄격한 책임이 따른다. 자연과 사회를 구성하는 존재들의 목록을 미리 규정해 놓지 말 것, 보이지 않는 배후의 힘을 가정해 설명을 단축하지 말 것, 새로운 사태를 안정된 범주로 무비판적으로 환원하지 말 것. "인식론의 꿈을 포기함으로써, ANT는 도덕적 상대주의로 환원되는 것이 아니라 강한 의무론적 책임으로 귀결"(Latour, 1996/2010: 119)되는 것이다.

3. ANT에서 포스트-ANT로: 행위자-연결망을 다른 방식으로 보기

2010년, 한국에 ANT의 초기 텍스트들을 번역하여 처음으로 소개한 책 『인간·사물·동맹』에서 과학기술학자 홍성욱은 ANT의 골격이 세워진 지 20여 년이 흘러 ANT가 이제 20대의 건장한 청년이 되었다고 평한 바 있다(홍성욱, 2010). 그로부터 다시 15년이 지난 지금, ANT 는 이제 장년의 길에 접어들었다. 사람이 성장하며 변화하듯, ANT 역시 새로운 연구자들이 유입되면서 많은 변화를 겪었다. 여기서는 초기 ANT의 논점이 마주한 한 가지 결정적인 전환점에 대해 이야기해 보려 한다.

엄밀히 말해 ANT는 본래부터 완성된 하나의 체계로서의 이론이나 방법론은 아니다. 오히려 ANT는 인간 이외의 다양한 비인간 존재들이 수행하는 역할을 파악하려는 일련의 실험적 묘사들의 집합체에 가깝다. 따라서 ANT의 개념 창고를 이루는 수많은 개념과 아이디어는 고정된 기준이나 필수적인 도구가 아니라, 언제든 개선되거나 때로는 폐기되고 갱신되어야 하는 일시적인 성격을 지닌다. 가령 ANT의 주장을 도식화하여 활용하는 학술 문헌에서 자주 인용되는 칼롱의 고전적인 4단계 번역 이론(문제 제기-관심끌기-등록하기-동원하기)은 하나의 유용한 설명 방식일 뿐, ANT의 절대적 방법론은 아니다(Callon, 1984/2010).

그렇지만 초기 ANT 연구자들 사이에 어떤 경향성과 수렴점이 있었음을 부정할 수는 없다. 초기 ANT 연구자들은 과학적 사실을 확립하거나 기술적 혁신을 성공시킨 인간과 비인간의 강력한 동맹에 주로 집중했다. 파스퇴르나 디젤, 가리비 양식처럼 과학과 기술의 블랙박스를 안정화시킨 성공적인 투쟁이나 영웅적인 실패의 흔적에 초점을 맞춘 것이다(Callon, 1984/2010; Latour, 1984/2024; Latour 1987/2016).

그러다 보니 ANT는 그 본래 의도와는 달리, 자칫 마키아벨리식 "관리주의"(강력한 관리자나 기업가, 혹은 사실 구축자의 관점에서 사물을 보는 경향)나 통제 이론으로 비춰질 위험이 있었다. 행위자-연결망의 관점에서 사태를 연구할 때, 더 강력한 행위자와 그를 둘러싼 인간 및 비인간 동맹들에 초점을 맞추기란 언제나 쉬운 일이다. 거기에 더 많은 기록과 흔적, 더 많은 행위자들이 연결되어 있기 때문이다. 그러나 성공적으로 안정화된 행위자-연결망에만 집중하면, 그 배후에서 성공을 떠받치지만 정작 중요하게 평가받지 못하는 유지보수 노동, 돌봄, 비가시적 고통과 같은 윤리적, 정치적 문제가 분석의 배경으로 밀려날 수 있다. 요컨대 초기 ANT는 의도치 않게도 성공자의 기록으로 전락할 우려가 있었다. 이는 ANT의 주창자 중 한 사람인 라투르 자신도 명확히 인정하는 바이기도 하다.

> 행위자-연결망 이론의 어휘는 자유를 주지만, 정보원들이 완강히 매달리는 가치들을 구별해 내기에는 너무 제한적이다. 따라서 그 이론이 마키아벨리주의적이라는 비판에도 정당성이 없지는 않다. 모든 것이 모든 것과 결합할 수 있지만, 어느 것이 성공하고 어느 것이 실패할지를 어떻게 정의할지 알 수 있는 방법이 없다는 것이다. 힘과 이성 사이의 구별에 대항하는 전쟁의 도구로서 그 이론은 결국 이를테면 "성공한" 자들이 확립한 연결 숫자의 유일한 지배하에 모든 결합을 통합하게 될 위험이 있었다. (Latour, 2012/2023: 107)

이러한 한계를 예리하게 지적하며 "포스트-ANT(Post-ANT)"로의 문을 연 인물이 바로 페미니스트 과학기술학자 수전 리 스타(Susan Leigh Star)였다(Star, 1990). 여기서 "포스트-ANT"는 ANT 연구 장 내부에서 이루어진 일련의 논의들을 가리키는 약어로, 다른 말로는 "성찰적

ANT" 텍스트들을 지칭하는 간명한 표현이다(Law & Hassard, 1999; Gad & Bruun Jensen, 2010). 이 글에서 내가 말하는 포스트-ANT란 행위자-연결망 분석의 성과를 유지한 채 그 과정에서 반복적으로 배제되어 온 권력의 비대칭, 돌봄과 유지 노동, 그리고 기술적 성공과 가치 판단을 구별하지 못하는 한계를 스스로 문제화하려는 성찰적 흐름을 가리킨다.[2] 그중에서도 스타의 페미니스트적 문제 제기는 초기 ANT에서 포스트-ANT로 이행하는 데 큰 역할을 했다. 그는 ANT의 이론적 성과를 부정하지 않으면서도, 행위자-연결망이 성공할수록 가려지는 것들, 즉 번역되지 않은 존재들의 경험을 또 다른 분석의 출발점으로 삼자고 제안했기 때문이다.

스타는 맥도날드의 햄버거 제조 과정과 관련된 개인적 체험을 예로 들어 ANT의 관리주의적 관점을 비판한다(Star, 1990; Blok & Jensen, 2011/2017: 101). 스타에게는 양파 알레르기가 있었다. 그런데 당시 맥도날드에서 양파 없는 햄버거를 주문하면 30분이나 기다려야 했고, 차라리 표준적인 햄버거를 주문해서 플라스틱 포크로 양파를 손수 빼내는 편이 나았다. 특히 일행과 같이 오는 경우에 제 시간을 지키려면 그 외에 다른 방법이 없었다. 이 일화는 맥도날드라는 사실 구축자의 관점에서 볼 때는 효과적이고 안정되어 보이는 행위자-연결망이 스타처럼 양파 알레르기가 있는 사람의 관점에서는 심한 곤경의 원인일 수 있음을 보여준다. 효과적인 표준이라는 것은 상대적으로 눈에 띄지 않는 주변적 존재가 감당해야 하는 많은 숨겨진 노고와 고통이라는 대가를 필요로 할 수 있다. 만일 ANT가 맥도날드 관리자의 입장만을 대변한다면, 일상에서 실제로 작동하는 미시적 권력에 둔감한 이론이 되고 마는 셈이다. 그래서 스타는 이렇게 지적한다.

> 우리는 과학자의 관점에서 번역(translation) 과정을 논의하는 방법은
> 잘 알고 있지만, 실험실 기술자의 관점에서는 훨씬 덜 알고 있고, 실
> 험실 청소 노동자의 관점에서는 그보다도 덜 알고 있다. 원칙적으로
> 는 모든 관점이 중요하다는 데 동의하면서도 말이다. (Star, 1990: 33)

스타는 ANT가 단순히 인간/비인간의 혼합을 찬미하는 데서 출발하
기보다는 "'누가 이익을 얻는가?'(cui bono?)라는 질문에서 출발하는 편
이 분석적으로도 더 흥미롭고 정치적으로도 더 정당하다"(ibid.: 43)고
주장한다. 안정화된 행위자-연결망은 모두에게 안정적인 것이 아니라,
오직 그것을 사용하고 유지하는 공동체의 구성원들에게만 안정적일
수 있다. 게다가 표준화된 행위자-연결망의 안정성은 비표준적인 사람
들의 사적인 고통을 통해 유지되기도 한다. 따라서 ANT는 행위자-연
결망에서 소외된 사람들과 배제된 비인간들의 문제를 결코 간과해서
는 안 된다는 것이다.

나아가 스타는 비이용자, 추방자, 혹은 난파자가 되는 경험에서 맥도
날드를 분석하는 페미니스트 분석의 비판적 힘과, 맥도날드 제국이 구
축되는 과정을 분석하는 행위자-연결망 이론의 구성적 힘을 결합하는
방법을 제안한다. 이는 비이용자(non-user)라는 배제된 출발점을 번역
(translation) 모델과 연결시키는 데 있다. 다시 말해 "번역될 수 없는 것
의 관점, 즉 기괴한 것, 타자, 야생적인 것으로 다시 돌아가는 것이다."
(ibid.: 38) 이러한 배제된 자들의 관점을 통해 행위자-연결망을 다시 바

라보면, 현재 구축된 행위자-연결망의 구성 양상이 "그렇지 않았을 수도 있었음(it might have been otherwise)"을 파악할 수 있게 된다.

스타의 논의는 ANT의 접근법을 갱신하고 있다. 본래 ANT 역시 어떤 과학이나 기술도 필연적이거나 불가피한 것은 없으며, 아무리 안정화된 것처럼 보일지라도 모든 구성물은 역사적으로 우연적인 산물이라는 통찰에서 출발했다. 존 로가 말하듯, "ANT는 권력이 관계적이고 분배적 맥락에서 생성되는 것이지, 완성된 것이 아님을 주장"(Law, 1992/2010: 49)하며, 지금의 "현실들이 지금과는 다를 수도 있다(should be otherwise)는 사실에 주목"(ibid.: 56)한다. 이 점에서 스타의 비판은 초기 ANT의 방향성에 충실하면서도, 번역과 동원을 통해 안정화된 연결망이 누구에게 안정적이며, 누구에게 혼란과 고통을 주는지를 묻는 데에는 충분히 응답하지 못했음을 정확히 지적하면서 윤리적, 정치적 문제의식을 ANT에 추가한다.

1) 더 두껍게 묘사하기

ANT에서 포스트-ANT로 나아가는 길은 하나가 아니다. 스타의 문제 제기 이외에도 여러 수많은 길이 존재한다(Law & Hassard, 1999; Gad & Bruun Jensen, 2010; Blok, Farías & Roberts, 2020). 포스트-ANT의 문제의식을 이어가는 『행위자-연결망 이론 라우틀리지 컴패니언(*The Routledge Companion to Actor-Network Theory*)』에서 저자들은 "ANT를 하나의 이론이 아니라, 스스로를 끊임없이 재발명할 때에만 성공할 수 있는 개방된 지적 프로젝트"(Blok, Farías & Roberts, 2020: xxii)라고 말한다. 이처럼 다양한 포스트-ANT의 논의를 어떻게 요약할 수 있을까? 여기서는 크게 두 가지 상이한 접근법을 간단히 구별해 보려 한다.

첫 번째 접근법은 방금 본 것처럼 ANT의 분석 틀을 유지한 채 그 내부적 정정을 통해 과학적, 기술적 동원과 번역의 과정에서 배제되거나 주변화되었던 존재들과 그와 연관된 윤리적, 정치적 요소들을 다시 포함시키려는 시도다. 이는 ANT의 틀을 유지하되, 행위자-연결망 분석에서 활용하는 용어 목록에 '배제', '고통', '돌봄', '취약성' 등을 포함시켜 그 묘사를 한층 더 두껍게 만드는 것이다(de La Bellacasa, 2017; López-Gómez, 2019).

특히 과학기술학 분야에서 연구하는 많은 페미니스트들은 특정한 연결망의 경계선에서 주변화된 행위자들에게 연결망이 전혀 다르게 나타난다는 점을 반복해서 지적해 왔다. 스타의 비판 이후 전개된 포스트-ANT의 이러한 경로는, ANT가 과학과 기술의 성립 과정을 탁월하게 설명해 왔다는 점을 인정하면서도, 바로 그 설명 방식이 반복적으로 배제해 온 문제들을 다시 ANT 내부로 끌어들이려 한다. 문제는 ANT의 틀을 폐기하는 것이 아니라, 그 틀이 무엇을 중심에 두고 무엇을 주변으로 밀어내는지를 파악하고 재조정하는 데 있다. 이는 스타가 제기했던 "번역될 수 없는 것의 관점"을 가시화시키려는 시도이기도 하다.

이러한 내부적 정정은 분석의 초점을 이동시킨다. 기존의 ANT가 "어떻게 과학과 기술이 블랙박스화되는가"라는 질문에 집중했다면, 포스트-ANT는 "블랙박스화 과정에서 배제되어 온 것은 무엇인가"라는 질문을 전면에 내세운다. 이때 블랙박스의 지속 가능성이 누구에게, 무엇에게 비용으로 전가되는가 하는 기술정치적 문제가 나타난다. 가령 과학기술학자 케이트 크로퍼드(Kate Crawford)는 인공지능 시스템을 유지시키기 위해 지구의 에너지와 광물자원, 값싼 노동력, 대규모 데이터의 추출이 필수적임을 보여준다(Crawford, 2021/2022).

이는 비인간 행위자의 경우에도 마찬가지다. 지리학자 나이절 클라크(Nigel Clark)는 「비인간에 사람들이 관심을 가질 때 무엇이 잘못될 수 있는가」라는 글에서 "ANT의 가장 큰 강점으로 간주해 온 바로 그 지점에서 오히려 ANT가 중대한 한계를 지니고 있다"(Clark, 2020: 158)며 문제를 제기한다. ANT가 비인간의 역할을 가시화하는 데서 거둔 바로 그 성공 때문에 연결망이라는 특정한 유형의 관계 양식만이 드러나고, "다른 종류의 관계 맺기들, 그리고 비인간들이 이러한 다른 관계 양식들에 어떻게 연루될 수 있는지를 보지 못하게 되었다"(같은 곳)는 것이다.

여기서 그가 염두에 두는 것은 연결망의 관계 양식이 아니라, "선행적 관계 또는 지탱하는 관계"다. 가령 인간 훨씬 이전에 이미 존재해 온 지구와의 관계가 그렇다. 클라크는 인간과 비인간의 상호적 연결망을 넘어서는 비인간이 지닌 잉여를 "이전의 것, 너머/아래의 것, 내부의 것"(ibid.: 159)으로 칭하며 이를 고려하는 더 폭넓은 시야가 필요하다고 말한다. 요컨대 특정한 행위자-연결망에 동원되며 공동-구성을 이루는 비인간이 아니라, 전혀 다른 관계 맺기의 양식에 존재하는 비인간에 대해서는 어떻게 말해야 할지를 묻는 것이다.

2) 존재양식들과 그 가치들을 구별하는 법 배우기

포스트-ANT가 취하는 두 번째 접근법은 라투르의 저작 『존재양식의 탐구』와 그 후속 저작들에서 명확히 나타난다(Latour, 2012/2023; 2013; 2017a; 2017b; 2021). 라투르는 동일한 사안에 대한 서로 다른 존재 방식의 경로인 '존재양식들'의 문제를 제기한다. 이 접근법은 행위자-연결망 분석의 바깥으로 나가려는 시도다. 좀 더 정확히 말하면 ANT 를 보다 큰 존재론적 좌표계 내부에서 재배치하려는 것이다. 이는 내부 적 정정만으로는 포착하기 어려운 외부적 실천들과 가치들의 다양성 을 드러내고, ANT의 방법론적 전제를 상대화하여 다른 가치화 실천들 과의 교차적 연계를 모색하는 방향이다. 한마디로 이것은 ANT 분석이 모든 것을 묘사하거나 설명할 수 없음을 기꺼이 인정하는 것이다. 라투 르가 말하듯, ANT는 "행위 과정을 파악하는 여러 형태 가운데 단지 하 나가 되어야"(Latour, 2012/2023: 107) 하는 것이다.

본래 ANT의 가장 큰 강점은 인간과 비인간을 가리지 않고 행위가 성립하는 과정을 세밀하게 추적할 수 있다는 데 있었다. 이는 행위의 원인을 사전에 규정하지 않고, 실제로 어떤 결합이 어떻게 성립했는지 를 경험적으로 묘사할 수 있게 해준다. 이 점에서 ANT는 구조나 본질 을 가정하는 이론들과 달리, 행위가 만들어지는 구체적 경로를 드러내 는 데 탁월한 탐구 도구였다.

그러나 바로 이 강점 때문에 "행위자-연결망 이론의 어휘는 자유를 주지만, 정보원들이 완강히 매달리는 가치들을 구별해 내기에는 너무 제한적"(ibid.: 107)이라는 한계를 지닌다. 온갖 이질적인 행위소들이 결 합하여 행위자-연결망을 이룬다는 ANT의 급진적인 설명 방식은 과학 영역이나 사회 영역과 같은 분리된 근대적 경계를 넘어서는 하이브리 드들을 추적하는 데 탁월하지만, 생명의 재생산, 기술적 조작, 법적 수

단, 과학적 증거, 종교적 설교, 도덕적 책임과 같은 다양한 가치들의 차이를 규정하거나 식별하게 해주지는 못한다는 것이다. 라투르는 행위자-연결망 분석에서 존재양식 탐구로의 이동을 흑백에서 컬러로 전환하는 것에 비유하며, 행위소들이 연결되는 결합의 다양성뿐 아니라 각기 다른 연결 유형들의 존재론적 가치 다원성을 구별할 수 있어야 한다고 말한다(Tresch, 2013).

가령 실험실에서 무균 배양 환경 속에 놓인 미생물의 삶에 대한 과학적 재현은 실제 미생물이 살아가는 수많은 관계들로 짜인 생태 환경 속의 삶과 같지 않다. 미생물은 과학자들의 실험 속에서 "번역되고 방향이 바뀌고 배열되고 배치되는 데 '자신을 빌려주지만', 그럼에도 불구하고 '자기 자신'으로 남아"(Latour, 2012/2023: 335) 있다. 또한 비인간들 사이에서도 기술의 산물인 해먹과 살아있는 나무는 완전히 다르다. 고장 난 해먹은 고칠 수 있지만 죽은 나무에게는 "다시 시작할 수 있는 기회"(ibid.: 321)가 결코 주어지지 않는다.

스스로를 재생산하는 비인간의 삶, 기술적으로 동원된 비인간의 삶, 실험실에서 재현되는 비인간의 삶은 서로 다른 존재양식 속에 놓여 있으며, 각각의 존재양식에서는 서로 다른 가치들이 부각된다. 라투르는 이처럼 다양한 가치들이 지닌 차이를 식별하기 위해 '존재양식'이라는 개념적 장치를 도입한다. 그가 말하는 존재양식들은 재생산, 기술, 과학, 허구, 법, 도덕처럼 "서로 다른 삶의 문법들과 그 정당화의 방식들"(박동수, 2025: 189)로 이루어져 있다. 생명의 재생산은 위험한 연속성으로, 과학은 증거의 재현으로, 정치는 타협과 대표로, 법은 사건과 행위의 연결로 각기 다른 방식으로 존재한다. 각각의 존재양식은 고유한 진리 조건을 가지며, 실험실의 논리가 법정에서 통하지 않듯이 기도실의 진리가 시장의 진리와 같을 수도 없다.

앞서 보았듯 ANT는 세계의 존재자들을 설명하는 형이상학이 아니라 탐구의 이론이다(2절 참조). 라투르의 존재양식론에서도 이 점은 달라지지 않았다. 라투르는 행위자들을 대신해 존재양식들을 규정하지 않는다. 오히려 존재양식이라는 개념적 장치를 도입함으로써 행위자들이 "정말 중요하게 여기는 것에 대해 잘 말하는 법을 배우는 일"(Latour, 2012/2023: 81)을 훨씬 더 가까이에서 시도한다. 여기서도 행위자들이 자신과 타자에 대해 제시하는 존재론적 규정은 언제나 정치적 논쟁과 쟁점의 공간에서 열린 문제로 남는다.

가령 재생산, 기술, 법, 도덕 같은 서로 환원되지 않는 고유한 접근법들 사이에서 무엇을 더 우선시할 것인가는 행위자들 자신의 몫이다. 그렇기에 존재양식들 사이의, 가치들 사이의 차이와 충돌 또한 매번 다른 관점에서 다시 쓰일 수 있다. 예컨대 기후 위기 상황과 관련된 "토양, 백신, 지렁이, 곰, 늑대, 신경전달물질, 버섯, 물 순환, 공기의 구성 요소와 관련해서는, 아주 작은 연구도 곧장 해석의 전면전에 놓이게" 되며, "연구자와 대중 사이의 관계는 결코 일방적으로 가르치고, 배우는 것이 아니다."(Latour, 2017b/2021: 115) 이때 탐구자는 가치 충돌의 문제를 하나의 진리 체계나 형이상학으로 봉합하는 대신, 서로 다른 존재양식의 경로를 분리하면서도 다시 접속 가능하게 유지해야 한다. "자기와 타자 간의 새로운 경계를 재협상하기 위해 '외교적 대표'를 만드는 문제"(Latour, 2012/2023: 41)에 직면하지 않을 수 없는 것이다. 이를 과학기술학자 아네마리 몰(Annemarie Mol)을 따라 "존재론적 정치(ontological politics)"의 문제라고 부를 수도 있을 것이다(Mol, 1999).

3) 전쟁에서 외교로

물론 포스트-ANT가 취하는 이 두 가지 접근법이 서로 대립하는 것은 아니다. 오히려 두 접근법은 서로 다른 분석 국면을 담당한다. 어떤 상황에서는 도덕적, 정치적 가치를 연결망 내부로 재배치하는 작업이 중요하고, 다른 상황에서는 행위자-연결망 분석으로 가닿을 수 없는 가치 충돌의 층위를 분리해 내는 작업이 중요하다. 하나는 행위자-연결망 분석을 확장하고 정교화하는 방향이며, 다른 하나는 행위자-연결망 분석이 작동하지 않는 지점을 명확히 드러내고 그 외부와의 관계를 사유하려는 방향인 것이다.

이러한 변화는 ANT 연구자들이 활용하는 용어 변화에서도 잘 드러난다. 초기 ANT가 동맹, 동원과 같은 급박한 전쟁의 언어를 주로 사용했다면, 후기로 갈수록 점점 더 외교와 협상의 언어가 등장한다(Blok & Jensen, 2011/2017: 45). 서로 다른 세계들과 가치들, 존재양식들이 충돌하는 상황에서 중요한 것은 승패가 아니라, 세계들을 더 잘 묘사하고 그 관계를 조율하는 것이다. 이 외교적 전환은 ANT가 더 이상 성공한 연결망의 기록에 머물지 않고, 갈등과 우려, 실패와 배제를 포함한 정치적 공간을 더 깊이 탐구하기 시작했음을 나타낸다.

요컨대 포스트-ANT란 ANT를 폐기하는 반(反)-ANT가 아니다. ANT 연구자들 스스로가 ANT의 효과와 한계를 다시 문제화하면서 윤리적, 정치적 질문을 전면화하는 방향으로 이동한 성찰적 흐름이다.

이러한 이동을 통해 비인간의 행위성은 더 이상 과학과 기술의 성공 조건이나 연결망의 한 구성 성분으로만 다루어지지 않고, 비인간 그 자체의 고유한 고통으로, 그리고 그러한 고통을 가시화하기 위한 도덕적, 정치적 문제로 다루어진다.

그렇다면 포스트-ANT의 문제의식은 실제 현장에서 어떻게 작동하는가? 다음 절에서는 '화천 산천어 축제'라는 구체적인 문제 상황을 통해 산천어라는 비인간을 둘러싼 존재론적 정치가 어떻게 전개되는지를 살펴보려 한다.

4. ANT로 살펴보는 '산천어 축제'

2026년 1월 10일부터 2월 1일까지 강원도 화천군에서 '화천 산천어 축제'가 열렸다. 산천어 축제는 산천어 얼음낚시와 맨손잡기 같은 프로그램을 제공하며 살아있는 산천어를 '이용'하는 축제다. 2003년 처음 개최된 산천어 축제는 매년 100만 명 이상의 관광객이 찾는 대표적인 지역 축제로 평가되고 있다. 하지만 화천에는 산천어가 살지 않는다. 산천어 축제에는 야생 산천어가 아닌 양식 산천어가 활용된다. 45만 ~60만 마리의 산천어가 3주가량의 축제를 위해 투입되는데, 이는 전국에서 양식 중인 산천어의 80~90%에 해당한다(최승현, 2026). 그래서 산천어 축제는 지역 경제 활성화는 물론 양식업계에도 도움을 주는 일거양득의 효과를 내고 있다고 말해지기도 한다.

ANT의 관점에서 보자면 산천어 축제는 그 자체로 하나의 강력한 행위자-연결망이다. 화천군청의 지역 행정, 방문객의 욕망, 낚싯대·미끼·뜰채 등의 사물들, 양식 기술과 양식업자들, 얼음판이라는 기상 조건, 이동과 소비, 홍보와 보도가 촘촘히 엮여 작동한다. 이때 산천어라는 비인간은 양식 산업, 축제 프로그램, 홍보와 관광으로 이어지는 연쇄 속에서 지역 경제를 작동시키는 핵심 행위자로 '동원'된다. "산천어는 침체된 화천군의 지역 경제 활성화를 위해 이색적인 체험을 제공하는 상품화된 어종으로 거듭"(박준홍·정희선, 2021: 191)나는 것이다. 요컨대 산천어 축제는 성공적인 지역 축제라는 안정화된 블랙박스로 닫혀 있었으며, 산천어는 지역의 경제적 자원으로 '번역'되었다.

그러나 최근 들어 산천어 축제는 지역을 살린 관광산업의 대명사가 아니라, 단순한 재미를 위해 동물에게 불필요한 고통을 가하는 '죽음의 축제'로 비판받고 있다. 산천어를 주인공으로 내세우지만 맨손잡기 등을 통해 괴롭히다가 끝내 죽이는 행사인 탓이다.[3] 2018년부터 '산천어 살리기 운동'이 본격화되었고, 다수의 동물 단체가 모여 결성한 '산천어 살리기 운동 본부'는 기자 회견과 시위를 통해 산천어 축제를 반대하는 시민 행동을 지속적으로 펼치고 있다. 그동안 닫혀 있던 블랙박스가 다시 열린 것이다. 이제 새로운 질문이 제기된다. "이 경제적 효과는 어떤 고통 위에서 가능한 것인가?"

1) 사실물에서 우려물로

이때 포스트-ANT에서 의제화했던 행위자-연결망의 윤리적, 정치적 문제들이 전면에 드러나기 시작한다. 산천어 축제에서 과연 누가 어떤 이익을 얻게 되는가? 화천군청과 산천어 양식 산업, 방문객의 관점에서 산천어 축제라는 행위자-연결망을 보는 것과, 산천어 자신의 관점에서 그러한 행위자-연결망을 보는 것은 전혀 다른 문제다. 산천어에게 산천어 축제란 그저 무수한 고통을 당하다가 어떤 방식으로든 결국 죽음에 이르게 되는 강제적 '번역' 과정일 뿐이기 때문이다. 이때 스타가 말했던 "번역될 수 없는 것의 관점"(Star, 1990: 38)으로서의 산천어의 고통은 전혀 고려되지 않은 채 논의에서 배제되고 있다.

반면 '산천어 살리기 운동'에 관여하는 참여자들은 기존의 확립된 행위자-연결망의 양상과는 전혀 다른 유형의 행위자-연결망을 구축하려한다. 그들은 단순한 도덕적 비난에 머물지 않는다. 어류의 고통에 대한 여러 과학적 연구를 동원하고, 동물 관리에 대한 법적 규제를 검토하며, 해외의 축제 사례를 참조한다. 그들은 산천어의 고통까지 논의에 포함하는 더 복잡한 행위자-연결망을 요구한다.

요컨대 산천어는 "사실물(matters of fact)"에서 "우려물(matters of concern)"이 되었다. 사실물과 우려물은 라투르가 제안한 신조어로, 사물을 바라보는 두 가지 상반된 관점을 가리킨다(Latour 2010a/2023: 183). 사실물이 논쟁의 여지 없이 '사실'로 간주되는 고정된 대상(객체)에 대해 말한다면, 우려물은 다양한 이해관계와 불확실성 때문에 끊임없이 논쟁을 낳는 '우려'의 대상(비인간)에 대해 말한다.

과거에 산천어는 그저 맑은 물에 사는 물고기라는 객관적 사실물에 불과한 것으로 인식됐다. 산천어 축제 초창기에는 산천어가 느끼는 고통이 전혀 문제가 되지 않았고, 산천어는 자연이 준 선물처럼 여겨졌다. 애초에 산천어가 축제의 소재가 된 이유는 "산천어가 맑은 물에 서식하는 담수어로서 청정자연을 간직한 화천의 이미지와 부합한다고 판단"(박준홍·정희선, 2021: 182)했기 때문이었다.

그러나 이제 산천어는 단순한 사실물이 아니라 동물의 고통에 대한 과학적 연구, 동물 관리에 대한 법적 규제, 동물 윤리 담론, 동물 단체의 정치적 시위와 얽혀 있는 우려물이다. 산천어의 고통이 가시화되면서 닫혀 있던 산천어 축제의 행위자-연결망도 논쟁과 갈등이 들끓는 우려의 장으로 변모하게 되었다. 산천어 축제는 더 이상 단순히 지역 경제를 활성화한 성공적인 축제가 아니라, 비인간 동물의 고통을 전혀 돌보지 않는 '야만적인' 축제로 비춰지게 된 것이다. 따지고 보면, 애초에 산천어가 돌덩이처럼 아무런 반응이 없는 존재였다면 산천어 축제 자체가 성립하지 않았을 것이다. 산천어가 낚싯바늘에 저항하고 인간에게 '손맛'을 제공하는 '행위자'였기 때문에, 역설적으로 산천어의 고통 또한 정치적 무게를 갖게 된 것이다.

비인간 행위자로서의 산천어는 "'판매될 식용 상품으로서의 산천어,' '유희의 대상으로서의 산천어,' '고통받지 않을 권리를 지닌 생명체로서의 산천어' 등 다양한 존재론적 위치성"(ibid.: 179)을 드러내기 시작했다. 이처럼 산천어 축제를 둘러싼 논쟁의 변화 양상은 산천어의 행위성이 고정된 본질이 아니라, 관계의 연쇄 속에서 끊임없이 재구성되는 정치적 쟁점임을 보여준다. 생태 정치의 대상으로서의 산천어는 "불확실하고 논쟁적이고 형태를 바꾸는 하이브리드"(Blok & Jensen, 2011/2017: 177)에 가깝다. 우리는 산천어를 "논쟁적이고 불확실하며, 그를 둘러싸고 다양한 대변자들이 갈등과 토론, 협상을 벌이는"(ibid.: 184) 우려물로서 다루지 않을 수 없게 된 것이다.

2) 사물들의 의회

그런데 여기서 또 다른 고통의 문제가 제기된다. 바로 화천군민의 입장이다. 지역 주민에게 산천어 축제는 단순한 오락이 아니라 생계와 노동, 지역의 존엄과 직결된 문제다. 박서화 강원일보 기자는 「산천어 축제의 윤리를 묻는 당신에게」라는 글에서 산천어 축제의 비윤리성을 빌미로 지역 주민을 무시하는 태도를 정면으로 반박한다. 그가 보기에 주로 수도권에 있는 동물 단체에서 제기하는 비판에는 "지방이 마주한 가혹함을 함께 염려하는 대신 지식을 동원해 꾸짖는 데만 초점이 맞춰져 있다"(박서화, 2025)는 문제가 있다. 윤리적 우월감이 전제된 비판은 아무리 타당하더라도 공존을 지향한다고 말하기는 어렵다는 것이다. 그래서 섣부른 비판에 앞서 지역에서 살아가는 사람들을 동료 시민으로 대하는 성찰과 연대의 윤리가 필요하다고 강조한다.

그러나 이 반론은 일견 타당해 보이지만 빠진 것이 하나 있다. 산천어가 겪는 고통이다. 수도권과 지역의 대립이 전면에 떠오를 때, 그 누구에게도 산천어를 희생시킬 권리가 주어지는 것은 아니라는 사실은 뒤로 밀려난다. 박서화의 주장 속에서 산천어는 논란의 소재가 되지만, 정작 논란의 당사자이자 고통의 행위자로는 여겨지지 못한다.

이처럼 서로 다른 세계들의 요구가 충돌할 때 우리는 어떤 길을 모색해야 할까? 라투르는 『우리는 결코 근대인이었던 적이 없다』에서 "사물들의 의회(parliament of things)"라는 구상을 처음으로 제시한 바 있다(Latour, 1991/2009). 라투르가 말하는 "사물의 의회에서는 정치인, 과학자, 경제학자, 도덕가들이 동일한 협상 테이블에서 만나야 한다. '사실'과 '가치'가 더 이상 분명하게 구분될 수 없을 때, 그 두 가지 요소들은 **동일한** 민주적 절차를 통해 다뤄져야 한다."(Blok & Jensen, 2011/2017: 192)

라투르가 말하는 사물들의 의회란 사물과 비인간 동물만을 대변하는 장이 아니다. 산천어 축제의 경우에는 수도권 주민, 지역 주민, 외국인 관광객, 산천어 등 인간과 비인간 동물의 열망과 고통을 한자리에 모아서 더 커다란 의회를 펼쳐야 한다는 것이다. 대표자 중 한 사람이 산천어의 고통을 대변해 말한다면 다른 대표자는 지역 주민의 입장을 대표하고 셋째 대표자는 수도권 주민을 대표하고, 넷째 대표자는 외국인 관광객을, 그리고 마지막 대표자는 인간과 동물의 관계를 대표하는 식이다.

물론 이런 자리가 자동으로 합의를 만들어 주지는 않는다. 어쩌면 더 불편해질 수도 있다. 누군가는 여전히 지역의 생계를 말하고, 누군가는 동물의 고통을 말하고, 누군가는 지역에 대한 멸시를 멈추라고 말할 것이다. 하지만 이제 누구도 정치적 대화의 자리에서 침묵하지 않게 된다. 자신의 입장을 감출 필요도 없고 산천어의 고통을 논의에서 제거할 필요도 없다. 그 모든 입장과 이해관계, 고통이 동등한 자리에서 말해지면 다른 방식의 협상과 타협도 가능해진다.

따라서 이제 "비인간은 과연 행위자인가?"라는 질문은 "우리는 비인간과 함께 어떤 세계를 구성할 것인가?"라는 지극히 정치적인 질문, 더 정확히 말하자면 그에 연관된 세계의 행위자들을 고려하는 세계정치적인(cosmopolitical) 질문이 된다(Latour 2010a/2023: 184; Stengers, 1997). 여기서 비인간의 행위성은 단순한 '사실의 문제(matters of fact)'가 아니라, 지역 경제와 동물 윤리가 충돌하는 '우려의 문제(matters of concern)' 속에서 끊임없이 재구성되는 과정을 거친다. ANT에서 말하듯 산천어의 행위성 자체가 고정된 본질이 아니라, 어떤 행위자-연결망과 결합하는지에 따라 다르게 보이고 다르게 들리며 다르게 재현되고 다르게 실천되는 정치적 쟁점인 것이다. 산천어는 하나가 아니라 여러 방식으로 존재하며, 복수의 존재양식 속에서 다중적으로 존재한다(Mol, 2002/2022; Latour, 2012/2023; Lien, 2015).

그래서 ANT는 비인간 동물에게 시민권을 주어야 한다는 제안에 그치지 않고(Donaldson & Kymlicka, 2011/2024), 비인간들의 개입으로 인해 복잡해진 세계를 더 두껍게 묘사할 책임을 우리에게 부여한다. 그 책임은 지역민과 관광객뿐 아니라 그와 얽혀 있는 모든 이해관계자를 포괄하는 윤리적, 정치적 요청이다. 이처럼 비인간의 행위성을 존중하는 정치에서는 어느 한 전문가가 비인간의 목소리를 독점적으로 대변하는 것은 바람직하지 않기에, "과학자와 일반인을 포함한 다양한 대변자들이 함께 자신의 견해를 나누는 협의(consultation)의 절차"(김환석, 2012: 60)가 필요하다.

여기서 좋은 정치적 배치와 나쁜 정치적 배치 사이에는 분명한 차이가 있다. 나쁜 정치적 배치에서는 그 안에 포함되는 인간들과 비인간들이 겪는 고통과 곤란함을 명시적으로 밝히기를 거부하고 오직 소수의 독단에만 의지하여 세계를 만들고자 한다. 그러나 그것은 앞서 보았듯 비인간을 단순한 객체로 취급하고 "적법한 정치적 과정을 단축하는 전쟁"(Latour, 1999/2018: 477)을 선포하는 것과 다름없다. 우리는 "세계들의 싸움"(Latour 2010a/2023: 184)에 맞서 세계들 사이에서 외교를 시작해야 한다. "복수의 존재론을 산출하는 대립이나 혼란을 중재하는 것" (Maniglier, 2012/2023: 715)이 곧 존재론적 정치의 핵심이다. 이때 외교는 인간과 비인간이 더 민주적이고 평화롭게 공존하기 위한 긴 여정의 출발점이 된다.

5. 세계들의 전쟁 속에서 세계들을 더 잘 묘사하기

지금까지의 논의를 간략히 요약해 보자. ANT는 비인간의 행위성을 어떤 고정된 존재론적 속성으로 사전에 규정하지 않는다. 대신 비인간의 행위성은 무수한 논쟁과 실천의 과정 속에서 역사적·정치적·생태적으로 구성되고 재구성되는 문제로 다뤄진다. 나아가 ANT에서 포스트-ANT로의 이동이 보여주듯, 비인간의 행위성을 둘러싼 논쟁은 단순히 '비인간을 논의에 포함하라'는 선언에 머물지 않고, 이미 안정화된 행위자-연결망이라는 블랙박스가 무엇을 번역하지 못하고 있는가, 어떤 고통과 책임이 공백으로 남아 있는가를 되묻는 방식으로 끊임없이 재정식화된다. 이 점에서 ANT는 결코 정치적 논쟁을 생략하거나 단축하지 않으며, 묘사하기를 통해 정치의 또 다른 길을 열어준다.

ANT가 추구하는 '묘사하기'는 가치중립적 관찰이 아니다. 그것은 어떤 행위가 가능해지고 어떤 선택이 정당화되는지를 밑바닥에서부터 재구성함으로써 새로운 외교와 협상의 가능성을 여는 가장 기초적인 '개입하기'의 실천이다. 무엇이 존재하는지, 무엇이 은폐되어 있는지, 무엇이 아직 의제화되지 못했는지를 알지 못한다면, 정치 역시 시작될 수 없다. ANT의 묘사하기는 특정한 결합의 구체적인 공백 지점을 드러내며 인간과 비인간의 책임과 고통이 다시 말해질 수 있는 조건을 만든다. 이런 의미에서 묘사하기는 언제나 개입하기다.

따라서 묘사하기와 개입하기를 서로 대립시키거나, "묘사만으로 충분한가"라고 묻는 것은 ANT에 대한 오해에 가깝다. 묘사 없이는 상황 자체가 시작되지 않는다. 오히려 "묘사는 위치를 새로이 측정하고 무리를 다시 불릴 뿐만 아니라, 이것이 가장 예상치 못한 일인데, 행동하려는 의욕을 다시 부여한다."(Latour, 2021/2021: 114) 라투르는 이 과정을 설명하기 위해 다음과 같은 일상적 예시를 제시한다.

> 이를테면 버스에 타고 있는데 어떤 승객이 내가 아기를 올려놓은 좌석에 앉으려 하는 상황을 생각해 보자. 이때 당신이 하지 않을 수 없는 말, "그 좌석에 아기가 있어요"는 분명 사실 진술문일 것이다. 그러나 그것이 그 말이 건네지는 사람의 **반응을 이끌어내기 위해서** 말해지고 있지 않다면, 당신은 거의 인간이라고 할 수 없을 것이다. (…) 따라서 "그 좌석에 아기가 있어요"라는 말은 사실 진술문인 동시에 수행 발화문이다. (Latour, 2017a: 47-48)

사실에 대한 묘사는 행위의 방향을 바꾸는 힘을 갖고 있다. 이 점은 기후 위기에 대한 과학자들의 경고에서도 드러난다. 지구과학자들과 지질학자들이 제시하는 기후 데이터는 단순한 사실 진술일까, 아니면 행동을 요구하는 경고일까? 라투르는 "사실에서 **출발해** 경고로 **확장되고** 다시 결정으로 **이어지는** 행위들의 **연속적 연결**에 익숙해져야 한다"

(ibid.: 49)고 말한다. 사실은 가치로 '비약'하는 것이 아니라, 매개자들의 연쇄를 통해 점진적으로 전환되는 것이다. 이 연쇄가 없다면 사실에서 가치로의 이행도, 정치적 결정도 일어나지 않는다. 이러한 양방향적인 연결의 작동 속에서 우리는 단순한 관찰자가 아니라, 세계를 재구성하는 매개자로 활동하게 된다.

ANT는 주체-객체의 이분법뿐 아니라 사실-가치의 이분법에도 도전한다. 도덕적 판단이나 정치적 결정 역시 진공 상태가 아니라 수많은 매개의 연쇄 속에서만 비로소 생성된다. ANT의 진정한 기여는 자연과 사회라는 두 분리된 영역을 사후적으로 연결하는 데 있지 않다. 오히려 그런 이분법적 경계를 가로지르며 새로운 사건을 만들어내는 모든 존재들에게 매개자(mediator)로서의 지위를 되돌려 주는 데 있다. "매개자는 본원적 사건이며 번역하려는 대상이나 그 사이에서 매개적 역할을 수행하게 되는 존재들을 직접 창조해 낸다."(Latour, 1991/2009: 201) 이때 인간뿐 아니라 비인간, 심지어 산천어의 고통스러운 몸짓까지도 세계의 향방을 결정하는 엄연한 기여로 포함된다.

묘사가 개입이 되는 이유가 여기에 있다. 경고는 그 자체로 아무것도 아닐 수 있다. 경고가 경고로 작동하려면, 그것을 발화하고 전달하고 해석하고 제도화하고 실행하는 매개자들의 연쇄가 필요하다. 기후 위기 논쟁에서 과학자들이 수행하는 작업도 이 연쇄의 일부이고, 그러한 과학적 사실이 공적 장에서 읽히고 번역되도록 돕는 인문학자·사회과학자·작가·편집자·언론인 역시 다른 방식으로 참여한다. 이때 "객관적 사실"과 "정치적 개입"은 분리된 두 세계가 아니라, 사실이 경고가 되고 경고가 결정이 되기 위해 필요한 연결들의 문제로 나타난다. 여기서도 문제는 고립된 행위나 개체가 아니라 행위자-연결망의 연쇄다.

이러한 맥락에서 ANT의 '묘사하기'는 파편화된 세계들을 다시 잇는 존재론적 외교의 기술이 된다. "그 좌석에 아기가 있어요"라는 말이 승객의 행위를 제약하듯, 연결망의 공백 지점과 배제된 비인간의 고통을 더 두껍게 묘사하는 일은 기존의 안정화된 블랙박스에 균열을 내고 새로운 책임의 연쇄를 구성한다. 정치가 거대 담론의 전쟁터에서 공회전할 때, ANT는 변화가 발생하는 실제 행위의 장소들, 즉 작고 미시적인 매개의 연쇄들로 우리를 되돌려 보낸다.

라투르가 ANT의 "선조"(Latour, 2002/2015: 131)로서 재발견한 사회학자 가브리엘 타르드(Gabriel Tarde)는 이렇게 말한 바 있다. "우리가 무한소라고 말하는 이 작은 존재들이야말로 진정한 동인일 것이며, 우리가 무한히 작다고 말하는 이 작은 변화야말로 진정한 **행위**일 것이다." (Tarde, 1893/2015: 28-29) ANT는 작은 변화가 발생하는 진정한 행위의 장소들을 다시 사회와 정치의 중심으로 불러온다. ANT의 묘사하기는 바로 그 작은 존재들의 연쇄를 되살리는 끝나지 않는 작업이다. 그리하여 '세계들의 전쟁 속에서 세계들을 더 잘 묘사하기'는 분열의 시대에 단절된 세계들 사이를 가로지르며 새로운 공존의 경로를 발명하는 최소한의 실천 윤리이자 정치가 될 수 있다.

주

1 앙투앙 에니옹이 지적하듯, 번역과 매개는 ANT에서 거의 비슷한 방식으로 활용되지만, 실상 둘 사이에는 미묘한 차이가 존재한다(Hennion, 2016). 번역과 매개 가운데 어느 쪽을 선호하는지는 그것이 다루는 대상에 달려 있다. "과학과 기술 분야에는 번역(translation)이라는 단어가 잘 어울렸다. 두 단어 모두 어떤 종류의 배신을 필요로 한다는 점을 암시하지만, 번역은 특히 통과나 운동, 즉 진리의 창설에는 연결, 작업, 시험이 필요하다는 사실을 강조한다. 반면 매개(mediation)는 음악에 더 적합한 단어다. 왜냐하면 비록 같은 일반적 아이디어를 지지하긴 하지만, 매개는 관계를 확립하는 것뿐만 아니라 관계를 중단시키고 관계를 넘쳐흐르게 만드는 다른 측면을 강조하기 때문이다. (…) 그것은 원인으로 거슬러 올라가 원인을 지시(refer)하는 것이 아니라, 인과적 요인들의 총합으로부터 도출될 수 없는, 예측 불가능한 효과들을 일으키는 하나의 수행(performance)이다."(ibid.: 294)

2 내가 제시하는 포스트-ANT의 개념화는 Gad와 Bruun Jensen이 제시한 것과 완전히 똑같지는 않다. 그들은 주로 방법론적 문제, 즉 행위자-연결망의 '네트워크' 은유로 환원되지 않는 '복잡성, 다중성, 프랙털성(complexity, multiplicity, fractality)'을 띠는 현상들의 분석과 관련하여 논의를 진행했다(Gad & Bruun Jensen, 2010). 이 점은 물론 중요하지만, 내가 보기에 더 중요한 전환의 계기는 수전 리스타 등의 비판에 대응하여 ANT 내부에서 도덕적, 규범적 관점이 보다 전면화된 것이다(가장 최근의 사례로는 de La Bellacasa, 2017). 이는 일부 비평가들의 주장처럼 "묘사적인 것에서 규범적인 것으로 이행"(Blok & Jensen, 2011/2017: 45)으로 이해될 수도 있을 것이다. 실제로 1990년대를 거치면서 특히 라투르의 기본적인 분석적 접근법과 어휘가 "전쟁의 은유에서 협상과 외교의 은유로"(같은 곳) 변화한 것은 분명하기 때문이다(외교의 은유에 대해서는 Latour, 2012/2023). 요컨대 이른바 ANT가 지녔다고 비판받았던 이른바 "관리주의적 관점"(Blok & Jensen, 2011/2017: 101)은 ANT 내부와 외부에서 지속적인 도전의 과제였다. 또한 ANT가 전쟁 은유에서 외교 은유 혹은 실험적 민주주의의 은유로 이동한 것은 시대 상황의 변화(냉전에서 탈냉전으로의 변화), 그리고 논의 주체의 변화(남성 이론가들에서 여성 이론가들로의 변화)와도 맞물려 있을 것이다. 지금은 그 기원이 거의 잊히고 말았지만, 본래 ANT는 라투르 자신이 회고하듯 1970~1980년대 냉전 시대, 니체주의 철학에서 시작된 것으로(Latour, 2013), 행위자들 사이에서 일어나는 투쟁적인 상황이나 헤게모니화 경향을 분석의 초점에 두고 있었다.

3 4절의 일부 내용은 「산천어와 화천군민 사이, '철학'이 있어야 할 자리」를 부분적으로 활용했다(박동수, 2026).

참고문헌

김홍중 (2022). 「21세기 사회이론의 필수통과지점: 브뤼노 라투르의 행위 이론」. 『사회와 이론』, 43, 7-56.

김환석 (2012). 「'사회적인 것'에 대한 과학기술학의 도전: 비인간 행위성의 문제를 중심으로」. 『사회와이론』, 20, 37-66.

박동수 (2025). 『동료에게 말 걸기: 옆 사람과 대화하면서 세계를 바꾸는 방법』. 민음사.

박동수 (2026). 「산천어와 화천군민 사이, '철학'이 있어야 할 자리」. 『한겨레21』, 1596호, 49-51.

박서화 (2025). 「산천어 축제의 윤리를 묻는 당신에게」. 『시사IN』, 911호.

박준홍 · 정희선 (2021). 「지역축제를 통해 본 인간-자연의 관계와 생명정치: 화천 산천어 축제의 사례」. 『한국지역지리학회지』, 27(2), 179-198.

최승현 (2026). 「'동물학대' 비판에도⋯ 얼음낚시 축제는 왜 계속될까」. 『경향신문』, 2026년 1월 14일.

홍성욱 (2010). 「7가지 테제로 이해하는 ANT」. 홍성욱 엮음. 『인간 · 사물 · 동맹: 행위자네트워크 이론과 테크노사이언스』. 이음.

Blok, A., Farías, I., & Roberts, C. (eds.) (2020). *The Routledge Companion to Actor-Network Theory*. Taylor & Francis.

Blok, A., & Jensen, T. E. (2011). *Bruno Latour: Hybrid thoughts in a hybrid world*. Routledge. 황장진 옮김 (2017). 『처음 읽는 브뤼노 라투르: 하이브리드 세계의 하이브리드 사상』. 사월의책.

Callon, M. (1984). Some elements of a sociology of translation: Domestication of the scallops and the fishermen of St Brieuc Bay. *The Sociological Review*, 32(1_suppl), 196-233. 심하나 · 홍성욱 옮김 (2010). 「번역의 사회학의 몇 가지 요소들」. 홍성욱 엮음. 『인간 · 사물 · 동맹: 행위자네트워크 이론과 테크노사이언스』. 이음.

Clark, N. (2020). What can go wrong when people become interested in the nonhuman. *The Routledge Companion to Actor-Network Theory*, 158-167.

Crawford, K. (2021). *The Atlas of AI: Power, politics, and the planetary costs of artificial intelligence*. Yale University Press. 노승영 옮김 (2022). 『AI 지도책』. 소소의책.

de La Bellacasa, M. P. (2017). *Matters of Care: Speculative ethics in more than human worlds*. University of Minnesota Press.

Donaldson, S., & Kymlicka, W. (2011). *Zoopolis: A political theory of animal rights*. Oxford University Press. 박창희 옮김 (2024). 『주폴리스: 동물 권리를 위한 정치 이론』. 프레스탁.

Gad, C., & Bruun Jensen, C. (2010). On the consequences of post-ANT. *Science, Technol-*

ogy, & Human Values, 35(1), 55-80.

Hennion, A. (2016). From ANT to pragmatism: A journey with Bruno Latour at the CSI. *New Literary History*, 47(2), 289-308.

Ingold, T. (2013). *Making: Anthropology, archaeology, art and architecture*. Routledge. 차은 정·오성희·권혜윤 옮김 (2025). 『만들기: 인류학, 고고학, 예술, 건축』. 포도밭출판사.

Latour, B. (1984). *Les microbes: guerre et paix suivi de Irréductions*. A. M. Métaillié. 이상원 옮김 (2024). 『프랑스의 파스퇴르화』. 한울.

Latour, B. (1987). *Science in Action: How to follow scientists and engineers through society*. Harvard University Press. 황희숙 옮김 (2016). 『젊은 과학의 전선: 테크노사이언스와 행위자-연결망의 구축』. 아카넷.

Latour, B. (1991). *Nous n'avons jamais été modernes: essai d'anthropologie symétrique*. La Découverte. 홍철기 옮김 (2009). 『우리는 결코 근대인이었던 적이 없다』. 갈무리.

Latour, B. (1996). On actor-network theory: A few clarifications. *Soziale Welt*, 369-381. 전다혜·홍성욱 옮김 (2010). 「행위자네트워크 이론에 관하여: 약간의 해명, 그리고 문제를 더 복잡하게 만들기」. 홍성욱 엮음. 『인간·사물·동맹: 행위자네트워크 이론과 테크노사이언스』. 이음.

Latour, B. (1999). *Pandora's Hope: Essays on the reality of science studies*. Harvard university press. 장하원·홍성욱 옮김 (2018). 『판도라의 희망: 과학기술학의 참모습에 관한 에세이』. 휴머니스트.

Latour, B. (2002). Gabriel Tarde and the end of the social. Joyce P. (ed.). *The Social in Question*. Routledge. 이상률 옮김 (2015). 「가브리엘 타르드와 사회적인 것의 종말」. 『모나돌로지와 사회학』. 이책.

Latour, B. (2005). *Reassembling the Social: An introduction to actor-network-theory*. Oxford university press.

Latour, B. (2010a). *Cogitamus: Six lettres sur les humanités scientifiques*. La Découverte. 이세진 옮김 (2023[2012]). 『브뤼노 라투르의 과학인문학 편지』 2판. 사월의책.

Latour, B. (2010b). Avoir ou ne pas avoir de réseau: that's the question. Akrich, M., Barthe, Y., Muniesa, F., & Mustar, P. (eds.). *Débordements: Mélanges offerts à Michel Callon*. Presses des Mines.

Latour, B. (2012). *Enquête sur les modes d'existence. Une anthropologie des Modernes*. La découverte. 황장진 옮김 (2023). 『존재양식의 탐구: 근대인의 인류학』. 사월의책.

Latour, B. (2013). Biography of an inquiry: On a book about modes of existence. *Social Studies of Science*, 43(2), 287-301.

Latour, B. (2017a). *Facing Gaia: Eight lectures on the new climatic regime*. John Wiley & Sons.

Latour, B. (2017b). *Où atterrir? Comment s'orienter en politique*. La Découverte. 박범순 (2021). 『지구와 충돌하지 않고 착륙하는 방법』. 이음.

Latour, B. (2021). *Où suis-je? Leçons du confinement à l'usage des terrestres*. La Découverte. 김예령 옮김 (2021). 『나는 어디에 있는가?』. 이음.

Law, J. (1992). Notes on the theory of the actor-network: Ordering, strategy, and heterogeneity. *Systems Practice*, 5(4), 379-393. 최미수 옮김 (2010). 「ANT에 대한 노트: 질서 짓기, 전략, 이질성에 대하여」. 홍성욱 엮음. 『인간·사물·동맹: 행위자네트워크 이론과 테크노사이언스』. 이음.

Law, J. (2008). Actor network theory and material semiotics. Turner, B. S. (ed.). *The New Blackwell Companion to Social Theory*. John Wiley & Sons.

Law, J., & Hassard, J. (eds.) (1999). *Actor Network Theory and After*. Wiley-Blackwell.

Lien, M. E. (2015). *Becoming Salmon: Aquaculture and the domestication of a fish*. University of California Press.

López-Gómez, D. (2019). What if ANT wouldn't pursue agnosticism but care? *The Routledge Companion to Actor-Network Theory*, 4-13.

Maniglier, P. (2012). Un tournant méaphysique? Sur Bruno Latour, Enquée sur les Modes d'Existence. *Critique*, 786, 916-932. 박성관 옮김 (2023). 「형이상학적 전회? 브뤼노 라투르, 『존재양식의 탐구』에 대하여」. 『존재양식의 탐구』. 사월의책.

Mol, A. (1999). Ontological politics: A word and some questions. *The Sociological Review*, 47(1_suppl), 74-89.

Mol, A. (2002). *The Body Multiple: Ontology in medical practice*. Duke University Press. 송은주·임소연 옮김 (2022). 『바디 멀티플: 의료실천에서의 존재론』. 그린비.

Star, S. L. (1990). Power, technology and the phenomenology of conventions: On being allergic to onions. *The Sociological Review*, 38(1_suppl), 26-56.

Stengers, I. (1997). *Cosmopolitiques*. La Découverte.

Tarde, G. (1893). *Monadologie et sociologie*. 이상률 옮김 (2015). 『모나돌로지와 사회학』. 이책.

Tresch, J. (2013). Another turn after ANT: An interview with Bruno Latour. *Social Studies of Science*, 43(2), 302-313.

4

실험 쥐와 함께 되기
동고의 생태 속에서 응답하고 돌보는 과학

하대청

1. 들어가며[1]

　동물과 인간의 만남에서 실험동물 사용은 육식만큼 논쟁적인 주제이다. 특정한 동물종이 인간을 위해 계획적으로 생산되고 체계적으로 살해되는 이 과정은 그동안 종교와 과학이 뒤섞인 언어로 정당화되어왔다. 실험동물은 마치 과학 발전을 위한 순교자처럼 재현되었고, 이로부터 논쟁적 질문들이 이어졌다. 인간은 과연 실험동물을 과학에 이용할 권리가 있는가? 실험동물의 고통은 어느 정도이며 이를 줄이기 위해 충분히 노력하고 있는가? 실험동물을 필요로 할 정도로 가치 있는 과학 연구는 얼마나 되는가(드멜로, 2018)? 이 글은 이런 질문들의 가치를 인정하면서도, 다종적 얽힘(multispecies entanglements)의 역사와 구체적 경험 속에서 실험동물과 인간 연구자 사이의 관계적 윤리를 새롭게 들여다보고자 한다.

　사실 동물과 인간은 역사적·지리적으로 깊이 얽혀 있기 때문에, 이들의 관계를 '동물'과 '인간'처럼 추상화된 두 범주의 관계로 접근할 수 없다. 그 관계를 보편화하려는 순간, 종간 얽힘의 미묘함과 얽힌 존재들의 생동성은 모두 사라져 버린다. 실험동물과 인간 연구자의 관계에서도 마찬가지다. 이를 동물과 인간 사이의 관계로 접근하면 우리의 질문은 늘 종간 폭력을 둘러싼 논쟁 주위만 맴돌게 된다. 하지만 인간 연구자들은 실험동물을 몸으로 느끼고 이들을 돌보면서 동시에 죽여야 하는 모순적 곤경에 처해 있다는 점에서, 실험실 밖의 인간들과는 구별되는 독특한 위치에 있다. 이런 위치성은 연구 현장에서 겪는 고통, 다른 종에 의존하면서도 이들에게 해를 끼치는 관계, 그리고 예상하지 못한 채 떠안게 되는 책임 등 새로운 질문을 우리 앞에 놓는다. 이런 위치 지워진 얽힘을 추적하려는 시도는 동물실험의 정당성과 같은 윤리적 질문을 회피하기보다는, 다른 종과 함께 살아가는 법을 '다시 배우기' 위한 노력이다. 이는 다종적 얽힘의 세계에서 새로운 질문을 던짐으로써, 이전의 지배적 사고 틀을 벗어나 다른 존재들에 더 민감한 존재들로 탈바꿈할 수 있는 새로운 방법을 발명하려는 작업이다.

이 글은 실험동물 쥐와 한 인간 연구자 사이의 관계를 통해 '다종 이야기하기(multispecies storytelling)'를 시도할 것이다(Haraway, 2016). 과학 연구자로서 실험용 쥐를 마주했던 개인적 경험과 이 경험을 성찰한 학술토론회를 반추하면서 한 편의 이야기를 구성해보려고 한다. 비인간과 인간 사이의 복잡다단한 경험을 이야기로 만드는 '다종 이야기하기' 작업은 해러웨이의 말처럼 함께 살아가는 다양한 방식에서 새로운 패턴을 찾아가는 일이다. 실뜨기 놀이처럼 서로 관계를 맺고 함께 번영할 수 있는 새로운 '세계 만들기(worlding)'에 동참하는 실천이다. 무엇보다 이런 이야기하기를 통해 "우리는 필연적으로 새로운 연결 관계에 빠지게 되고, 그 관계에 따라 새로운 책임과 의무를 지게" 되기 때문이다(van Dooren & Rose, 2016: 89). 동물과 인간 사이의 다종 이야기하기 작업은 새로운 개념, 사유, 상상, 또 다른 이야기를 가능하게 하고 결국 다른 세계가 만들어지는 데 기여한다. 이 글은 실험동물과 인간 사이에서 그동안 잘 들리지 않던 이야기를 하면서 다르게 될 수 있는 가능성을 탐색할 것이다.

이 연구의 모티브가 된 개인적 경험은 두 가지이다. 2000년대 초반 나는 신경과학 실험실에서 생명체의 일주기 리듬(circadian rhythm)을 연구하는 석사과정 대학원생이었다. 전공을 바꿔 뒤늦게 생명과학대학원에 온 뒤, 새로운 지식과 문화에 적응하고 있었다. 포유류는 대체로 뇌에 있는 송과선(pineal gland)이라는 조직에서 멜라토닌(melatonin)과 같은 호르몬을 분비해 생체 일주기 리듬을 조절한다. 호르몬의 분비는 하루를 주기로 변했는데 이 분비를 조절하는 메커니즘을 연구하는 것이 당시 연구 주제였다. 연구에 필요한 송과선은 마우스(mouse)에서 유도된 세포주(cell line)를 사용하기도 했지만, 이 세포주가 너무 불안정해 실험동물로 쥐의 일종인 래트(rat)를 자주 사용했다. 래트의 송과선에서 세포 내 신호전달 물질이나 RNA와 같은 유전물질 등을 추출해 그 양을 측정했다. 래트를 외부 업체에서 구입하기도 했지만, 대개 사육실에서 키우고 때가 되면 이들을 죽여서 쌀알처럼 작은 송과선을 얻었다.

래트 이야기는 과학 현장을 떠나면서 중단되었다가 대학원에서 새로 과학기술학(Science and Technology Studies) 공부를 하던 2009년에 다시 이어졌다. 당시 나는 한 외부기관의 지원을 받아 동물 윤리와 과학적 창의성 사이의 관계를 연구해 토론회에서 발표했다. 구성주의적 과학 이해를 이끈 철학자인 라투르(Bruno Latour), 스탱게르스(Isabelle Stengers)와 데스프레(Vinciane Despret)를 참조해 과학적 창의성은 윤리적인 태도와 밀접히 연결되어 있다는 점을 주장했다. 결론에 이르러 실험용 래트와의 일화를 짧게 소개하고 현장에서 실험동물을 어쩔 수 없이 죽여야 한다면 이들을 마지막까지 잘 돌보면서 이들이 '자기 자신이될 수 있는 기회'를 허락해야 한다고 주장했다. 당시 논평자는 내가 비판한 철학자 싱어(Peter Singer)의 입장을 적극 옹호하면서 결론에 쓴 래트와의 일화 부분을 강하게 논박했다. 아무리 래트를 잘 돌본다고 할지라도 이들을 죽인다는 사실은 변함이 없고, 이 점은 고통을 회피하고 생명을 지키려는 동물의 입장에서 받아들일 수 없는 것이라고 했다. '실험실에서 오래 지내면서 너무나 당연한 윤리적 원칙을 무시할 정도로 나는 감수성을 잃어버렸던 것일까?'

이 글은 다시 10여 년이 지난 지금, 이 논평에 답해 보고자 한다. 동물살생이 일상이 된 실험실 생활을 오래 하면서 감수성이 달라졌다는 점은 인정할 수밖에 없지만, 그런데도 사라지지 않는 어떤 불편함이 있었다. 인간 연구자가 실험동물을 죽인다는 사실 그 자체로 내가 실험실에서 겪은 종간 관계가 모두 요약될 수 없다고 생각했기 때문이었다. 이 글은 추상화된 범주로서의 종들 사이의 관계보다는 구체적인 현장에서 실험동물 래트와 인간 연구자 사이의 얽힘을 추적하고 이 속에서 관계 윤리와 책임을 새롭게 조명해 보고자 한다. 종간 관계 속 '함께 되기(becoming with)'를 바탕으로 하는 과학적 실천과 관계 윤리에 한 걸음 더 다가가고자 한다(Despret, 2004; Haraway. 2008).

2. 다종 생태계 속에서 함께 길들여지기

쥐와 인간은 종간 친족(interspecies kinship)이다. 인간을 대신하는 실험동물이라는 지위가 말해주듯이 쥐는 유전학적·생물학적으로 인간의 친족이며 함께 얽혀서 살아온 삶으로도 친족이라고 부를 만하다. 래트와 마우스가 실험동물로 흔히 사용되는 데는 취급의 용이성과 역사적 우연이 작용했지만, 무엇보다 이 설치 동물이 인간과 유사하다는 가정에 기초한 것이다. 진화의 역사에서 오래전에 갈라졌지만, 이들은 여전히 99% 이상의 유전자를 인간과 공유하고 행동학적으로 유사하다(NIH, 2004). 이 생물학적 친족성은 우리가 쥐를 대상으로 하는 유전학, 생리학, 행동학 등의 실험을 하는 핵심적 근거가 된다. 2019년 한 해 동안만 국내에서 약 371만 마리의 실험동물이 사용되었고 이 중 약 87%가 래트와 마우스 등 설치류 동물이었다(농림축산식품부, 2020). 2010년에 133여만 마리가 사용되었으니, 10년에 걸쳐 거의 3배 가까이 증가한 수치다. 실험동물 사용의 급증과 윤리적 사용에 대한 국제규범의 압력에 따라 2008년 한국 정부는 기존의 「동물보호법」을 개정해 동물실험 윤리를 제도적으로 규율하기 시작했다.[2] 이 글이 묘사하는 실험동물 래트와 인간 연구자와의 만남은 이런 동물실험 윤리 제도가 확립되기 이전인 2000년대 초반의 일이다. 2000년대 초에는 실험동물 사용의 윤리적 규제를 규제기관과 연구 현장 모두에서 기대하기는 사실 힘들었다.

과학 실험실에는 호모 사피엔스만 살고 있지 않다. 과학자가 되기 위해 훈련받던 시절 내가 있던 건물에는 다양한 종들이 함께 살고 있었다. 바이러스학 연구실에서는 바이러스를 배양해 원숭이를 대상으로 실험했고 식물유전학 실험실에선 유전자 변형 식물들이 재배되고 있었고, 내가 연구하던 실험실에는 래트와 마우스가 있었다. 실험 동식물만 있는 것은 아니었다. 실험동물에서 어렵게 얻은 일차 세포(primary cell)를 인큐베이터에서 조심스럽게 배양하던 어느 날 아침에 가보면 밤사이 불청객이 찾아와 실험을 망쳐 놓곤 했다. 지긋지긋한 박테리아. 공기 중에 떠다니고 우리 몸에도 있는 박테리아가 배양 접시에서 들어가 무서운 속도로 증식하면 힘들게 획득한 일차 세포는 모두 죽어버린다. 어떤 경로로 이들이 배양 접시 속으로 들어온 것인지 알 수 없었고 그저 실험을 다시 시작하는 수밖에 없었다. 이렇게 박테리아는 끔찍한 불청객이지만, 유전자 재조합기술을 사용할 때는 중요한 연구 협력자이다. 유전자재조합 실험을 할 때는 원하는 유전자를 집어넣은 박테리아 대장균을 짧은 시간에 키워서 필요한 DNA를 대량으로 확보한다. 바이러스, 박테리아, 식물, 설치류, 영장류 등 여러 종들이 함께 살면서 관계를 맺는 실험실은 이런 의미에서 작은 '다종 생태계(multispecies ecology)'이다.

다종 생태계에서 서로 다른 종들은 서로의 몸을 경유하고 서로에게 얽혀든다. 몸을 가진 존재들이 감각적이고 정서적으로 다른 몸들에 반응하고 얽히면서 변용을 겪기 때문에 다종 생태계는 '감응적 생태계(affective ecology)'라고 부를 수 있다(Hustak & Myers, 2012). 우선 몸의 감각으로 얽히게 되는데, 내가 키운 품종 SD 래트(Sprague-Dawley rat)와는 후각적으로 종종 마주했다. 실험실 건물 꼭대기층으로 가는 계단에 이르면 출입문을 열지 않았는데도 새로운 공간에 들어섰음을 금방 인지할 수 있다. 냄새 때문이었다. 실험실에서는 비용 부담 때문에 설치류 실험동물을 직접 키워 사용하려고 그곳에 사육실을 만들었지만, 당시에는 공장식 축산과 비슷한 밀집 사육에 가까웠다. 가로 30cm, 세로 40cm 정도 되는 케이지에 래트를 키우곤 했는데, 정해진 규칙은 없어 한 케이지에 10마리씩 키우는 과밀사육이 심심치 않게 벌어졌다. 주기적으로 방문해 분변으로 더러워진 케이지 바닥에 새 깔짚을 깔아주고 물과 사료를 채웠다. 학생 연구자가 동물 관리 노동도 함께 하다 보니 소홀히 하는 경우가 종종 있었고 그럴 때는 사료, 분변과 채취 등이 뒤섞인 특유의 냄새가 심해졌다. 사육실을 나온 이후에도 한동안 이 냄새는 내 몸과 함께 했다. 촉각적 연결은 제한적이었는데, 바쁜 일상 탓에 사육실에 들러 긴 시간을 보낼 수 없었고 쓰다듬는 일은 생각하기 어려웠다. 꼬리를 잡아 다른 케이지로 옮길 때의 감각이 촉각적 만남의 전부였는데, 비닐장갑을 낀 손으로 꼬리를 잡는 느낌은 고무줄을 만지는 것과 별반 다르지 않았다.

감각의 제약은 철학자 데스프레가 말한 "체화된 공감(embodied empathy)"이 일어나기 어렵게 했다(Despret, 2013). 몸을 매개로 이루어지는 이 공감은 연구자의 시선과 행동에 동물이 반응하고, 그 반응을 연구자가 감지하고 연구자의 몸도 함께 변해가는 과정이지만, 당시는 이런 상호작용을 생각하기 힘들었다(Despret, 2004). 사실, 이런 감각의 제약과 몸의 분리는 국지적 조건이 만든 산물이었다. 2000년대 초반 한국의 대학 실험실은 실험동물의 윤리적 사용에 대한 제도나 문화가 거의 없었다. 윤리의 부재 외에도 고된 노동과 다를 바 없는 실험실 연구, 남성주의적 문화, 쥐에 대한 문화적 선입견 등도 이런 결과를 낳은 원인이었다. 나중에 석사과정으로 한 여학생 후배가 실험실에 들어왔을 때 이런 인식은 매우 또렷해졌다.

그녀는 케이지 청소를 하는 관리 노동을 하러 사육실에 올라와서는 다른 케이지로 서둘러 옮겨야 할 래트를 거리낌 없이 쓰다듬었다. '얘 너무 귀엽지 않아요?' 그녀는 미소 지으며 말했다. 촉각적 연결을 서슴지 않는 그녀의 이 말에 나는 아마 처음으로 래트의 얼굴을 자세하게 바라본 것 같다. 그녀의 이 행동은 엉뚱하게만 여겨졌지만, 실험을 위해 쥐를 잡아야 하는 날에는 골칫거리가 되었다. 그녀는 긴장된 순간에 손에서 쥐를 놓치기 일쑤였고 우리는 방 안 여기저기로 도망 다니는 쥐를 잡느라 한바탕 소동을 치러야 했다. 당시 소속 실험실에서는 살아 있는 래트를 마취나 질식 없이 바로 단두(斷頭)하는 관행이 있었다. 왼손으로 목덜미를 잡아 '미니 기요틴(guillotine)'에 재빨리 끼워 넣고 한 번의 팔놀림으로 단두했는데, 그녀는 이 일에 너무 서툴렀다. 래트의 조그만 몸 움직임에 그녀는 비명을 지르고 쥐를 놓아버렸고 선배들은 뒷일을 수습하면서 그녀를 핀잔했다. 공교롭게도 당시 그녀가 속한 팀 선배와 동료는 모두 남성이었는데, 이들은 그녀의 서툰 능력을 여성성과 동일시했고 마치 남성성을 과시하듯 래트를 대신 잡아주곤 했다.

지금 돌아보면 그녀는 사실 동물의 몸을 느끼며 민감하게 응답한 것이었지만, 당시 선배들에게는 연구자가 되기엔 그저 나약하게만 보였다. 다른 종과 인간 연구자가 질문하고 응답하는 과정에서 이들의 몸은 서로 배우면서 분절해 나간다. 다윈은 난초의 수분을 연구하면서 식물의 반응 행동을 직접 흉내 냈고(Hustak & Myers, 2012), 영장류학자들은 영장류가 먹는 음식을 먹어보고 행동을 따라 해보면서 이들의 감정까지 느끼려 한다. 다른 종의 반응에 맞춰 자기의 몸이 변용 가능하도록 "열어 내놓고(make available)" 새롭게 만들어가는 것이다(Despret, 2013; 71). 가끔 사육실에 가던 나도 몸의 변용을 시도한 적이 있다. 하지만 나는 다종적 관계 속에 쥐-인간이 되려 하거나 내 몸을 그들에게 '열어 내놓은' 기억이 거의 없었다. 대신 잊히지 않는 것은 살아있는 쥐를 처음으로 단두했을 때 너무 놀랐던 내 몸의 기억이다. 미니 기요틴에 목덜미를 끼워 넣고 손잡이를 아래로 누를 때의 느낌, 단두 후에 버둥거리는 몸을 붙잡고 있을 때의 느낌, 머리 가죽과 두개골을 차례로 자를 때 가위를 통해 전해지는 감각은 몸 전체로 퍼져 나갔다. 이 느낌은 지금도 생각날 정도로 강렬했지만, 나는 아무에게도 이 느낌을 터놓고 말하지 않았다. 아마도 감정에 휘둘리는 과학자나 남자답지 못하다는 인상을 주위에 줄까 두려웠던 것이 아닌가 싶다.

10여 년 전 학술토론회의 발표글에서 스스로 반성한 일이지만, 나는 래트의 응답에 주의를 기울이는 방식이 아니라 스스로 무감각해지는 방식을 택한 것 같다. 래트가 어떻게 길들여지는지, 연구자의 몸은 어떻게 변해 가는지 관심을 두지 않았고, 사육실을 방문하는 일은 그저 매일 반복되는 고된 노동으로만 여겼다. 래트를 유심히 쳐다보고 쓰다듬어 보거나 이들의 관점에서 이 경험을 상상하는 감수성을 만들어 보려 하지 않았다. 래트에게 응답할 수 있도록 몸을 내놓는 '존재론적 열림'을 시도하기보다는 오히려 내 몸이 영향받지 않도록 애썼던 것 같다. 전자를 실험 래트에게 감응받을 수 있게 상대에게 익숙해지는 '주의 깊은 길들여짐(attentive domestication)'이라고 부른다면, 후자는 감응받지 않도록 무뎌지는 데 익숙해지는 '무감각한 길들여짐(insensitive domestication)'이라고 부를 수 있다.[3] 당시 나는 실험동물로부터 감응받을 수 있는 감수성을 인정할 여유, 용기와 지식도 없었고 그저 '무감각한 길들여짐'을 선택하려고 했던 것 같다. 지금은 과학에서 감응받기 쉬운 감수성은 취약성이 아니라 오히려 과학자의 남다른 능력으로 생각할 수 있었지만, 당시는 나약함 이상으로 생각하지 않았다. 사실 이 길들여짐의 방식을 항상 선택할 수 있는 것은 아니다. 어떤 생물학 연구자들은 실험 쥐를 다루는 현장의 방식을 힘들어하며 결국 연구자의 경로를 포기하거나 동물실험이 없는 전공으로 변경하기도 한다. 실험실의 다종적 생태계에서 연구자와 실험동물은 정서적·감각적 몸을 통해 '서로 길들여지는 과정(co-domestication)'을 겪지만, 그 방식은 실험실의 문화와 노동 조건, 연구자의 감수성에 따라 다른 결과를 낳고 있었다.

3. 동고의 생태

실험동물과 인간 연구자는 해러웨이가 말했듯이 종종 고통을 공유한다(Haraway, 2008). 해러웨이가 말한 '고통의 공유'는 사실 '회피를 유발하는 고통(pain)'의 공유가 아닌 '고통을 포함하는 고생(suffering)'의 공유에 가깝다. 그래서 이를 '고생의 공유', 혹은 "동고(同苦)(co-suffering)"로 부를까 한다. 고생은 자극에 대한 부정적인 생리적 반응이 아니라 고된 일을 수행하며 느끼는 아픔, 힘겨움, 지침과 지루함 등을 모두 말한다. 만약 통증을 지각하는 수용체 유전자를 제거한 유전자 변형 마우스로 실험한다고 가정하면, 이 마우스는 각종 자극에 아무런 고통을 느끼지 못해도 고생은 하는 것이다. 다시 말해, '동고'라는 용어는 분리된 개체의 몸에서 일어나는 어떤 반응을 말하는 것이 아니라 비인간과 인간의 관계적 실천에서 발생하는 정서적 얽힘과 고된 경험을 말한다. 개별적인 개체가 신경학적으로 지각하는 통증이 아니라 서로 다른 종의 몸을 가로질러 함께 경험되는 고통과 고생인 것이다. 이 땅에서 함께 살아가는 서로 다른 종들은 같이 놀며 즐기지만, 가축과 농부의 관계처럼 고된 노동을 분담하며 함께 고생한다. 새로운 지식 생산을 목표로 하는 실험실에서도 서로 다른 종 사이의 이런 고된 노동과 고생스런 삶은 계속된다.

새벽 3시에 잠에서 깨어났다. 당시 나는 하루를 주기로 그 양이 변하는 특정 유전자를 연구하고 있었다. 이 유전자의 발현이 24시간 동안 어떻게 바뀌는지 알아내기 위해 4시간 단위로 총 6회 동안 래트 뇌에서 송과선을 적출하고 특정 유전자의 RNA 양을 측정해야 했다. 자정에 쥐를 잡고 잠시 잠들었다 몇 시간 만에 다시 깬 것은 새벽 4시에 래트 4마리의 뇌를 추가로 적출하기로 예정되어 있었기 때문이다. 가까운 실험실 동료라도 새벽에 함께 쥐 잡으러 가자고 말하기도 힘들어 혼자 실험실로 올라갔다. 가로등 불빛과 고요한 새벽 공기를 헤치며 캠퍼스를 걸어 올라가면서 온갖 생각이 스쳤던 것 같다. 이번 실험도 실패하면 어떻게 하지? 아니, 실험이 성공하면 어떻게 하지? 재연하기 위해 한 번 더 이 일을 해야 하나? 실험실에서 준비물들을 챙겨서 꼭대기층으로 올라갔다. 쥐들이 있는 공간 근처에서는 형광등을 켤 수 없었다. 쥐에게 밝은 백색광이 들어가는 순간 자연적 일주기 리듬에 인위적 간섭이 일어나기 때문이다. 래트의 생체시계에 영향을 주지 않는 흐릿한 붉은 조명만 켤 수 있었다. 어두운 조명 아래에서 조심스레 쥐 4마리를 사육실에서 해부실로 옮겼다. 바닥에 신문지를 깔고 기요틴 근처에 적출한 샘플을 담을 이튜브(E-tube), 순간 냉동하는데 쓸 −75℃의 액체질소 한 통, 두개골을 절개하고 송과선을 적출하는 데 사용할 소독한 가위와 핀셋, 사체를 담을 비닐봉투를 놓았다. 조심하지 않으면 내가 기요틴 날에 베이거나 액체질소에 동상을 입을 수 있다. 무엇보다 지난 20시간 동안 4시간에 한 번씩 잡은 쥐 20마리의 생명과 이 고된 노력이 모두 물거품이 될 수 있다.

20여 년 전 나의 고생은 이렇게 기억하고 재구성할 수 있지만, 실험실 래트의 고생을 그들의 관점에서 묘사하기는 어렵다. 영장류처럼 서로 그루밍(grooming)도 하는 래트는 협력적이고 풍부한 의사소통을 하는 사회적 동물이다. 그러나 좁은 케이지 속에서는 그런 행동을 할 수가 없고, 밀집 사육 조건에 놓인 이들은 매일 서로 부대껴야 한다(Keim, 2018). 게다가 케이지에서 태어나 평생 그 안에서만 살아가는 이들의 지루함, 스트레스와 우울감을 야생 래트의 삶에 빗대어 이해하는 것은 쉽지 않다. 표준화시키고 길들여진 실험용 래트 혈통은 야생 래트에 비해 더 순응적이고 밀집된 곳에 잘 적응하는 경향을 보인다. 이것이 후

성유전학적(epigenetic) 효과에 따른 행동 특성의 변화인지 아니면 자포자기한 이들의 심리적 상태인지는 인간 연구자의 입장에서 분명히 알아내기 어렵다. 수업과 발표 등 다른 일로 바쁘다 보면 이들을 챙겨주는 일을 종종 잊곤 했고, 그때마다 나의 쥐들은 굶어야 했다. 뒤늦게 찾아가 물을 주면, 이들은 허겁지겁 물병의 물을 빨아댔다. 어느 날은 케이지 바닥의 깔짚 속에서 한 암컷이 간밤에 낳은 듯한 벌거숭이 새끼들이 오들오들 떨며 모여 있었다. 어느 정도 성체가 되면 수컷과 암컷을 분리 사육해야 하지만, 실수로 '합방시키면' 이런 일이 벌어졌고, 그때마다 갓 태어난 새끼들은 다른 성체들에 밟히곤 했다. 나의 무심함과 실수는 이들에게는 커다란 고생이었다.

연구로 씨름하던 나에게도 결국 몸의 이상이 찾아왔다. 가을에 시작된 기침은 겨울 내내 이어졌고 다음 해 여름이 되어서도 그치지 않았다. 갑작스레 발작처럼 터지는 기침은 실험에 집중해야 할 때마다 큰 골칫거리였고 1년 이상 지속된 탓에 가슴 통증도 심해졌다. 병원에서 온갖 알레르기 검사를 했지만, 원인을 알아내지 못했다. 실험 때 쓰는 클로로포름과 페놀 등의 유기용매 때문인지, 실험 실패나 살생에서 오는 스트레스 때문이었는지, 아니면 흡연 때문이었는지 알 수 없었다. 나의 쥐들은 힘들게 고생하며 죽어갔고, 이들의 고통에 책임 있는 나도 아프고 지쳐갔다. 실험실에서 다른 종과 인간은 서로 의존하며 함께 고생한다. 내가 돌보지 않으면 그들은 굶어 죽게 되며 그들이 협조해주지 않으면 나는 실험을 할 수 없다. 고생의 결과가 쥐에게는 구속과 죽음이고 나에게는 발작적 기침과 가슴 통증이었기 때문에 고통이 공평하게 배분되었다고 말할 수는 없다. 하지만 이 관계를 일방적 착취로만 이해할 수 없다. 이는 비대칭적이었지만 상호의존적이고 협력적이기도 했던 관계였다. 우리는 서로의 생존과 고통에 얽혀 있었다(Haraway, 2008).

어느 날 사육실에서 케이지를 갈아주려다 한 녀석에게 손가락을 물린 적이 있었다. 심각한 상처는 아니었지만, 멸균 사육실이 아닌 환경이라 혹시나 감염이 없을지 걱정됐다. 하지만 그보다 더 놀란 점은 온순하게만 보이던 이들이 나를 물 수 있다는 사실이었다. 돌아보면 케이지를 갈아주며 이들을 잡을 때면 언제든지 나를 물 수 있는 상황이었는데도, 그동안 이들은 나를 물지 않았다. 혹시 이들은 자신들의 고생이 나의 고생에 의존하고 있다는 점을 알았던 것은 아닐까?

사실 동물은 실험실과 농장 등 다양한 장소에서 인간 연구자나 노동자에 협조하면서 '일을 하고 있다.' 철학자 데스프레는 농장에서 소와 돼지는 '일을 하는가'라는 질문을 던지고 이에 답하는 과정에서 우리는 동물을 존중하게 된다고 말한다(Despret, 2015). 인간이 기대한 대로 일이 잘 돌아갈 때는 인지하지 못하지만, 농장 동물들이 협력을 거부하거나 저항하면서 인간에게 어떤 한계를 지정할 때 그 의미는 명확히 드러난다. 동물은 그동안 거부할 수 있었지만 참아가며 우리에게 협조하며 일해 왔던 것이다! 인간이 원하는 대로 행동한 것은 그들의 본성이 시키는 대로 하는 것이 아니라 인내하면서 협력해온 것이다. 이들은 단지 수동적인 희생양인 것이 아니라 인간에게 협력해온 동료인 것이다. 내가 사육실에서 래트를 만질 때 '내가 그를 만진다'가 맞는 표현일까? 내가 만지는 것을 이들이 허락했던 것은 아닐까? 몸을 돌려 나를 물어버릴 수도 있었지만 나를 신뢰하며 내 손길을 허락했던 것이 아닐까?

20여 년 전에는 몰랐지만, 나를 믿고 내가 만지는 것을 허락해준 점을 그때 알았다면 래트를 존중하며 다르게 대할 수 있었을 것이다.

실험실에는 '동고의 생태'가 있다. 소와 농부, 말과 유목민, 매와 사냥꾼이 함께 노동하며 고생하듯, 실험동물과 인간 연구자도 함께 노동하고 고생한다. 쥐들은 '인간의 고생에 의존한 고생'을 하고 있고, 인간 또한 '쥐의 고생에 의존한 고생'을 한다. 물론 실험동물은 스스로 동의해서 시작한 고생이 아니다. 하지만 동의할 기회도 없이 아픈 가족을 돌봐야 하는 책임을 지는 일이 그렇듯, 이런 동의 없는 고생이 종간 관계의 역사적 우연 속에서 생겨났다. 이 땅 위의 서로 다른 생명들이 서로 얽혀 살아가는 방식을 '동의'라는 자유주의적 윤리 원칙만으로 판단하기는 어렵다. 물론 고생의 결과가 동물에게 생명까지 요구한다는 점에서 동물과 인간은 결코 같은 수준의 고생을 한다고 말할 수 없다. 하지만 함께 고생하며 노동해온 종간 관계의 긴 역사에서 이런 도구적 이용을 온전히 배제할 수도 없다(Haraway, 2008). 도구적 이용이 반복되면서도 서로 의존하며 함께 고생하는 관계가 이 땅에서 서로 다른 종들이 살아가는 세계인 것이다.

4. 실험 쥐와의 호혜적 교환

10여 년 전 학술토론회에서 동물실험 경험을 짧은 일화로 소개하며 성찰한 글을 발표했을 때 논평자는 기억에 남는 말을 했다.

사전에 작성한 논평문을 읽고 있던 논평자는 이 대목에서 힘주어 말하는 듯 했다. "아무리 깨끗한 환경에서 사육한다고 하더라도 쥐를 우리 속에 가두어 놓고 송과선을 적출하는 것이 어떻게 '자연적인 자기 자신'이 될 수 있도록 배려해준 것인가? 쥐가 우리와 협상할 수 있는 존재라면 우리 속에 갇혀 송과선을 적출하라고 '협조'하겠는가?" 순간 청중석에서 가벼운 웃음소리가 터져 나왔다. 살아있는 존재가 자신을 죽여도 좋다고 어떻게 협조하겠는가? 나는 왜 이렇게 논리적 허점이 뻔히 드러나는 주장을 했던 것일까?

논평자의 핵심 주장은 살고 싶은 쥐에게 받아들일 수 없는 것을 강요하면서 세심하고 주의 깊은 돌봄을 말하는 것은 인간중심주의적 정당화일 뿐이라는 것이다. 잘 알려져 있듯이, 과학 논문에서는 쥐를 죽였을 때 '죽이다(kill)'라고 쓰지 않고 '희생시킨다(sacrifice)'라고 쓴다. 또한 "SD 래트 24마리가 희생되었다(24 SD-rats were sacrificed)"처럼 수동태 문장을 쓴다. '누가 죽였는가?'와 같은 불편한 질문에 답하지 않아도 되기 때문이다. 이런 선택은 동물살해라는 과학의 잔인한 이면을 위장하기 위한 것일까? 희생이라는 상징을 통해 래트를 강제로 '과학의 순교자'로 만들고 있는 것일까? 친밀감을 느끼며 돌보는 '친족'을 과학의 순교자로 만드는 동물 희생은 결국 착취의 정당화나 죄의식 없는 살생일 뿐일까?

사실 비인간과 인간 사이의 다종적 얽힘 속에서 함께 살아가는 일에는 항상 폭력과 희생이 뒤따랐다. 수렵 대신 농경의 역사가 시작된 홀로세(Holocene) 이후에도 이런 폭력은 계속되었다. 농경 사회에서 인간-작물-가축-미생물이 뒤얽힌 공생의 삶을 만들었지만, 이 공생의 관계에서도 늘 폭력이 있었다(스콧, 2017). 인간이 다른 인간 혹은 비인간과 맺는 관계의 방식에는 대가를 바라지 않고 선물을 주거나 등가의 대상을 맞바꾸는 교환 등도 있었지만, 타자에게 돌려주는 것 없이 이익만 취하는 약탈도 있었다. 한편으론 인간이 살아간다는 것은 다른 종을 죽이거나 다른 종이 만든 자원을 약탈하는 것을 의미했다. 평생을 함께한 늙은 말이나 소를 마지막에 죽여서 고기와 기름을 얻는 유목민과 농민의 폭력뿐 아니라 콜레라와 천연두처럼 인간을 향한 미생물의 가차 없는 폭력도 있었다.

비인간과 인간의 종간 관계가 서로 의존하면서도 서로에게 해를 입히는 양가적이었던 역사 속에서 동물 죽임을 다시 바라볼 수 있지 않을까? 인도의 중앙 히말라야 주의 산악마을에서 다종적 관계를 현지조사한 인류학자 고빈드라잔은 이런 양가적 속성을 동물 희생을 통해 잘 보여준다(Govindrajan, 2015). 이 마을에서는 지역 정령을 위해 염소를 제물로 바치는 의례를 연다. 그러나 이 동물 희생은 죄의식 없는 살생이 아니라 동물과의 친족관계를 유지하고 유대를 강화하는 실천이다. 현지인들에게 염소는 이용과 착취의 물건이 아니라 자의식과 성찰력이 있는 인간의 가까운 친족이다. 친족이 될 만큼 자의식, 지능과 교감 능력을 지니고 있기 때문에 인간을 대신한 제물이 될 자격이 있다. 마을 사람들은 새끼 염소를 어미로부터 받아서 정성과 사랑으로 돌보며 이들에게 인격성을 부여한다. 의례를 앞두고는 이들에게 의사를 물어보기도 하고 희생 후에는 슬픔 속에서 애도한다. 희생을 인간의 돌봄에 대한 동물의 헌신이라 여기고 염소의 영혼이 윤회의 고통에서 벗어나길 기도한다. 폭력과 죽음이 수반되고 종간 불평등이 있지만 이런 종간 만남을 인간중심주의적 정당화라고만 규정하기는 힘들다.

마을 사람들은 염소의 희생 이후 이들을 기리는 의례를 치르고, 그렇게 하지 않으면 동물 영혼의 복수가 이어진다고 믿었다. 이를 인류학자들이 주목한 호혜적 증여로 볼 수는 없을까? 남태평양의 쿨라(Kula)와 북아메리카의 포틀래치(Potlatch)처럼 선물을 주고 받고 되돌려주는 증여로 볼 수 있지 않을까(모스, 2011)? 동물 희생도 일방적인 착취가 아니라 사회적 유대를 구성하는 증여일 수는 없을까?

북아메리카 북부 클루아니 퍼스트 네이션(Kluane First Nation)에 관한 인류학자 나다스디의 연구는 큰 통찰을 제공한다(Nadasdy, 2007). 이 원주민공동체는 사냥을 통해 동물과 선물을 주고받는 호혜적 관계 속에 살아간다고 말한다. 이들은 남아메리카의 다른 부족민들처럼 동물에게 인격이 있다고 여기며 외양은 달라도 내적으로는 인간과 다를 바 없는 '사람(person)'이라고 여긴다. 동물은 자의식과 인간과의 언어적·비언어적 소통 능력이 있으며 지능적 존재로서 인간과 사회적 관계를 맺고 있다. 동물에게 인격성과 사회성을 부여하는 이런 세계관에서 사냥하는 동물은 인간에게 "자신을 내어주는" 희생을 하고 인간은 감사기도와 의례를 통해 되갚는다. 나다스디는 자신을 내어준 동물에 관한 기이한 목격담들을 전해준 후, 동물이 인간에게 자신을 내어주는 행위를 우리가 상상하지 못하는 것은 인간과 동물 사이의 위계적 구분에 익숙한 서구의 존재론 때문이라고 주장한다. 인간에게는 선물을 주고받을 능력을 인정하면서도 동물에게는 그런 가능성을 부정하는 것은 동물을 인간보다 열등한 존재로 보는 서구적 세계관 때문이라는 것이다. 인간은 역사적으로 동물에게 지능, 언어능력, 사회성 등을 차례로 부여해 왔는데, 나아가 호혜적 관계를 맺을 수 있는 능력도 부여할 수 있어야 한다는 것이다.

나다스디의 이런 주장은 최근 인문사회과학에서 큰 반향을 얻고 있는 존재론적 전환의 문제의식과 맞닿아 있다. 동물은 인간과 같은 영혼을 지니고 있으며 물질적 형태만 다르다는 아메리카 원주민들의 세계관은 그동안 미개한 애니미즘 정도로 취급받아 왔다. 하지만 존재론적 전환을 옹호하는 이들은 이를 동물에는 영혼이 없고 물질적 구성만 같다는 서구의 자연주의 세계관과 동등한 형이상학적 지위로서 다루어야 한다고 주장한다(콘, 2018; Latour, 2009; Descola, 2013). 만약 우리가 동물에게 주체성, 행위성과 영혼을 부여할 수 있다면 인간과 호혜적 관계 맺기에 나설 수 있는 능력을 부여하는 것을 비약이라고만 할 수 없다. 생존을 위한 사냥이 이루어지는 이런 사회에서 동물은 인간과 같은 '사람'으로 여겨지며, 사냥은 선물을 주고받는 행위처럼 이해된다. 사람들은 자신을 내어준 동물에게 기도와 의례로 감사해하며, 재생 가능한 범위를 넘지 않도록 절제하며 사냥한다. 동물과의 관계는 호혜적이며, 그들이 줄 수 있는 것 이상을 취하지 않는다.

마찬가지로, 실험실에서 함께 고생하는 래트를 존중하며 돌보는 행위를 단지 기만이나 자기 정당화로 평가할 수 없다. 이들의 노동과 고통을 인정하고 주의를 기울이는 태도는, 죽음이라는 결과로 그 의미가 지워지지 않는다. 해러웨이의 말처럼, 동물을 '책임 있게 죽이는 것'과 '죽여도 되는 존재로 만드는 것'은 윤리적으로 분명히 다르다(Haraway, 2008: 81). 물론 실험동물을 죽일 만큼 가치 있는 과학이 드물다며 이러한 선물 관계 자체를 부정하는 비판도 있다. 하지만 실제 과학 현장은 우연, 위험과 예측불가능성이 지배하는 세계이며, 연구의 가치를 미리 판단하는 일은 생각만큼 그렇게 간단하지 않다(Stengers, 2000). 실험동물과의 관계를 호혜적이라 생각한다면, 우리는 무엇으로 이들에게 되갚을 수 있을까? 질병 치료는 인간을 위한 것이며, 대부분의 연구는 인간의 이익과 연결된다. 쥐는 단지 작고 다루기 쉬우며, 인간과 유전적으로 유사한 포유류라는 이유로 선택된 것일 뿐이고, 이를 정당화할 필연성도 논리도 없다. 이들을 '죽여도 되는 존재로 만들' 어떤 초월적 명분도 없다. 사실, 우리는 그들의 희생에 상응하는 선물을 줄 수 없으며, 다만 예의를 다할 수 있을 뿐이다(Despret, 2005). 인간처럼 자의식과 행위능력을 지닌 존재가 우리에게 준 선물에 우리는 정중함으로 응답할 수 있을 뿐이다. 과학은 그런 정중함과 책임감을 기반으로 해야 한다.

5. 응답하고 돌보는 과학

과학기술학자 린치는 실험실의 동물은 '자연주의적 동물'과 '분석적 동물'이라는 두 가지 방식으로 존재하며, 이 둘은 과학적 실천 속에서 엄격히 분리되어 있지 않다고 말했다(Lynch, 1988). 1970년대 서구에서 과학은 동물을 단순히 실험도구처럼 다룬다고 비판받았지만, 린치가 현지조사한 신경과학 실험실에는 연구자들이 동물의 개별성과 인격성을 인식하고 감정을 함께 나누는 '자연주의적 동물'이 있었다. 다만 데이터로 변환하고 논문을 쓰는 과정에서 자연주의적 동물에 대한 지식과 묘사는 삭제되고 그래프와 수치로 표현되는 '분석적 동물'만 남게 되었다. 하지만 좋은 데이터와 좋은 과학이 되려면 살아있는 동물에 잘 응답하고 이들을 세심히 돌보는 '자연주의적 동물'과의 상호작용이 필수적이었다. 수치화되고 도구화된 동물만 과학적 실천에 있는 것은 아니며 감응하고 함께 고생하는 존재로서의 동물이 있으며, 다만 이런 경험이 과학지식의 최종 재현 단계에서 배제되고 억압되었을 뿐이다.

과학의 객관성이라는 신화는 정서적이고 몸으로 맺어지는 종간 관계를 과학지식에서 부정하고 억압해왔다. 이런 억압은 이 신화 외에도 실험실의 노동 현실과 젠더 문화에 의해서도 강화된다. 훈련과 노동의 경계가 모호한 실험실 환경에서 연구자는 동물에게 감응하기 힘들다. 노동 강도가 높은 환경에서 연구자는 '감응 주고 감응 받을 능력'을 키워낼 수 없다. 동물에 감응하는 능력을 열등한 여성성으로 간주하는 남성주의적 젠더 문화는 종간 관계의 새로운 가능성을 제약한다. 다른 종에 민감하고 책임 있게 응답하는 능력은 논리적 추론 능력만큼 과학의 필수적 역량으로 인정받아야 하지만, 부적절한 감정 이입으로 폄하되는 것이다.

객관적인 과학이 아니라 '응답과 돌봄의 과학'이 과학의 이상이 될 때, 연구자가 실험동물에 감응하고 이들을 돌보는 능력은 더 쉽게 받아들여질 수 있다. 이때 '응답'은 약속의 과학에 맞선다. 끊임없이 미래를 소환하며 죽음과 우주까지 정복하겠다고 선언하는 약속의 과학과 달리, 응답은 지금 여기의 보이지 않는 존재들에 주의 깊게 반응하고 그 관계 속에서 연구자가 변용될 수 있는 능력을 갖추도록 독려한다. '돌봄'은 객관의 과학에 맞선다. 돌봄의 과학은 정서적인 개입을 객관성의 방해 요소로 보지 않고, 오히려 지식 생산의 유용한 방식으로 받아들인다(Puig de la Bellacasa, 2010). 이 응답하고 돌보는 과학은 연구자가 실험 대상과 함께 변화할 가능성을 열어두고, 다른 종에게 예의를 다하도록 요구한다. 연구자는 자신의 몸을 열어 감응하고 돌보는 실천 속에서 동물과 '함께 되어가는(become with)' 관계를 만들어간다(Despret, 2004). 라투르는 이를 '감응 주고 감응 받을 위험을 감수하는 과학'이라고 표현한다(Latour, 2004a). 이는 객관성의 권위를 내세워 실험동물을 통제하는 과학이 아니라, 실험 질문과 조건을 동물의 반응에 따라 바꿔나갈 준비가 된 과학이다. 응답하고 돌보는 과학은 언제나 연구자를 주저하고 망설이게 만든다. 20여 년 전 쥐를 마취할 것인지를 놓고 내가 주저했던 순간처럼.

선배는 래트를 마취시키지 않고 산 채로 단두해야 한다고 주장했다. 그는 이산화탄소로 질식시키면 이 동물이 '자연 상태'가 아니게 되어서 실험 결과를 믿을 수 없게 된다고 말했다. 바로 반박하지 않았지만, 동의하기 어려웠다. 경험상 기요틴 앞에서 자신의 순서를 기다리는 래트도 이미 '자연 상태'가 아니었기 때문이다. 한 마리가 처음 기요틴으로 죽는 순간 남아 있는 래트들은 이 상황을 금방 눈치챘다. 이 두려운 상황에서 왜 래트가 이전과 같은 상태일 거라 가정해야 할까? 심지어 사육실에서 기요틴이 있는 해부실로 옮길 때부터 불안해하는 이들도 있다. 래트는 시력이 좋지 않은 대신에, 수염 촉각과 후각이 발달했고 자외선과 초음파도 감지할 수 있다. 늘 보던 연구자의 몸에서 전해지는 낯선 느낌을 감지했을지도 모른다. 이산화탄소를 흡입한 래트가 자연 상태가 아니듯, 연구자에게서 평소와 다른 긴장을 느낀 래트도 이전과 전혀 다른 상태일 것이다. 결국 나는 선배가 없을 때는 이산화탄소로 질식사시키는 방법을 택했고 나중에는 먼저 간 래트의 마지막 순간을 다른 래트들이 보지 못하도록 사육실에서 한 마리씩 차례로 해부실로 옮기기 시작했다.[4]

응답하고 돌보는 과학은 '자연 상태'를 전제하던 연구자의 인식적 주장을 흔들며, 연구자의 권위를 위태롭게 한다. 실험동물의 몸에 민감하게 된 연구자는 객관성의 권위 위에서 내려와, 실험 조건과 질문을 다시 고민하게 된다. 사실, 과학이 추구하는 '자연 상태'를 강변하기에는 우리는 야생 래트와 길들여진 래트의 유사성도, 래트와 사피엔스 사이의 유사성도 확신할 수 없다.[5] 실험실의 래트는 이미 인간과 함께 지내며 그 자체로 '자연 상태'를 계속 변화시키고 있다. 이런 상황에서 응답하고 돌보는 과학은 실험동물을 연구자가 만든 질문과 조건에 억지로 맞추는 대신, 동물의 협조를 얻어 함께 자연적 사실을 구성할 것을 요구한다. 연구자는 자연을 전제하기보다 새로운 존재자를 정의하고 공통의 세계를 함께 만들어가야 한다(Latour, 2004b). 응답하고 돌보는 과학은 연구자가 구성한 실험장치와 질문이 객관적 진리가 아니라 하나의 발명임을 인정하고, 실험 대상에게 예의 바르게 협력을 요청하는 과학이다(Stengers, 2000). 이는 동물과 함께 사실을 만들어가는 정중한 실천인 것이다.

응답하고 돌보는 과학은 연구자의 인식적 지위뿐 아니라 윤리적 입장까지 불안정하게 만든다. 그 어떤 숭고한 명분도 다른 종을 죽여도 되는 존재로 정당화해주지 않기 때문에, 연구자의 윤리적 입장은 늘 취약하다(Haraway, 2008). 함께 고생하며 돌본 동물을 고통을 줄이며 희생시키더라도 연구자의 불편함과 아픔은 사라지지 않는다. 질병 극복이라는 대의도, 고통 최소화라는 동물 윤리도, 동물 복지를 위한 조치도 연구자의 윤리를 완성해주지 못한다. 과학 연구의 사례는 아니지만, 보호기간이 끝난 동물을 안락사시키는 유기견 보호소 현장에서 이 점은 잘 드러난다(전의령, 2019). 유기견의 고통을 제거하는 동물 안락사는, 수의사와 활동가들에게 윤리적 정당성을 보장해주지 않았다. 고통을 최소화하는 행위로 윤리적인 문제가 해결되는 것이 아니라 오히려 그 행위로부터 윤리적인 고민이 시작되었다. 유기견의 고통에 공감하면서 유기견처럼 스스로도 취약해진 이들은 마지막 순간까지 개들과 함께 잘 놀아주는 것처럼 '할 수 있는 일'을 끊임없이 찾아 나섰다.

응답하고 돌보는 과학은 연구자가 함께 고통을 느끼면서 할 수 있는 일을 찾도록 이끈다. 실험동물의 고통을 느끼며 점점 취약해진 연구자는 취약한 또 다른 종을 위해 할 수 있는 일을 찾는다. 몸집 작은 마우스를 다룰 때 지배력을 느끼는 대신, 감응하는 연구자는 어느 순간 다른 종과 공유하는 취약성을 인식한다. 모든 종에 공통적인 이 존재 조건을 직시하고 이들에 공감하기 시작한다(Schrader, 2015). 의존적인 존재들이 연대를 모색하듯, 자신이 할 수 있는 일을 찾아 나서는 것이다. 동물 위령제에 참석하든, 실험동물 관리 규정을 바꾸든, 혼자서 다른 실험방법을 사용하든, 다른 이에게 안락사를 맡기지 않고 스스로 수행하든, 실험동물을 집에 데려와 반려동물로 키우든, 인간-동물의 다종 이야기를 글로 쓰든, 응답하고 돌보는 과학은 희생 이후에도 아직 종간 관계의 책임이 끝나지 않았음을 상기시킨다. 실험동물을 다루는 연구자의 윤리는 결코 완성될 수 없다. '이 완성되지 않는 윤리'는 연구자를 타자에게 더 취약한 존재로 만들고 계속 아파하도록 만든다. 연구자에게 더 예의 바른 과학, 더 정중한 애도, 더 책임 있는 관계를 계속 발명하라고 요청한다.

응답하고 돌보는 과학은 동물에 감응하고 이들을 돌보기 어렵게 만드는 과학 현장의 생태계에도 주목하게 한다. 훈련의 이름으로 과도한 노동을 요구하는 수련 과정, 객관성이라는 이름으로 정서적 공감을 억압하는 남성주의적 문화, 논문 생산성과 출간 속도를 중시하는 평가 관행은 실험동물과 인간 연구자 사이에 책임 있는 관계가 형성되는 것을 가로막는다. 그 결과 필요한 수보다 많은 동물이 사육되고 실험 후 살처분되는 관행이 이어지며, 이는 더 많은 이익을 추출하기 위해 자연이 회복할 수 없을 정도로 남획되는 것과 다를 바 없다. 과학 실천의 문화와 구조는 종간 윤리의 문제와 분리될 수 없다. 과학 현장의 생태계가 종간 윤리의 문제로 인식될 때 응답하고 돌보는 과학자가 출현할 수 있다. 이들은 각자의 위치에서 자신의 민감한 몸으로 동물에 감응하며 예의 바른 과학을 하는 새로운 방식을 발명한다. 이들에게 실험동물을 돌보는 행위는 과학 생태계를 변화시키려는 정치적 실천과 분리되지 않을 것이다. 응답하고 돌보는 과학은 인식적이고 윤리적이며 동시에 정치적인 실천이다.

6. 다종 이야기하기의 힘

나는 오래전 경험을 모티브로 한 편의 다종 이야기를 했다. 실험 래트와 인간 연구자 사이의 관계를 기억하고 재구성하면서 종간 관계에서 잘 들리지 않는 이야기를 하려 했다. 이런 이야기를 쓰는 것은 개인적으로 응답하고 돌보는 실천을 하는 뜻도 있지만, 무엇보다 다종 이야기하기의 힘을 믿고 이를 시험하는 뜻이 있다. 일반적인 윤리 원칙을 도출하기 어려운 위치 지워진 종간 관계에서 우리가 할 수 있는 일은 종간 관계에 관한 이야기들을 더 많이 생산하는 것이다(Haraway, 2016). 함께 고생하며 정성껏 돌본 가축을 나중에 죽여서 먹는 것과 같은 모순과 곤경으로 가득한 종간 관계에서 새로운 다종 이야기는 우리가 다른 삶의 방식에 연루되게 한다. 바로 적용할 수 있는 윤리적 규범을 제공하지는 않지만, 다종 이야기는 우리에게서 타자에게 응답하는 능력인 '응답 능력으로서의 책임감(response-ability)'을 강화한다(Haraway, 2008). 이런 타자에게 열려 있고 민감한 응답 능력은 다종적 관계에 참여하면서 다른 종과 살아가는 새로운 방식을 상상하고 발명하도록 이끈다.

실험동물과의 관계를 논할 때 착취라는 주제를 결코 빼놓을 수는 없다. 그러나 이 주제 안에만 머문다면 연구자와 실험동물의 만남은 앙상한 서사로 축소될 수밖에 없다. 실험 현장을 착취하는 종과 착취당하는 종 사이의 관계로만 규정하면, 이들 사이의 정서적·감각적 얽힘도, 이들의 행위성도, 만남이 유발하는 상호 변용의 가능성도, 새로운 응답 능력의 출현도 볼 수 없게 된다. 착취하는 종이 착취당하는 종의 고통에 공감하며 응답하는 것도 죄의식 없는 기만이거나 논리적 모순처럼 읽힌다. 나는 다종 이야기하기라는 방식을 통해 이 착취와 희생의 구도를 우회하는 새 길을 내고자 했다. 래트를 희생양으로, 과학자를 살생자로 구분하는 접근은 과학자에게 죄의식이나 냉소적 반발을, 실험실 밖 비평가에게는 도덕적 우월감을 부여하곤 했다. 나는 그런 접근보다는 새로운 다종 이야기를 통해 래트와 연구자를 '더 생동하는(animate) 존재들'로 만들고 싶었다. 래트와 연구자가 수동적인 희생양 래트와 잔인한 착취자 인간이 아니라, '서로 얽힌 채 다른 가능성을 지닌 존재'임을 보여주고 싶었다. 피해자와 가해자라는 이분법은 도덕적 판단을 용이하게 해주는 대신 가해자의 지위가 갖는 미묘한 다양성을 지우고 피해자가 지닐 수도 있는 행위성을 간과한다(전의령, 2022). 이 이분법 속에서는 자신이 돌보던 실험동물이 낯선 이가 아닌 자신의 손에 죽기를 원할 거라 믿으며 직접 죽임을 선택하는 어느 실험실 테크니션의 힘든 결정도(Roe & Greenhough, 2021), 자신을 돌보는 연구자에게 협조하며 고통을 감내하는 실험동물의 태도도 제대로 이해될 수 없다.

우리는 보호자를 위해 자신을 희생한 충직한 개의 일화는 기꺼이 믿으면서도, 함께 고생한 인간 연구자를 위해 스스로 희생하는 래트에 대해서는 왜 상상조차 하지 않을까? 같은 포유류임에도 래트는 열등해서 그런 능력이 없다고 생각하기 때문일까? 아니면 착취자인 과학자와는 그런 관계가 절대로 성립할 수 없다고 보는 것일까? 물론 이런 이야기가 '동의 만들기(manufacturing consent)'처럼 착취를 정당화하는 도구가 될 수 있다는 점을 알고 있지만, 착취 가능성이 있다는 이유로 래트와 인간 연구자가 가진 변용과 응답의 능력마저 부정할 필요는 없다. 왜 래트는 관대한 존재가 될 수 없을까? 왜 래트는 다른 종과의 호혜적 관계에 참여하는 관대한 주체로 상상될 수 없을까? 화려한 공작이 유전자의 명령을 받아 적응과 생존 확률을 높이는 기계가 아니고 미학적 세계를 즐길 수 있는 존재로 상상될 수 있듯이(Hustak & Myers, 2012), 래트 또한 호혜적 관계의 세계 속에서 선물을 주고받는 관대한 존재가 될 수 있지 않을까?

이 글은 호혜적 세계에 참여할 수 있는 래트와 그 가능성을 함께 찾아 나서는 과학자에 대한 탐색이었다. 래트를 더 생동하는 존재로 만드는 이야기를 하는 일은 래트에 대한 우리의 응답 능력을 강화하는 일이다. 래트의 행위성을 발견한 연구자는 함께 아파하고 다른 돌봄의 방식을 찾아 나설 것이며, 일방적 착취에 매진하기보다는 응답하고 돌보는 과학을 실천하는 방법들을 새로 고안해 낼 것이다. 실험실의 힘겨운 노동 현실 속에서도 스스로 새로운 돌봄의 방식을 발명하고 실천함으로써, 이 땅의 현재를 생동하는 존재들로 채우며 더 풍요롭게 만들 것이다. 동물의 희생으로부터 혜택을 누리던 실험실 밖 인간들도 비난과 책임 전가의 언어를 접고 래트의 행위성을 목격하고 아파하며 응답하는 연구자들과 연대할 수 있는 일을 찾을 것이다. 새로운 다종 이야기들은 이렇게 미래의 세계가 다르게 구성될 가능성을 열어젖힌다. 다종 이야기하기는 얽힘과 상호 의존의 관계 윤리를 바탕으로 비인간과 인간이 함께 번영할 수 있는 공동의 세계로 우리를 이끌어 줄 수 있을 것이다.

주

1 이 글은 저자의 논문(「실험 쥐는 관대한 존재가 될 수 있을까?: 동물 실험, 다종 이야기하기, 응답과 돌봄의 과학」, 『경제와 사회』, 141, 272-308, 2024)을 이 책의 취지에 맞게 수정한 것이다.

2 이 법에 따라 사전에 동물윤리 교육을 이수한 자만이 실험동물을 연구에 사용할 수 있고 연구자들은 소속기관에 설치된 동물실험윤리위원회에서 연구계획서를 사전에 심의받아야 한다. 또한 연구자들은 동물에게 고통을 덜어주기 위한 적절한 조치를 취할 의무를 진다.

3 '무감각한 길들여짐'이 과학현장에서 제도적으로 학습된다고 보는 시각도 있다. 대개 과학자들은 실험동물의 이름 대신 숫자를 쓰고 동물 대신 모델이라고 부르면서 이들을 탈동물화하거나(de-animalize) 탈개체화하는(de-individualize) 방법을 사용한다(드멜로, 2018).

4 이런 종류의 인식론적 이유로 실험동물에게 진통제와 마취제를 사용하는 것을 거부하는 이들이 과학계 내에 여전히 존재한다. 드멜로(2018)를 참조할 것.

5 포유류 내 설치목과 영장목 사이의 유사성 등 생물학적 친족성이 동물실험 연구의 근거이지만, 이를 부정하는 실험 결과들도 종종 나온다. 예를 들어, 동물실험에서 문제없던 약물이 인간에게서 심각한 부작용을 일으키는 탈리도마이드(Thalidomide)나 바이옥스(Vioxx) 등과 같은 사례들이 일어난다.

참고문헌

농림축산식품부 (2020).「보도자료: 2019년 실험동물 보호·복지 관련 실태조사 결과」. 농림축산검역본부 홈페이지. https://www.qia.go.kr/viewwebQiaCom.do?id=49854&type=6_18_1bdsm (검색일. 2024.02.15.)

드멜로, 마고 (2018).『동물은 인간에게 무엇인가』. 천명선·조중헌 옮김. 공존.

모스, 마르셀 (2011).『증여론』. 이상률 옮김. 한길사.

스콧, 제임스 C. (2017).『농경의 배신: 길들이기, 정착생활, 국가의 기원에 관한 대항서사』. 전경훈 옮김. 책과함께.

전의령 (2019).「연민과 '고통-나눔': 동물복지 담론과 다종적 취약성에 관하여」.『한국문화인류학』, 52(3), 3-43.

전의령 (2022).『동물 너머: 얽힘·고통·타자에 대한 열 개의 물음』. 돌베개.

콘, 에두아르도 (2018).『숲은 생각한다』. 차은정 옮김. 사월의책.

Alcayna-Stevens, L. (2016). Habituating field scientists. *Social Studies of Science*, 46(6), 833-853.

Descola, P. (2013). Janet Lloyd. (trans.). *Beyond Nature and Culture*. The University of Chicago Press.

Despret, V. (2004). The body we care for: Figures of anthropo-zoo-genesis. *Body & Society*, 10, 111-134.

Despret, V. (2005). Sheep do have opinions. in Latour, Bruno and Peter Weibel, ed., *Making Things Public: Atmosphere of democracy*. ZKM Center for the Arts and MIT Press.

Despret, V. (2013). Responding bodies and partial affinities in human-animal worlds. *Theory, Culture & Society*, 30(7-8), 51-76.

Despret, V. (2015). Do animals work? creating pragmatic narratives. *Yale French Studies*, 127, 124-142.

Govindrajan, R. (2015). 'The goat that died for family': Animal sacrifice and interspecies kinship in India's central Himalayas. *American Ethnologist*, 42(3), 504-19.

Haraway, D. (2008). Sharing suffering: Instrumental relations between laboratory animals and their people. *When Species Meet*. University of Minnesota Press. 69-93.

Haraway, D. (2016). *Staying with Troubles: Making kin in the chthulucene*. Duke University Press. [도나 해러웨이 (2021).『트러블과 함께하기: 자식이 아니라 친척을 만들자』. 최유미 옮김. 마농지.]

Hustak, C., & Myers, N. (2012). Involutionary momentum: affective ecologies and the sciences fo plant/insect encounters. *Differences: A journal of feminist cultural studies*, 23(3), 74-118.

Keim, B. (2018). The surprisingly sophisticated lives of rats. *Anthropocene*, https://www. anthropocenemagazine.org/2018/02/the-surprisingly-sophisticated-lives-of-rats/

Latour, B. (2004a). How to talk about the body? the Normative Dimension of Science Studies. *Body and Society*, 10, 205-229.

Latour, B. (2004b). Catherine Porter. (trans.). *Politics of Nature: How to bring the sciences into democracy*. Harvard University Press.

Latour, B. (2009). Perpectivism: 'Type' or 'Bomb'? *Anthropology today*, 25(2), 1-2.

Lynch, M. (1988). Sacrifice and the transformation of the animal body into a scientific object: laboratory culture and ritual practice in the neuroscience. *Social Studies of Science*, 18, 265-289.

Nadasdy, P. (2007). The gift in the animal: The ontology of hunting and human-animal sociality. *American Ethnologist*, 34(1), 25-43.

NIH(National Institute of Health). (2004). Scientists compare rat cenome with human, mouse. *The news release*. https://www.genome.gov/11511308/2004-release-scientists-compare-rat-genome (검색일. 2023.03.21.)

Puig de Bellacasa, M. (2011). Matters of care in technoscience: assembling neglected things. *Social Studies of Science*, 41(1), 85-106.

Roe, E., & Greenhough, B. (2023). A good life? A good death? Reconciling care and harm in animal research. *Social Cultural Geography*, 24(1), 49-66.

Schrader, A. (2015). Abyssal Intimacies and temporalities of care: How (not) to care about deformed leaf bugs in the aftermath of Chernobyl. *Social Studies of Science*, 45(5), 665-690.

Stengers, I. (2000[1993]) *The invention of modern science*. University of Minnesota Press.

Van Dooren, T., & Rose, D. B. (2016). Lively ethnography: storying animist worlds. *Environmental humanities*, 8(1), 77-94.

5

비인간의 인류학

생명의 인류학과 다종민족지

황희선

1. 인류학의 비인간 연구

브뤼노 라투르는 전 세계에서 5천 명 이상이 참석하는 미국인류학회의 2014년 연례 학술대회 기조 강연을 인류세의 의미를 논의하는 데 할애했다(Latour, 2017). 끝맺는 말은 다음과 같았다. 인류세는 "시간을 재정의하고, 공간 속에 위치한다는 것을 재서술하며, 생동하는 행위력(animated agencies)에 얽혀든다는 것의 의미를 다시금 뒤섞는다. 인류세 시대에 인류학은 특수 분야가 아니라, 근대화가 진전되며 우리 모두가 빼앗긴 시공간을 재점유하는 것의 다른 이름이다."

학문 분야의 명칭이 주는 인상과 달리, 보편적인 인류의 개념을 정립하기보다는 거듭 해체해 온 인류학자들의 관점에서 '인류세'라는 단어는 꽤나 복잡한 기분을 불러일으킬 수도 있지만, 무대의 중심으로 소환된 인류는 당분간 퇴장할 생각이 없어 보인다. 인류세는 국제층서위원회에서 지질학적 시대로 받아들이는 안을 기각함에 따라 과학에서 공식 개념이 되지는 못했고, 자본세, 플랜테이션세 등 많은 대안 개념이 제시되었음에도 불구하고, 일상에서나 학계에서나 여전히 영향력이 크다. 사람들의 마음 속 깊이 자리잡은 어떤 문제의식에 공명하기 때문일 것이다.

라투르가 인류세 시대 인류학의 사명에 대해 이야기할 무렵, 인류학계는 존재론적 전회(ontological turn)[1] 및 다종민족지(multispecies ethnography)에 관한 논의들로 시끌시끌했다. 인류학의 전제들에 대해 이중적인 비판이 진행되고 있던 시기였다. 인간중심주의, 그리고 인간중심주의를 토대에서 떠받치던 서구중심주의 양자에 대한 비판이 이루어지고 있었고, 그를 통해 자연과 인간의 식민화 모두로부터 벗어난다는 탈식민의 기획이 인류학과 접목되고 있었다. 어찌 보면 인류학은 인류가 무대로 복귀하고 있는 그 순간 인류라는 쟁점으로 돌아오는 하나의 경로로 '비인간'에 주목하고 있었다.

사실 '비인간'을 연구하는 인류학자들이 있다는 말을 들을 때 의아할 수 있다. 정의상 인간을 뺀 범주일 비인간을 정의상 인간을 연구할 인류학이 굳이 논의할 이유도 없고 논의할 수도 없지 않을까? 하지만 도나 해러웨이가 라투르의 명제를 비틀어 말하듯 '우리는 인간이었던 적이 없다.'(Gane, 2006) 생물학자 도리언 세이건의 말을 빌리면 "인간은 언제나 인간을 넘어선 존재다"(Sagan, 2011). 세이건은 이 문장을 2010년 이래 인류학에서 가시화된 비인간 연구의 흐름에 대한 논평의 제목으로 썼다. 이들이 제시한 논점을 전개해 나가는 방법은 다양할 것이다. 예컨대, 인간 신체의 건조 중량 10%는 다른 생물체들로 이뤄져 있다는 사실에서 출발해, 인간 신체는 그 자체가 다종적 공동체라고 이야기를 풀어 갈 수도 있다. 여기에 해러웨이처럼 개인적 느낌을 한 층 얹을 수도 있다. 자신이 죽고 나면 몸 안에서 살던 미생물들이 자신의 몸을 먹어 치울 것이며, 그래서 인간(human)은 호모(homo)보다는 부엽토(humus)에 가깝다는 사실을 사랑한다고 말이다(해러웨이, 2019[2016]: 332).

비인간이라는 개념은 매우 넓기도 하다. 생물과 사물뿐 아니라 영적 존재(Tsing et al., 2017; 권헌익, 2016[2008]) 및 인프라스트럭처(Larkin, 2013; Anand, 2017) 같은 것들도 포괄하는 개념이기 때문이다. 사실, 인류학이 인간 외 존재들에 대해 분석하고 기술한 역사는 길다. 루이스 헨리 모건의 『미국 비버와 그들의 작품』(Morgan, 1868)부터 에드워드 에반스-프리처드의 『누어인』(에반스-프리처드, 1994[1940]), 팀 잉골드의 『사냥꾼, 목축민, 농장주』(Ingold, 1980) 같은 고전들은 물론이고, 과학기술연구(Langlitz & Dan-Cohen, 2025), 물질문화연구(Hicks & Beaudry, 2010), 민족과학(Ellen, 2020; Trumper, 2013), 환경·생태인류학(Dove & Carpenter, 2008; Orr et al., 2015; Osterhoudt & Sivaramakrishnan, 2023), 농업 연구(Seshia Galvin, 2018) 모두가 비인간 내지는 인간-비인간의 상호작용을 다뤄 왔다. 이 글에서는 그 중 생명체 또는 생명(력)의 개념과의 연관 속에 전개된 인류학의 논의들, 특히 생명의 인류학(anthropology of life/anthropologie de la vie)과 다중민족지를 소개하고자 한다.

본론으로 들어가기 전, 지식 생산 분야로서 인류학의 특징을 간단히 살펴보려 한다. 교과서적인 방식으로 설명해 보면, 인류학은 어떤 인간 집단의 일상을 함께 하면서 장기간에 걸쳐 참여관찰을 수행하고, 그 과정에서 배운 내용을 주로 민족지(ethnography)라는 총체적이고 체계적인 글로 기술하며, 이런 성과를 바탕으로 비교 연구를 수행하여 인간 삶의 보편성과 특수성을 규명하는 학문 분야다. 이러한 인류학 연구 방법의 기틀을 놓은 것은 폴란드계 영국 인류학자인 말리노프스키(Bronislaw Malinowski)다. 지금은 구분이 흐려졌지만 지역에 따라 강조점의 차이도 존재해 왔다. 예를 들면 영국의 사회인류학처럼 친족, 정치, 경제, 종교 등의 사회 관계와 구조를 분석의 중심에 두거나, 미국의 문화인류학처럼 차이 및 주체의 경험을 더 강조하고, 의미와 상징의 체계를 두텁게(thick) 해석하면서 기술하는 데 주안점을 둘 수도 있다.

특색 있는 설명도 많다. 이를테면 현상학적인 연구 방법으로 생명의 인류학의 지평을 연 영국 인류학자 팀 잉골드(Tim Ingold)는 인류학이 다양한 인간 삶의 조건과 가능성을 탐색하는 분야라고 말한다. 인류학은 "사람들이 참여하는 철학(philosophy with the people in)"으로, "삶이 취할 수 있는 다양한 형태에 대한 사변적 탐색, 그리고 특정 시공간의 사람들에게 실용적 관점에서 삶이란 어떤 것인지에 대한 지식" 사이의 긴장이 촉발하는 기획이다(Ingold, 2014: 393). 특히 참여관찰은 사람들에 '대한' 지식을 얻는 과정이 아니라, 그들과의(with) 조응(correspondence) 속에서 배우며 자신의 존재 역시 변형시키는 교육의 과정이다.

여기서 인류학자가 배울 수 있는 이들은 인간에 한정되지 않는다. 연구 지평을 생명 현상으로 넓힐 때 인간과 비인간의 경계는 절대적이지 않다. 또, 학자들은 인간만의 고유성을 찾아서 종차를 바탕으로 인간을 이해하려는 경향이 있지만, 그와 같은 고유성이 있더라도 인간 실존 전체에서는 일부만을 설명할 수 있을 뿐이다. 어쩌면 '비인간'이라는 범주 자체가 현대 인류학이 배태된 서구 문화의 산물일 수 있다. 많은 사회에서 인간과 비인간을 분할하는 심연과 같은 것은 없다. 가령 인간과 동식물을 친족으로 묘사하는 문화권이 드물지 않다(Descola, 2013[2005];

황희선, 2025). 사실, 개인 경험을 떠올려 보면, 나는 '비인간'이라는 표현을 '비인간 사람(nonhuman persons)' 내지는 '비인간 영장류(nonhuman primates)'와 같은 단어에서 처음 접했다. 이 두 어구의 '비인간'은 지금까지 말해 온 용례와는 사뭇 다른 뉘앙스를 지닌다. 즉, 비인간 역시 상호주체적 관계 속에서 사람이 되거나 인간과 비교 가능한 행위력을 지닐 수 있고, 인간 역시 영장류이기 때문에 어떤 면에서 다른 영장류들과 근본적으로 다르지 않다는, 보다 깊은 층위에서의 연대와 동질성을 가리키는 표현인 것이다. 물론 인간은 종으로서 고유한 특성들을 지니고, 그런 특성들은 때로 퍽이나 인상적인 것일 수도 있다. 그러나 어쩌면 그만큼 중요한 점은 이 표현이 관찰자인 우리 자신이 인간으로서 갖는 특징들을 상기시켜 준다는 것, 그래서 우리의 앎은 특정한 상황 속의 지식(situated knowledge, 해러웨이, 2023[1991], 329-365)임을 깨우쳐 준다는 점이다.

애나 칭(Anna Tsing)은 "인간 본성은 종간 관계"라고 압축적으로 표현했다(Tsing, 2012: 144). 인류학을 문화에 대한 연구로 포괄적으로 정의하고 비인간 문화까지 다루는 것이 인류학의 과제라고 말하는 인류학자도 있다(Hartigan, 2014: 2). 그렇다면 인간을 넘어서는(more than human) 내지는 인간과 다른(other than human) 존재에 대한 연구는 인간에 대한 연구로 좁게 정의된 인류학에게도 필요하다. 따지고 보면 인류학은 늘, 탐구 대상인 인류 자체의 경계를 재정의하면서 스스로를 갱신하는 것과 관련되어 있었다.

2. 생명의 인류학

영국 인류학자 베로니카 스트랭(Veronica Strang)은 직접 연관되지 않은 문화권 사이에서 관찰되는 비교문화적 반복성은 문화로 환원되지 않는 보편적 토대를 지닌다고 본다. 스트랭은 인간과 물의 관계를 주로 연구해 왔는데, 각 문화권은 다양성과 차이에도 불구하고, 물의 필수성, 물에 대한 감각적 경험의 공통성, 물의 일관된 물질적 속성 등 유사한 테마들을 반복해 출현시킨다(Strang, 2018). 혹시 생명과 관련해서도 비슷한 관점에서 문제에 다가갈 수 있지 않을까?

이와 유사한 질문에서 출발하는 것이 생명의 인류학이다. 다음 절에서 설명할 다종민족지가 서로 다른 종들이 상호 접촉하는 지대에서 발생하는 구체적인 경험과 사건을 주로 관찰하고 기술하는 데 집중한다면, 이 표제 아래서 작업을 하는 인류학자들은 살아있음, 출생에서 죽음에 이르는 생명 작용들이 취하는 사회문화적 형식, 생명 자체의 특성 등 좀 더 추상적이고 보편적인 문제들에 관심을 둔다. 여기서는 분야의 대표적 학자들인 팀 잉골드, 에두아르도 콘(Eduardo Kohn), 페리그 피트루(Perig Pitrou)의 연구를 살펴본다.

1) 팀 잉골드와 생명의 현상학

스코틀랜드 애버딘 대학의 명예교수인 팀 잉골드는 영국 왕실 작위(CBE)를 수여했고, 영국 및 스코틀랜드 학술회의 회원(FBA, FRSE)이다. 그는 자신의 연구 관심이 생산, 역사, 거주(dwelling), 선(lines)을 키워드로 하는 네 개의 시기를 거쳤다고 정리한다(Ingold, 2011: 3-17). 마르크스주의적 생산과 역사 개념에 내재된 인간중심주의적 전제에 대한 비판이 첫 두 시기를 채색했다면, 이후의 두 시기는 하이데거 및 들뢰즈의 철학을 참조하며 전개되었다. 그의 글이 '체계적'으로 정리될 수 있는 선은 대체로 여기까지다. 개성이 뚜렷하고 감각적인 글들을 다양하게 많이 쓴 그의 연구와 사유를 간단하게 정리하는 것은 불가능하다. 여기서는 그의 "생명의 인류학 3부작"이라고 일컬어지는 『환경의 지각』(Ingold, 2022[2000]), 『살아있음』(Ingold, 2022[2011]), 『실재적 상상』(Ingold, 2022)에 수록된 글들을 통해 몇 장의 스냅샷을 제시하려 한다.

잉골드는 핀란드 라플란드의 사미(Sámi) 사람들 및 극지방의 사람들이 순록 등과 함께 이루는 경제 체제(수렵, 두 유형의 목축, 농장 사육)를 탐구하는 작업에서 지적 여정을 시작했다(Ingold, 1974; 1980). 이런 체제들의 차이는 순록의 유전적 차이나 생산기술 및 소유권의 제도적 양식이 아니라, 순록, 인간, 환경이 상호작용하는 방식에 따라 좌우된다. 예를 들어 목축은 공생적인 유형에서 포식적인 유형으로 변환될 수 있다. 공생적인 체제에서는 각 목자가 자신의 순록에 대해 명확한 소유권을 갖지만, 이 소유권은 인간과 순록 사이에 체결된 '사회계약'이 유지되는 한에서만 유효하다. 순록 수가 증가하면 목초지가 부족해지고, 목자는 순록의 요구를 더는 들어줄 수 없기 때문에, 종간 사회계약이 파기되고 순록들은 흩어진다. 이후 목축은 인간이 순록을 추적하는 포식적 형태로 변형된다.

첫 연구에서부터 드러나듯, 잉골드가 겨냥하는 문제 하나는 자연과 사회를 이분법적으로 대립시키는 관행이다. 그가 볼 때 자연은 새로운 생명을 탄생시키는 운동이고 문화는 그런 생명들을 길러내는 운동이어서 연속체를 이룬다. 여기서 인간의 '생물학적 삶'이 끝나고 '사회적 삶'이 시작되는 지점은 없다. 그래서 잉골드는 인간과 자연, 주체와 객체 사이에 단절을 도입하지 않고 환경과 지각과 행동이 어떻게 연속체를 이루는지를 탐구한다. 잉골드는 지각은 이야기와 실마리를 통해 세계를 발견해 가는 법을 배우는 과정이라고 보고, 지각을 통해 구축된 지식 및 행동의 관계를 "감능의 생태"(sentient ecology, Ingold, 2022[2000]: 10)라고 부른다.

감능의 생태는 뒤에 소개할 콘의 제안(콘, 2018: 37, 139), 즉 기호작용을 통해 구성되는 "자아들의 생태(ecology of selves)"와는 구분되어야 한다. 잉골드는 데스콜라의 뼈 있는 농담을 받아 자신의 '기호공포증(semiophobia)'을 설명한다(Ingold, 2022: 337-346). 잉골드가 볼 때 기표와 기의의 자의적 결합물로서 상징(symbol)에 대한 소쉬르적 기호학, 그리고 상징을 넘어선 기호(sign)의 화용에 주목하는 퍼스의 이론 사이의 차이는 그다지 중요하지 않다. 두 경우 모두 의미는 기호로 매개되며 기호는 무엇인가의 부재에 의해 성립된다. 잉골드의 핵심 주장은 이러한 표상주의적 의미론들이 전제하는 바와 달리, 기호로 매개되지 않은 의미를 포착할 수 있다는 것, 즉 세계를 직접 지각할 수 있다는 것이다. 그는 생명이란 기호작용의 총체라고 말하는 콘의 의견에 반대하여, 신진대사와 같은 생명 현상은 기호작용 없이 발생한다고 보고, 그 중요성을 강조한다.

잉골드는 의미작용(signification) 없이 의미가 생성되는 사례로 제임스 깁슨(James J. Gibson)의 행위유도성(affordance) 개념을 제시한다. 행위유도성이란 이를테면 다람쥐가 나무를 타고 올라갈 때, 다람쥐의 행동을 가능케 하거나 유도하는 나무의 성질이나 성향과 같은 것이다. 중요한 점은 나무의 행위유도성은 환경에 투사된 의미가 아니라 유기체가 직접 지각하는 환경 자체, 즉 나무에 내장되어 있다는 것이다. 그런 의미에서 행위유도성은 기호작용 없는 의미의 사례다. 또, 행위유도성이 모여 현상학적 환경이라 부를 수 있는 생태 적소(niche)가 구성되는데, 이는 유기체가 세계에 부여한 의미들, 곧 종특이적 감각으로 구성된 현실에 가까운 움벨트(Umwelt)와도 구분된다(Ibid.: 340).

　그가 볼 때 생명은 인류학이 다룰 수 있는 다양한 하위 분야나 주제 중 하나가 아니다. 생명은 인류학이라는 기획 자체를 통합하는 중추적 현상 내지는 존재 자체의 양식이다. 잉골드는 "인류학을 생명·삶으로 복원(to restore anthropology to life, Ingold, 2022[2011]: 3-4)"하는 작업이 좋은 인류학을 만드는 데 필요하다고 생각하며, 최근에는 자유주의적 존재론에 기초한 다중우주(multiverse)에 대립되는 것으로서, 일원적 세계성(one-worldness)을 기반으로 한 "단일세계의 인류학(one world anthropology)"의 필요성을 강조한다. 이와 같은 세계는 에스코바르(Arturo Escobar)가 말하는, 자본주의적으로 글로벌화된 단일세계의 대안 개념이자 실천인 플루리버스(pluriverse, 에스코바르, 2022)와 조응한다. 플루리버스는 '살아 있는 총체로서 지구'가 다양한 '함께(with)'의 관계들을 통해 끝없이 내적으로 분화되는 과정을 일컫는다(Ingold, 2022: 362).

　잉골드는 개별 영혼의 삶(the life of a soul)과 영혼-생명(soul-life)을 구분한다. 영혼이 개체화된 생명체를 뜻한다면, 영혼-생명은 총체적 생명(life as a whole) 내지는 생명 자체를 일컫는다(Ingold, 2022: 348-9). 개별 영혼은 들뢰즈적 내재성의 평면에서, 시몽동적 개체화(individuation)의 과정을 통해 생겨난다. 잉골드는 이러한 존재론적 관점을 애니미즘(animism)이라 부르며, 내면성과 신체성의 구분을 도입하는 데스콜라(Descola, 2013[2005], 2016)의 애니미즘 개념과 대비시킨다(Ingold, 2022: 354-5). 그는 데스콜라적인 구도에서는 관계에 선행하는 존재자들이 '그리고(and)'의 관계를 통해 부분들로 쪼개질 수 있는 집합체(collectivity)를 이룬다고 본다. 각 존재자들의 유사성은 동일성(identity)을 통해 파악되며, 차이는 다양성(diversity)으로 산출된다. 반면 잉골드가 보는 애니미즘의 세계에서는 연속성(continuity)이 유사성을 낳으며, '함께(with)' 분화되는 발생(ontogenesis)의 과정이 포착된다. 개별자들은 생명 자체인 내재성의 평면 내지는 '바닥(ground)'의 '접힘(folding)'을 통해 출현하는(Ibid.: 352-3) 일시적 존재들로, 개체성을 잃고 본래의 원류로 돌아가거나 다른 양태로 개체화될 가능성을 지닌다. 이때 애니미즘은 타일러(E. B. Tylor)의 고전적인 정의가 암시하듯 비활성으로 간주된 사물 속에 실은 존재하고 있던 '생명'을 발견하는 게 아니라, 그 사물들을 생명으로 되돌리는 것(Ingold, 2022[2011]: 68)을 뜻한다. 잉골드는 이 아이디어를 이누이트의 'inuk(영혼)'과 'inuit(영혼-생명)' 개념에서부터 발전시킨다. 애니미즘에서는 일관되게 나타나는 테마인데, 애니미즘의 세계관은 개별자를 넘어선 전체로서의 유형을 일컫는 유별적 범주(classificatory category)의 존재를 가정하는 경향이 있다(Kwon, 2018). 가령 가이아나의 마쿠시(Makushi) 사람들은 개개의 카사바의 원천이 되는 '엄마 카사바'의 개념을 지닌다. 이는 뭇 카사바를 탄생시키는 유적 영혼 내지는 '생명력(a'ka)'을 일컫는 말이다(Daly, 2021).

잉골드의 사유에서 제일 중요한 개념 중 하나는 선(lines)이다. 그가 말하는 선은 출발점과 도착점이 정해진 채 세계의 표면을 가로질러(across) 가는 운송(transport)의 선분, 그리고 이들의 끝점을 연결하는 연결망(network)과는 다르다. 잉골드의 선은 살아있는 한 계속되는 운동의 지속을 표현한다. 즉, 세계를 관통하고(through) 서로 교차하면서 뒤얽히는 그물망(meshwork) 만들기, 세계 속의 행로 만들기(wayfaring)인 것이다(Ingold, 2022[2011]: 182-186). 선의 개념은 인류학의 핵심 개념 중 하나인 '문화'를 다시 살펴보는 데도 활용된다(Ibid.: 190-200). 잉골드가 볼 때 문화는 수목적 계보를 따라 세대 간에 전수되며 지식의 위계에서 한 자리를 차지하는 유전적, 문화적 정보와 같은 준-사물이 아니다. 사람들은 무엇인가를 배울 때 세계를 헤쳐 나가면서 사물들을 이야기로 만든다. 어떤 존재에 대해 무언가를 안다는 것은 그 존재에 대해 이야기할 수 있다는 뜻이다. 그래서 이야기란 세계의 재현이 아니라 다른 사람들이 따라올 수 있는 경로를 세계 안에 만드는 과정이다. 즉 문화를 배운다는 것은 이미 만들어진 지식을 공처럼 넘겨받는 게 아니라, 이전 세대들이 그려 온 선들을 재발견하면서 앎의 경로, 곧 지식 속으로 자라나는 과정이다(Ibid.: 197, 198).

마지막으로, 잉골드는 민족지 자체를 최종 목적으로 삼는 인류학 연구에 대해 상당히 비판적이다. 아래에서 소개할 다종민족지도 비판의 대상이 된다. 그의 생각에 민족지(ethnography)는 말 그대로 특정한 시공간에 속한 민족 내지는 사람들(ethnos)에 대해 갖춰진 형식에 맞춰 책상에 앉아 쓴 글(graphy)로서, '민족지적 방법', '민족지적 면담'과 같은 말들이 전제하듯 현장에서 벌어지는 일이 아니다. 잉골드는 인류학의 민족지와의 동일시가 연구참여자들의 대상화, 즉 그에 '대한' 지식을 얻기 위한 대상으로의 구축을 유도한다고 본다. 현장에서 벌어지는 일들은 '참여관찰'이라고 지칭해야 한다. 참여관찰은 사람들에게 배우는 과정이다. 그는 배움을 통한 관계 맺기, 관계를 통해 변하기, 그리고 그에서 비롯되는 자기 상실의 과정을 연인 관계에 비유하고(잉골드, 2024: 21), 참여관찰은 사람들에 '대한' 지식을 쌓는 것이 아니라 자기 변형이 발생하는 과정이라는 점에서 "존재론적 헌신"이라고 표현한다(Ingold, 2014: 387-8).

2) 에두아르도 콘과 생명의 기호작용

캐나다 맥길 대학의 에두아르도 콘 역시 인간의 특수성 내지는 종적 특질보다는 생명체로서 인간의 삶에 주목하고, 그 중에서도 특히 다양한 성격의 기호들로 매개된 종간 소통에 관심을 둔다. 콘이 볼 때 이와 같은 삶의 측면들을 배제하고는 인간을 적절하게 이해할 수 없다. 생명 자체가 기호작용의 총체이기 때문이다. 그는 '비인간'을 포괄하는 인류학 프로그램을 만들고자 인류학을 넘어선 생명의 인류학(Kohn, 2007) 내지는 인간 너머의 인류학(콘, 2018[2013])을 제안한다. 콘은 이를 위해 찰스 퍼스(Charles Peirce)의 이론을 빌린다. 여기서 기호작용(semiosis)은 언어와 같은 상징뿐 아니라, 생명체 일반이 공유하는 도상(icon) 및 지표(index)와 같은 여러 유형의 기호들을 포괄하는 개념으로, 상징 기호를 주로 다루는 기호학(semiology)과의 비교 속에서 이해해 볼 수 있다. 즉, 세계는 상징 외의 방식으로 표상할 수 있고, 상징을 표상의 모델로 삼아서도 안 된다. 대신 서로 다른 성질의 기호들이 연쇄적으로 작용하는 열린 세계를 보고 그와 관계 맺어야 한다.

> 인간 너머의 인류학은 상징의 영역에 거주하는 우리의 습관이 우리 자신을 예외적 존재로 자리매김해 준다고 믿게 만드는 구속에서 해방시킨다. 목표는 상징이라는 습관이 발휘하는 고유한 효과를 최소화하는 것이 아니라, 우리를 넘어 무수히 증식하는 다른 기호적 습관들을 향해 상징의 영역 전체가 열리는 방식을 보여 주는 것이다. 요컨대 우리가 열린 전체로 존재하는 방법에 대한 감각을 되찾는 것이 목표다. (국역본 121쪽, 필자의 번역.)

콘의 인류학은 그의 연구 지역인 아마존 유역의 우주론을 반영하기에, 비베이루스 지 카스트루가 처음 제안했던(비베이루스 지 카스트루, 2018[2009]) 아마존의 존재론, 즉 관점주의(perspectivism) 및 다자연주의(multinaturalism)의 요소들을 얼마간 이어 받는다. 관점주의와 다자연주의는 생명체들은 세상을 본질적으로 같은 관점에서 파악하지만 그 관점이 본성상 다른 신체 속에 위치하고 있기 때문에 무엇을 무엇으로 볼 것인지와 관련된 지각이 서로 다르다는 의미에서 긴밀하게 연결되어 있다. 콘의 견해는 '신체'에 주목하는 다자연주의의 반표상주의적 접근에 반하여, 상징을 표상의 한 유형으로 '지방화하여(provincializing)' 표상의 주체와 형식을 다양화해야 한다는 주장을 통해 구분된다. 그래서 "숲은 생각한다." 콘은 이 말이 "숲이 생각한다고 생각한다"를 뜻하는 것이 아니라, 말 그대로 숲이 생각하기 때문이라고 주장한다(콘,

2018: 46, 166). 숲 생활을 하려면 "숲처럼 생각"해야 할 필요가 있다. 이런 생각을 떠올릴 가능성(conceivablity) 자체, 사고의 가능성 자체가 이미 인간을 넘어서서 구성되어 있다. 그래서 "생명과 사고는 각기 다른 별개의 사태가 아니다. 사고가 다른 사고와의 연합에 의해 성장하는 양상은 자아들이 상호 관계하는 양상과 범주적으로 다르지 않다. 자아는 기호다. 생명은 사고다. 기호작용은 살아있다."(Ibid.: 175)

퍼스의 기호학은 기호를 활용하는 해석자에게 주목했다는 점에서 특색이 있다. 콘은 이와 같은 기호 사용의 주체, 보다 정확히는 기호작용이 벌어지는 처소를 '자아(self)'라고 부른다(Ibid.: 133). 세계는 "자아들의 생태"를 이룬다. 즉, 콘에게 실재는 상호주관적(intersubjective)이다. 바로 이 때문에 다른 존재자들의 시각을 아는 것이 인간을 이해하는 데 중요하다. 인간은 앎의 주체일 뿐만 아니라 객체인 것이다. 생활 반경을 공유하는 종들, 그 중에서도 포식자-피식자와 같이 실질적이고 중요한 관계 속에 있는 종들은 서로에 대해 매우 잘 알고 있어야만 한다. 사람도 예외는 아니다. "우리의 세계는 우리가 연결되는 다른 유형의 존재자들이 이루는 [종을 횡단하는(transspecific)] 해석적 세계, 곧 다중적 자연(움벨트들) 속에서 우리 자신이 포착되는 방식에 의해서도 정의된다."(Kohn, 2007: 17) 여기서 "아는 자(knower)"로서 인간이 차지하던 독점적인 지위는 와해된다. 다만 이때 앎에 접근하기 위해 타자의 관점을 취하는 행위는 그가 '혼맹(soul-blindness)'이라 부르는 우주론적 자폐증(cosmological autism)과 타자가 되어버리기(becoming other)라는 위험한 양 극단 사이의 스펙트럼 속에 놓여 있다(Kohn, 2007:9).

3) 페리그 피트루와 생명의 기술

살아있는 것은 어떻게 살아있게 되는가? 사람들은 어떤 것을 살아있다고 분류하는가? 생명은 어떻게 사회 현상이 되는가? 프랑스 국립과학연구센터(CNRS) 및 다양한 학술 기관에서 활동하는 페리그 피트루는 이런 질문들에서 탐구를 시작한다. 그가 개입하는 현장은 생명과 관련된 전통 의례, 애니미즘, 생명공학, 생체모방, 바이오뱅킹, 바이오아트, 미디어 속 외계생명 등으로 전방위적이다. 그가 제안한 생명의 인류학은 연구의 일반 화용론(pragmatique générale, Pitrou, 2014b: 87)을 구축하면서 출발했다. 가령, 한 문화에서 사람들이 생명체(le vivant)와 생명 자체(la vie)를 어떻게 구분하며 이해하는지 파악하고, 생명 과정을 이루는 여러 현상들―성장, 번식, 퇴화, 치유, 적응, 환경과의 상호작용, 성차, 운동 등―을 의례와 어떻게 결부시키는지 분석한다. 포괄적인 생명의 개념 또는 정의보다는 일반화된 문법을 추적하거나, 그와 결부된 연구 방법을 추적하고자 하는 것이다.

이런 면에서 그의 연구는 앞에서 소개했던 잉골드나 콘에 비해서 민족지적 성격이 강하다. 피트루가 보는 생명은 잉골드와 같이 삶의 활동, 생명의 사실들을 통해서 파악되는 게 아니라, 연구 참여자 집단의 '생명'에 대한 이해방식에 따라 파악된다. 이를테면 유적 생명(력)의 개념을 구체적인 개별 생명체들과 구분하는 것, 잉골드 식으로 말하자면 영혼과 영혼-생명을 구분하는 이유는 상당수의 문화들이 이미 그런 구분을 채택하고 있기 때문이다.

피트루의 연구가 출발한 지점은 의례이다. 각 문화의 의례는 사람들이 다양한 생명 과정을 직접 겪고 목도하며 구성한 생명의 이론(théories de la vie)을 표상한다(Pitrou, 2021). 여기서 의례 속에 생명의 개념이 어떤 모습으로 잠재되어 있는지 분석하는 것이 목표다. 예를 들어 희생제의는 살아있는 제물을 죽이는 방식을 통해 생명의 원리(principes animiques)가 물질적으로 형상화(figuration)되는 방식에 대한 관념을 드러낸다(ibid.). 닭을 희생시켜 목을 자른 후 피를 뽑아내서 바르는 절차는 피와 생명의 긴밀한 관념적 관계를 보여 주는 것이다.

다양한 방법으로 이런 문제에 접근할 수 있겠지만, 피트루 자신은 라투르의 『사회적인 것을 재조립하기』를 경유하여 기술의 인류학이라는 길을 택하겠다고 말한다. 이 글에서 소개하는 모든 연구가 자연과 사회(또는 문화)의 단절이 자의적이라는 문제의식을 공유하지만, 그가 이 문제를 넘어서는 방법은 생명과 기술의 공동 작용(co-activité), 그리고 둘 사이를 넘나드는 환유적(métonymique) 관계를 관찰하는 것이다. 의례 기술들을 예로 삼아 살펴보자. 의례에 쓰이는 사물을 만들 때 넣는 생체물질(biomatériau)은 의례와 현실 사이의 물질적인 연속성을 직접 확보하고, 사물이 자기 자신 이외의 무엇인가를 환기하는 잠재력을 구축한다(Pitrou, 2021; Angé and Pitrou, 2016). 예컨대 피트루가 장기 현지 조사를 진행해 온 멕시코 와하카(Oaxaca)의 미세(Mixe)에서는 마야어로 이쿠히키앗피(Yïkjujyky'äjtpï)라고 일컬어지는 존재, 즉 "생명을 만드는 자"와의 공동 작용을 통해 삶이 비로소 가능하다고 믿는 '듯한' 각종 의례를 행한다(Pitrou, 2014a; 2017). 출산 의례에서는 옥수수 반죽으로 만든 작은 아이 모형에 닭 피를 바른 뒤 의례용 한증막에 불을 땔 때 쓰는 작은 나뭇단을 만들어서 생식력을 상징하는 바위, 즉 의례 장소에 함께 비치함으로써, 비인간 주체 및 그와 공조를 이루는 인간 행위 모두의 축소판, 즉 인간을 ('단단하게 굳혀') 만드는 행위의 모형을 제공한다(Pitrou, 2017). 또한 농경 의례의 경우 세 층위의 서로 다른 활동 사이에 공조가 이루어져야 비가 고르게 내리고 작물이 성장할 것으로 여긴다. 그 활동들은 첫째로 사람들이 농경지에 행하는 파종, 둘째로 옥수수 가루 반죽이나 씨앗과 같은 다른 물건들을 샤먼이 정해주는 수와 양에 맞춰 신에게 바치는 의례 절차, 셋째로 신이 의례에서와 같이 비를 내려 주는 행위다(Pitrou, 2014a). 그래서 의례는 서로 다른 우주적 차원에 존재하는 행위자들을 시공간적으로 연결하는 활동이기도 하다.

여기서 생명 현상은 기술 활동의 원인이 되기보다는 기술 활동을 통해 비로소 가능해진다. 관건은 생명체에 대한 관찰과 인공물을 구축하는 행위 사이에 수립된 상동성(homologie)을 찾아내는 것이다. 이를 좀 더 응용해 보자. 인공물의 구성과 제작 방식을 역설계하면 그에 반영된 생명의 관념은 어떤 모습으로 드러나게 되는가?(Ibid.: 183) 피에르 르모니에(Pierre Lemonnier)가 기술한, 파푸아뉴기니의 앙카베(Ankave) 사람들의 장어 덫은 흥미로운 사례다. 장어를 잡는다는 실용적 목적에 견주어 보면 앙카베 사람들이 덫을 제작하고 고정하는 방식은 그다지 합리적이지 않다. 르모니에는 그 까닭은, 덫이 장어라는 생물체보다는 장어가 표상하는 남성성 자체를 가두고, 그와 결부된 사회관계를 상징적으로 (재)생산하는 것과 관련되기 때문이라고 설명한다(Lemonnier, 2012: 58).

이처럼 상이한 성격의 활동들을 구성하고 연결하는 방식은 지역마다 다를 수 있다. 가령 페르난도 산토스-그라네로의 설명에 따르면 아마존 유역의 야네샤(Yanesha) 사람들은 외재하는 물질(substance)이나 주체를 대상화해서 다른 존재에 편입하는 신체화(embodiment)의 과정, 외재하는 인공물과 신체 구성 물질을 주체화해서 편입하는 영혼화(en-soulment)의 과정을 모두 채택한다(Santos-Granero, 2009). 피트루는 아마존 유역의 양식 외에도 무척 다양한 문화적 양식들이 전 세계에 걸쳐 존재할 것이라고 지적한다. 이 모두는 생명과 기술을 어떻게 서로 조율할 것인가가 관건이 되는 사회 현상들이다.

피트루는 잉골드의 현상학이나 콘의 기호학은 기술의 인류학을 통해 보강될 수 있다고 제안하며, 생명의 인류학은 다원적인 접근법을 취해야 한다고 주장한다. 기술에 대한 인류학적 연구들은 생명의 인류학과 통합될 필요가 있다. 그 이유는 유기체들이 부분들로 조립되어 역학적으로 작동하는 기계와 같다는 의미에서 유기체와 기계가 통합되기 때문이 아니라, 인공물들이 생명 과정에서 구성적 역할을 담당하기 때문이다. 이와 같은 관점은 '생명'이 하나의 단일한 현상이 아니라는 점 역시 시사한다. 그래서 그의 연구 질문을 정돈하면 다음과 같다. (1) 생명 과정에 참여하는 비인간 행위자들은 누구인가? (2) 이들은 정확히 어떤 행위를 하는가? (3) 어떤 결과들이 가시적으로 산출되는가?(Pitrou, 2014b: 185) 그는 여기에 대한 대답은 거의 무한정으로 다양할 것이라고 말한다.

피트루는 잉골드의 접근법에 대해 비판적이다(Pitrou, 2014b: 162-8). 그에 따르면 잉골드는 기술과 생명의 연속체에 관심을 집중하면서, 이른바 '사회적인 영역'에 속하는 이질적인 공동 활동들을 분석하지 않거나 그 의미를 평가절하하는 측면이 있다. 잉골드는 선에 분절점을 도입하는 행위력(agency) 개념에 대해서도 거부감을 드러낸다. 그러나 하나의 생산물을 만드는 과정을 분해해서 살펴보면 굉장히 다양한 활동들이 상호 공조 체제를 이루고 있다. 각각의 결절점에서는 어떤 기술을 사용할지 선택해야 한다. 예를 들어 바구니를 짤 때 어떤 소재를 사용할 것이며, 그 소재는 어떻게 길러 어떻게 가공할 것인가? 이런 것은 모두 행위력의 개념에 결부되며, 현상을 설명하는 과정에서 소거될 수 없다.

3. 다종민족지

다종민족지는 외연적으로는 인간 외의 종을 일종의 연구참여자로 포함해 작성한 민족지를 뜻한다(자세한 논의는 황희선, 2021 참고). 단어 자체는 2010년 『문화인류학(*Cultural Anthropology*)』에 게재된 「다종민족지의 출현」에서 처음 제시되었다(Kirksey and Helmreich, 2010). 특집호의 권두논문인 이 글은, 인류세라는 말로 대변되는 상황에서 소박한 '생물문화적 희망'을 찾아보려는 시도가 개념 제안의 배경에 있다고 적는다(Kirksey and Helmreich, 2010: 545). 이 논문에 따르면 인간이 '되거나' 인간'으로' 살아간다는 것은 다른 종 또는 존재자와 함께 할 때 가능하다. 그래서 다종민족지는 "다양한 생명체들의 삶이 정치, 경제, 문화적 힘을 구성하고 또 반대로 그 힘에 의해 구성되는 방식"을 분석하고 기술하는 작업"(Ibid.: 545)이 된다.

오그든, 홀, 타니타의 2013년 논문은 다종민족지를 "행위력을 지닌 존재들이 시시각각 변화하며 이루는 배치 속에서 삶·생명이 출현하는 양상을 연구하고 기술하는 민족지적 연구"로 정의하는데, 여기서 '존재'란 사물의 생명력을 활성화하는 주술적 존재 역시 포괄한다(Ogden, Hall, and Tanita, 2013). 다른 한편으로『인류학 비평(*Critique of Anthropology*)』에서 다종민족지와 관련된 또 하나의 특집호(2014년)의 권두논문은 다종민족지가 1980년대의 성찰적 민족지 흐름과 더불어 비중이 감소한 비인간에 대한 관심을 다시 복원시키며, 인간중심주의적인 전제 없는 유물론적 분석을 가능케 한다고 본다(Smart, 2014: 3). 또, 인류학이 부지불식간에 전제하게 되는 인간중심주의는 바로 그 '인간'이 인간 보편을 표상할 수 없기 때문에 자민족중심주의에 빠지게 될 위험 역시 낳는다고 비판하면서 다종민족지의 의의를 찾는 학자들도 있다(van Dooren, Kirksey, and Münster, 2016: 8).

즉, 다종민족지는 인간 외 존재와 인간이 공동으로 이루는 삶을 탐사함으로써 암묵적으로 가정되어 온 '인간'의 관념을 넘어서고, 다른 존재들의 삶 자체에 대해서도 인류학적으로 이해하려고 하는 시도이다. 이 절에서는 널리 읽히는 다종민족지 저작 세 편을 통해 인간을 넘어서는 삶이 역사적으로 구체화되는 현장을 살펴보려 한다.

1) 애나 칭과 인간 너머의 역사

미국의 인류학자 애나 칭은『세계 끝의 버섯』과 그 무렵 발표한 일련의 논문들, 그리고 인류세에 대한 최근의 책들을 통해 다종 연구를 대표하는 연구자가 되었다. 칭이 강조하는 개념은 타자 및 환경에 대한 주의 깊은 조율(attentive attunement), 비언어적 소통의 방식이 되는 정동

(affect) 등이다. 앞에서 소개한 생명의 인류학과 비교해 보면 생명 현상을 일반적이거나 보편적인 원리 내지는 원칙의 예화(instantiation)로 보기보다는 서로 다른 존재들이 부분적인 연결로 이뤄진 조각(patch)들의 배치 내지는 서로 다른 체제들의 접합으로 본다는 차이점이 있다. 나는 여기에 보태 시적(poetic)이라고 할 수 있을 언어적, 개념적 형상화(figuration)에도 주목하고 싶다. 예컨대 송이버섯을 따며 살아가는 사람들과 버섯은 불안한 디아스포라적 자유의 가장자리에서 만나고, 아래 소개할 부레옥잠과 식민주의 인프라스트럭처는 모더니즘적인 동질성의 공간에서 서로 조응하며 실존의 운율을 맞춘다. 이렇게 서로 다른 존재들이 우연적 조우 속에 서로 운을 맞추는 양상을 민감하고 주의 깊게 관찰하는 실천은 하나의 다종 연구 방법이다.

칭은 송이버섯 다음의 주제로 부레옥잠(*Eichhornia crassipes*)을 택했다 (Tsing, 2024: 129-191). 자본주의의 가장자리에서 생존해 나가는 송이버섯과 달리, 자본주의가 창출해낸 자연과 시설 한가운데에서 번성하는 생명체들이 있다. 대규모 단작 단지에서 쉽게 퍼져 나가는 병해충이 그런 사례다. 칭은 동료들과 함께 쓴 『인류세 조각들의 현장 가이드』 (Tsing et al., 2024)에서 이런 생명체들을 두고 다음과 같이 말한다. "비인간 생명체들은 자본주의 인프라스트럭처와의 관계 속에서 새로운 '민첩성(agilities)'(곧, 역사적으로 발달한 능력들)을 지니게 된다. 그 과정에서 그들은 인류세의 역사적 옹호자가 된다."(Tsing, 2024: 129) 부레옥잠이 딱 그렇다. 완전히 야생도 아니고 그렇다고 길들여지지도 않았고, 인간의 세계에 한 다리를 걸치고 있으면서도 인간의 통제를 벗어나 있다. 칭은 이를 '반 야생(feral)' 상태라고 일컫고, 반 야생의 생물학(feral biology)을 구축해 나간다.

부레옥잠의 원산지는 아마존 일대다. 한국에서도 가끔 볼 수 있다. 보라색 꽃이 피고 둥글게 부푼 마디를 지닌 그 수생 식물이다. 부레옥잠은 19세기에 유럽으로 도입되었는데, 소개된 후에는 선풍적인 인기를 끌면서 제국주의적인 식물 수집 열풍에서 한 자리를 차지했다. 사료들은 1883년에는 유럽의 주요 식물원에서 모두 부레옥잠을 보유하고 있었다는 사실을 알려 준다.

그런데 부레옥잠의 생물학적 특징 중 하나는 이상적인 번식 환경에 놓이면 유성생식보다는 자가복제로 무성생식을 하면서 빠르게 증가한다는 것이다. 부레옥잠의 번식력은 충격적인 수준이다. 예를 들어 루이지애나에서는 단 한 포기가 봄 한 철 동안 65,000포기로 불어났고, 미시시피에서는 부레옥잠이 수면에서 차지하는 면적이 매일 6-10% 증가할 정도였다. 번식한 부레옥잠은 수면에 두터운 판을 이루는데, 사람이 그 위를 걸어갈 수 있을 정도로 얽힘새가 단단해지곤 한다. 심지어 번식과 관련된 유전적 변화도 발생했다. 원산지의 부레옥잠은 꽃에 자가수분을 방지하는 구조가 있지만, 다른 곳으로 옮겨진 디아스포라들에서는 자가수분이 가능한 구조가 출현했던 것이다. 따라서 인간의 인프라스트럭처를 점령한 부레옥잠들은 자신이 서식하는 공간의 균질성에 조응하는 유전적 균질성을 지니게 된다.

이 정도의 번식력은 당연히 문제를 일으킨다. 부레옥잠은 도입된 지 얼마 되지 않은 1893년 무렵에 이미 플로리다에 있는 세인트 존 강(St. John's River)의 물 흐름을 막아버렸다. 부레옥잠은 특히 기술공학적으로 변경된, 모더니즘적 설계의 수로들을 따라 재빨리 확산되었다. 인프라스트럭처의 기능을 유지하려면 대규모의 인력과 예산을 투입하여 이 식물체들을 제거해야 한다. 그런데 이렇게 퍼낸 부레옥잠은 쓰임새가 별로 없다. 사람이 먹을 수도 없고, 동물들에게 줘도 먹지 않는다. 각처에서 온갖 시도를 거쳐 그나마 효용성이 있는 활용법이 하나 고안되었다. 말린 섬유로 만들어 바구니와 같은 물품들을 제작하는 것이다. 국내에서도 이런 바구니를 상점에서 가끔 볼 수 있다.

부레옥잠은 그 자신이 인프라스트럭처를 만들어내기도 한다. 가령, 물의 흐름을 조절할 수 있는 뿌리 구조를 만들어내는 것이다. 이렇게 반 야생의 존재들이 만든 비인간 인프라스트럭처는 반 야생성이 인간의 역사에 침투하는 과정을 보여 준다(Tsing, 2024: 155). 이런 면면들을 볼 때 부레옥잠은 "생태 공학자(ecological engineer)"라고 말할 수도 있다(Ibid.: 160).

이와 같은 이야기를 모아 들려주면서 칭은 이런 질문을 던진다. 비인간은 역사의 행위자가 될 수 있는가? 만약 그렇다고 한다면 그 역사는 어떻게 연구될 수 있는가? 식물을 역사적 행위자로 간주하게 되면 역사란 어떤 것이 되는가? 칭은 에릭 울프(Eric Wolf)를 주로 참고해서 이와 같은 질문들에 답한다. 그가 울프의 논의에서 특히 조명하고자 하는 요소는 두 가지이다. (1) 상이한 체제들의 접합(articulation), (2) 아카이브로서 경관. "'경관'은 함께 장소를 만들어 내는 인간과 비인간의 활동이 층적된 것"(Ibid.: 152)으로서, 다중적인 인프라스트럭처의 접합이 빚어 낸 결과물이다. 경관은 울프를 유명하게 만든 역사 없는 "사람들"의 영역을 넘어 시야를 비인간까지 확장할 때 중요한 역사 자료가 된다. 칭은 접합에 의해 형성된 경관을 '관통의 경관(throughscape)'이라고 부르자고 제안한다. 그의 설명에 따르면 관통의 경관은 "접합을 통해 이뤄진 패턴이자, 어떻게 인간을 넘어선 역사가 만들어지는지 설명하는 이론이다."(Ibid.: 154) 가령 파나마 운하는 세 종류의 인프라스트럭처로 구성되어 있다. 운하, 운하 옆의 도로, 그리고 부레옥잠 자신이 창조한 인프라스트럭처. 각각의 인프라스트럭처는 세계 제작을 위한 각각의 존재론적 틀을 들여다볼 수 있게 해주며 서로를 관통한다(Ibid.: 161). 칭은 경관을 존재론적 협응(ontological coordination)에 대한 기록으로 바라봄으로써, 인류학이 상대주의를 넘어선 역사 연구를 할 수 있다고 주장한다(Ibid.: 164).

2) 소피 차오와 인간 너머의 되기

시드니 대학의 소피 차오(Sophie Chao)가 쓴 민족지 『야자수 그늘 아래』(Chao, 2022)는 인도네시아 서파푸아 지역 메라우케 리전시의 원주민인 마린드(Marind) 사람들이 지역에 2010년 무렵 도입된 플랜테이션 작물인 기름야자(*Elaeis guineensis*) 및 토착 주식 작물인 사고야자(*Metroxylon sagu*, 마린드어로 dakh)와 맺는 대조적 관계를 분석한다. 인류학계에서 상당한 호평을 받은 이 책은 폭력은 반드시 인간이 비인간을 대상으로 행사하는 것이 아니며 근원부터 다종적 행위일 수 있다는 점을 강조하여 눈길을 끌었다. 기름야자는 이 지역에서 자본 및 국가와 같은 편에 있는 동맹군과도 같아서, 지역 주민과 토착 동식물의 난민화 문제와 관련해 무고한 위치에 있다고 볼 수 없다. 기름야자 또한 강제 이주를 당한 피해자로 보는 주민들도 있지만 말이다.

차오가 주목하는 것은 책의 부제인 '인간을 넘어선 되기'(more-than-human becoming)이다. 마린드인들은 사고야자를 통해 인간이 된다. 사고야자를 수작업으로 가공해 만든 전분은 마린드인의 주식이다. 임산부는 사고야자 줄기에 배를 문질러서 마린드 우주론에서 생명의 기체인 습기를 취하고, 출산도 사고야자 곁에서 하며, 인간 아이들은 사고야자 새순과 함께 길러지고 이름을 나눠 가진다. 저자의 말에 따르면 마린드 사회에서 아이들을 사람으로 만드는 것은 일종의 '다종적 교육학'이다. 마린드인이 존재하려면 사고야자가 있어야 하고, 마린드인을 알려면 사고야자를 알아야 한다. 따라서 사고야자 및 그와 공생하는 동식물들을 제거하며 진행되는 플랜테이션 경작지의 확장은 이들의 인간으로서 존재를 위협한다. 마린드 사람들은 다종적인 관계 속에서 인간이 되고, 자신들을 탈인간화하는 비인간 존재인 기름야자와의 관계 속에서 분투하고 있다(Ibid.: 9). 마린드인들에게 가장 근원적인 소통의 매체는 피부이다. 이상적인 인간(anim)은 피부를 통해 습기를 받아들여서 촉촉하다. 반면 기름야자는 소통할 수 있는 피부가 없다. 마린드 사람들은 "기름야자의 피부를 모른다." 접촉할 수 없는 기름야자는 주민들에게 불가해한 존재로 남는다. 기름야자를 길렀던 곳은 수분을 빼앗겨 메마르고 거칠어진다. 기름야자는 받은 것을 돌려주는 법이 없고 "혼자 있는 것을 선호"한다(Ibid.: 147).

다종적 되기는 경험 세계 자체의 생성과도 결부되어 있다. 사고야자 숲과 기름야자 플랜테이션은 각각 독특한 시공간을 창출한다. 마린드인들의 공간-내-존재 방식을 잘 보여주는 것 중 하나는 지도 제작이다. 마을 사람들은 원주민 토지 권원 소송에 자료로 제출하기 위해 일대의 지도를 제작하지만, 현대 지도제작자들처럼 축적과 표지를 따라 공간 요소들을 고정하고 위치를 안정적으로 판별할 수 있는 시각적 지도를 만드는 것이 아니라, 통과하는 지점에서 들려오는 소리를 기록하면서 그 소리의 주인공에 얽힌 생태적, 신화적 이야기들을 연결하는, 유동적이고 청각적인 지도를 만든다. 숲의 소음은 플랜테이션 지대에 근접할수록 교회 종소리나 불도저 소리 같은 근대 문화의 소음으로 대체되거나 겹쳐진다. 시간 차원에서도 근본적인 변화가 생겨난다. 나무들이 어디나 균질하게 자라고 있는 기름야자 숲은 시간이 멈춘 공간이다. "기름야자의 세계에서는 시간 감각이 다 사라진다. 어떤 방향으로 얼마나 많이 걸어가든 모든 게 똑같아 보이기 때문이다. 기름야자 속에서 길을 잃는다. 시간 속에서 길을 잃는다."(Ibid.: 173) 차오는 이와 같은 변화가 '시간살해(aenocide)'에 다름없다고 말한다. 역사의 원천이 되는 의미의 차원이 붕괴되는 것이다(Ibid.: 177).

책에는 동물 역시 등장한다. 화식조 루벤(Ruben)이다. 화식조(*Casuarius casuarius*)는 오스트레일리아 북부와 파푸아섬 일대에 서식하는 대형 조류로, 타조에 이어 세계에서 두 번째로 큰 새다. 이 새를 사육하던 주인이 새의 발에 차여 목숨을 잃었다는 뉴스가 언론에 가끔 보도되기 때문에 대중적으로는 '킬러 새'의 이미지가 있다. 숲의 거주민이었던 화식조들은 플랜테이션의 확대와 더불어 서식지를 잃고 사람들처럼 유랑하게 되었다. 루벤도 그 중 하나다. 차오가 현지조사를 하고 있던 당시 마을 사람들은 루벤이 아직 알일 때 숲에서 발견했다. 벌목된 지역의 망가진 둥지에 다른 두 알과 함께 있었던 것이다. 사람들은 세 알 모두를 마을로 데려와 돌봤으나 루벤만이 부화했다.

인간 거주지에 사는 야생 조류로서 루벤은 특이한 점이 여럿 있었다. 마을 사람들의 설명으로는, 새의 노래를 부르기보다 숲이 그리워 사람처럼 흐느껴 우는 것도 그 중 하나였다. 여느 화식조와 식성도 달랐다. 마을 사람들은 처음에는 루벤을 주려고 화식조들이 숲에서 먹는 먹이를 구해다 주었으나, 정작 루벤이 제일 좋아하는 음식은 인도미 라면이었다. 책 속 사람들은 루벤이 자기 먹으라고 땅에 떨궈 놓은 라면에 발이 걸려 넘어지면서도 허겁지겁 먹어 치우는 모습을 보고 깔깔 웃기도 한다. 마을 사람들은 루벤에게 쌀 역시 먹이로 준다. 쌀은 국가 시책으로 조성된 플랜테이션 경제에서 일하러 온 이주자(pendatang)들의 음식으로서 인도네시아 주류 문화를 상징한다. 라면 또한 플랜테이션 경제와 결부된 음식이다. 식민화의 상징이자 그 현실 자체라고 할 수 있다. 사람들의 말에 따르면 가공식품은 먹어도 허기가 가시지 않고 오히려 더욱더 먹고 싶은 충동을 만들어 낸다. 그 결과, 가공식품을 먹는 사람들은 이 시스템에 종속되고 계속해서 "돈을 먹게" 된다(Ibid.: 149). 차오르는 이와 같은 양상을 식식민주의(gastrocolonialism)라고 부른다. 이 속에서 루벤은, 마을 사람들의 표현을 빌리면, '플라스틱 새'가 된다. 돈을 주고 사는, 플라스틱에 담긴 마른 음식을 먹으면서 그 자신도 '플라스틱'이 되어 버리는 것이다.

마을 사람들과 루벤의 관계는 제한된 돌봄(restricted care)을 특징으로 한다. 일반적으로 마린드 사람들은 애완동물을 기르지 않는다. 동물이 사람에게 의존하게 되면 개체로서 독립성을 상실하면서 더 이상 자유를 원하지 않는 노예상태에 빠지게 될 것이기 때문이다. 루벤은 사람들에게 양가적인 감정을 불러일으킨다. 개발로 인해 숲에서 쫓겨 났기에 동일시할 요소가 있지만, 루벤은 이주자처럼 행동하는 것이다. 루벤이 말을 한다면 아마도 주류 언어인 자바어를 할 것이다. 마을 사람들은 루벤이 혹시 숲으로 돌아가지 않을까 하는 기대 속에 마을 외곽으로 데려가 보지만, 루벤은 번번이 안락한 마을 속 자기 집으로 돌아올 뿐이었다. 루벤은 마을 사람들을 국가처럼 행동하게 만든다. 돌봄 권력을 행사함으로써 상대를 종속시키는 국가의 위치에 놓는 것이다. 사람들은 이와 같은 위치에 놓이지 않기 위해 루벤을 제한된 방식으로만 돌보려 한다.

이러한 루벤은 포스트애니멀이다. "메라우케에서 플라스틱 생명체는 역사적으로 뿌리내린 식민주의적 생태 및 새로 생겨난 농산업 어셈블리지의 부산물로서, 인간 너머 숲의 생활세계에서 자신들을 동물로 만들어 주는 관계와 단절된다." 루벤 같은 "종을 변별해 인간과의 관계를 만드는 범주적 질서를 심각하게 위반하기 때문"에 중요하다(Ibid.: 113). 길들여진 동물은 이 지역에서는 매우 새로운 존재이다. 이와 같은 동물들은 온전한 동물도, 온전한 사람도 아니기 때문에 모호하다(abu-abu). 차오에 의하면, 루벤 같은 트릭스터들이 처한 조건을 해결할 문화적 메커니즘은 메라우케 사회에 존재치 않는다. 루벤은 결국 마을을 떠나 숲속으로 사라졌다. 사람들은 모이기만 하면 루벤이 어떻게 되었을지 각종 추측을 내놓으며 수다를 떨곤 했다.

3) 마리솔 데 라 카데나와 코스모폴리틱스

마리솔 데 라 카데나(Marisol de la Cadena)는 페루 출신의 미국 인류학자다. 그는 2000년대 중반부터 쿠스코 인근의 안데스 고원 일대, 그 중에서도 파찬타(Pacchanta) 마을을 중심으로 장기 연구를 진행해 왔다. 그의 저작은 존재론적 전회의 흐름 속에서 주로 언급되며, 생물학적 종에 한정되지 않는 비인간의 존재론적 지위를 토착 우주론에 견줘 이해한다. 그의 연구의 동반자는 농민운동에서 활약한 샤먼 부자인 마리아노 투르포(Mariano Turpo)와 그의 아들 나자리오(Nazario)이다. 데 라 카데나는 이들의 입을 빌려 산과 같은 자연물이 행위력을 지닌 "의지의 소유자(munayniuq)"가 된다는 것의 의미를 논한다. 민족지인 『땅의 존재들: 안데스 지역 실천의 생태』(de la Cadena, 2015; 2010년 논문도 참조)를 통해 그의 이야기를 들어 보기로 하자.

가장 먼저 짚고 넘어가야 할 점은 그가 케추아어(Quechua)가 모어인 현지민들과 참여관찰 및 인터뷰를 진행하거나 영어로 옮겨 책을 쓸 때 발생하는 번역의 문제를 매우 진지하게 다룬다는 사실이다. 권력의 문제가 불거지기 때문만은 아니다. 말을 이루는 단어들은 서로가 서로를 참조하며 어떤 우주론, 존재론, 또는 특정한 세계화(worlding)의 방식을 소환한다.

이를테면 안데스의 토착 문화에는 서구에서와 같은 인간과 자연의 분할이 없으므로 파차마마(Pachamama)는 '자연'이 아니다. 그리고 이들의 세계관은 다문화주의가 이해하는 바와 같은 문화적 '믿음'도, 로컬 '종교'도, 교육으로 타파해야 할 '미신'도 아니다. 저자는 산(apu)인 아우산가테(Ausangate)를 비롯한 티라쿠나(tirakuna), 곧 '땅의 존재들(earth beings)'은 사람들인 루나쿠나(runakuna) 및 동식물들과 더불어, 공동체(ayllu)에서의 내부작용(intra-action)에 의해 출현한다고 말한다. 티라쿠나는 스페인어로는 영(espíritu)으로 번역되지만, 주인공인 나자리오의 말을 빌리면, 눈앞의 아우산가테는 "보다시피" 영이 아니다. 티라쿠나는 '환경'도 아니다. 사람들은 가끔 이 말을 티라쿠나라는 말을 대신해 사용하기는 한다. 그러나 주류 정치 프레임 내에서 목적 달성을 위해 쓰는 표현일 뿐이다. 언어는 누가 어떤 세계에 있는지를 인식하는 것과 관련되기 때문에 중요하다.

그래서 책은 어떤 표현을 쓸 때면, "그뿐만이 아니라(not only)"늘 그를 초과(excess)하는 의미가 있다는 사실을 자주 언급한다. 해러웨이의 표현을 빌리면, 어떤 생각이 생각을 하느냐, 어떤 이야기가 이야기를 하느냐가 중요한 것이다. 저자는 이렇듯 어떤 일이 벌어질 때 정확히 무슨 일이 벌어지고 있는지가 불분명한 상황을 비베이루스 지 카스트루의 용법을 따라[2] '착종(equivocation)'이라고 표현한다. 착종은 코스모폴리틱스(cosmopolitics)의 존재를 시사한다. 여기서 코스모폴리틱스는 단일한 하나의 세계를 두고 '하나보다는 많고 여럿보다는 적다'는 의미에서 다중적(multiple)인 존재론들이 세계의 의미를 두고 경합하는 상황을 일컫는다.

주인공인 마리아노와 나자리오는 샤먼, 즉 케추아어로 야차크(yachaq)이다. 야차크는 '아는 사람' 내지는 '지혜로운 사람'을 뜻한다. 이들은 질병의 치료와 같이 루나쿠나가 일상적으로 필요로 하는 활동부터, 때로 분노해서 우박을 내린다거나 사람들이 평안하게 잘 살도록 돕는 티라쿠나와 루나쿠나를 연결하는 매개자 역할도 한다. 샤먼의 가장 눈에 띄는 활동은 데스파초(despacho)라는 향을 태우는 의례이다. 데스파초는 꽃, 향료, 씨앗, 곡물 등 다양한 재료들을 각종 크기의 만다라처럼 넓게 배열한 봉헌물이다. 이것을 태운 연기를 티라쿠나에게 보내 대화하는 데 사용한다. 데스파초는 경우에 맞는 제조법으로 만들고, 물려받은 지식과 샤먼의 창조력을 반영하기 때문에, 흉내 낸 것과 정말로 잘 만든 것이 구분된다.

마리아노와 나자리오는 이 책이 쓰여지는 시점에 모두 세상을 떠난 상태였지만 역사적으로 중요한 인물들이다. 마리아노는 서구와 남미 좌파의 역사 기술에서는 농민운동과 토지개혁으로 일컬어지는 1960년대의 사회 변혁에서 토착민 리더 역할을 했고, 나자리오는 톨레도 대통령의 취임식에서 데스파초를 만들 만큼 저명한 샤먼으로서, 광산 개발 반대 운동을 했다. 당시 쿠스코 일대에서 추진된 광산 개발 프로젝트는 큰 문제였다. 사람들은 현대의 채광 기술이 보급되기 이전에도 금을 비롯한 광물들을 채취해 왔기 때문에 채굴 자체가 문제는 아니었다. 새로운 기술은 산을 통째로 깎아서 그 안에 든 광물을 추출한 뒤 잔해물을 엄청난 양으로 남기는 노천 채굴 기법을 사용하기 때문에 문제가 되었다. 이 기술은 산 자체를 파괴할 뿐 아니라 심각한 환경오염을 야기한다. 이 과정에서 국가와 기업의 존재론을 일방적으로 구현할 뿐 아니라, 아우산가테를 노하게 하여 재앙을 불러올 것이다.

야차크인 나자리오는 글로벌 관광산업의 부상과 그를 장려하는 정부 정책, 농업과 농촌 쇠퇴 등으로 인해 관광업에 종사하게 되었다. 이국적이거나 뉴에이지적인 경험을 하고 싶어 하는 관광객들에게 의례를 행해 주는 '안데스 샤먼(chamanismo andino)'이 된 것이다. 나자리오의 관점에서 볼 때 샤먼은 같은 활동에 대해 보수를 받을 뿐이며, 돈은 아내의 약을 사거나 필요한 세간을 구입하는 등 요긴하게 쓰이기 때문에 그 자체로 나쁘다고 할 수는 없다. 그러나 그는 말과 의례가 갖는 힘을 매우 진지하게 받아들인다. 의례가 관광객의 볼거리로 이뤄진다고 해서 달라지는 것은 없다. 티라쿠나의 이야기는 티라쿠나가 결부된 과거의 사건에 '대한' 이야기가 아니라 그 사건 자체를 활성화하면서 '사실'로서 존재케 하기 때문이다. 그래서 오직 정확한 절차에 따라 정확한 말만을 해야 한다. 여기서 존재 자체인 말은 문헌 근거와 같은 것이 없기 때문에 역사보다는 비역사적인 것, 즉 '신화(myth)'와 결부되지만 그 안에는 풍부한 사건성(eventfulness)이 존재한다.

서구 근대의 언어, 스페인어, 케추아어의 개념들이 병렬될 때, 사태가 그 개념들 중 어느 하나가 일컫는 것을 초과할 때, 곧 착종이 발생할 때 활성화되는 정치는 본성상 존재론적인 것이고 코스모폴리틱스이다. 차이는 다문화주의적 틀이 재현하듯 토착민들에 의해 소유되는 것이 아니라, 중첩되는 서로 다른 세계들이 다변화될 때, 그리고 어느 하나가 다른 하나로 환원되지 않을 때 발생한다. 데 라 카데나의 정의에 따르면 코스모폴리틱스는 "존재론적 동일성이 없다는 것 이외에는 어떤 보장도 없는 탈식민적 정치의 실천으로, 서로 다변화되는 세계들 사이의 관계"이며, 자신에게 주어지는 명령을 따르지 않거나 아니면 따르면서도 그 명령이 말하는 존재가 되지 않는 것이다(de la Cadena, 2015: 281).

코스모폴리틱스는 때로 가시적이고 실질적인 효과를 발휘한다. 예를 들어 에콰도르의 헌법은 2008년에 '자연물'의 권리를 다음과 같이 명문화했다. "자연 또는 파차마마는 생명이 생겨나고 스스로를 재생산하는 곳이며, 자신의 존재를 통합적으로 존중받을 권리, 그리고 그 생명 주기, 구조, 기능, 진화 과정의 지속과 재생에 대한 권리를 가진다."(de la

Cadena, 2010: 335) 2010년에 볼리비아 역시 "어머니 대지의 법"을 인준했다. 그러나 정치는 여기서 끝나지 않는다. 왜냐면 서로 이질적인 것들을 한데 담고 있기 때문에 법은 일관성을 유지하기 힘들고, 지금 다루고 있는 것이 무엇인지의 문제를 열린 상태로 두기 때문이다.

이 법들은 더 나아가 '좋은 삶(sumaq kawsay, buen vivir)'에 대한 개념을 담고 있다. 이에 대한 좌파의 상례적 해석은 좋은 삶이란 자본주의 및 사회주의적인 개발, 성장주의에 대한 대안이 되어야 한다는 것이다. 반면 마리아노는 좋은 삶을 이렇게 설명한다. "증오 없이 살고 행복하게 일하는 것. 동물들은 배불리 먹고, 나쁜 말(words)이 없는 것. 우리가 글을 읽을 줄 몰라도 우리를 존중하는 것. 경찰들이 우리를 존중하고 우리의 말을 듣고 우리 또한 그들을 존중하는 것. 판사, 대통령, 변호사들도 마찬가지로."(Ibid.: 285) 이 말을 이어받은 저자가 제안하는 '좋은 삶'은 '코스모라이프(cosmolife)'이다. 즉, 다변화된 세계들이 서로를 존중하는 삶을 구축하는 것, 공통의(common) 것을 구축하기 위해 공통이 아닌 것(uncommon)을 없애지 않는 것, 공통의 이해관계가 공통되지 않은 세계들 사이에 커먼즈를 구축하는 것이다.

주

1 인류학에서의 존재론적 전회가 갖는 성격과 의의에 대해서는 의견과 평가가 엇갈리지만, 대체로 다음의 문헌들을 참고해서 논의가 진행되어 온 방향을 가늠해 볼 수 있다. Viveiros de Castro, 1998, 2015; Carrithers et al., 2010; Bessire and Bond, 2014; Kelly, 2014; Graeber, 2015; Kohn, 2015; Todd, 2016; Holbraad and Pederson, 2017; Charbonnier et al., 2017.

2 비베이루스 지 카스트루(Viveiros de Castro, 2004)가 제안한 'equivocation' 개념은 '애매성', '중의성', '다의성' 등으로도 번역될 수 있는데, 이 글에서는 '착종'으로 옮긴다. 그가 말하는 착종이란 존재론적으로 상이한 세계들이 서로 마주칠 때 발생하는 차이 자체로서, 인류학이라는 학문이 성립하기 위한 조건이며, 그 점에서 인류학의 초월적/선험적(transcendental) 범주를 이룬다. 착종은 서로 다른 자연/본성(nature)에서 비롯된 상이한 관점(perspective)들이 동일한 단어를 사용하지만, 그 단어가 가리키는 대상이나 세계가 서로 어긋나 있는 상태를 뜻한다. 이러한 어긋남은 단순한 오해나 번역의 실패가 아니라, 각 존재론이 세계를 대상화(objectification)하는 방식들이 만들어내는 차이의 효과이다. 따라서 문화 번역의 기획으로서 인류학의 과제는 이러한 어긋남을 제거하거나 단의성(univocality)으로 환원하는 데 있지 않으며, 반대로 차이를 지우거나 동일화하지 않도록 착종 상태를 유지하고 가시화하는 데 있다. 이를 잘 보여주는 사례로 신화의 주인공인 한 인간이 숲에서 길을 잃고 도착한 마을에서 '카사바 맥주'를 대접받는 장면을 들 수 있다. 주인공은 자신 앞에 놓인 바가지가 인간의 피로 가득 차 있는 것을 보고 경악한다. 그 마을은 피를 맥주로 지각하는 재규어들의 마을이었던 것이다(Ibid.: 9). 여기서 '맥주'는 재규어의 세계에서는 '맥주'이지만 인간의 세계에서는 '피'이다. 비베이루스 지 카스트루는 이 중 어느 하나만이 타당한 지각이라고 규정해 주는 고정점으로서 실재 X는 없다고 말한다. 바로 '맥주=피'의 착종이 재규어와 인간을 통해 표현되는 세계들을 드러내는 것이다.

참고문헌

권헌익 (2016). 『베트남 전쟁의 유령들』. 홍석준, 박충환, 이창호 옮김. 산지니.

라투르, 브뤼노 (2023[2013]). 『존재양식의 탐구: 근대인의 인류학』. 황장진 옮김. 사월의책.

비베이루스 지 카스트루, 에두아르두 (2018[2009]). 『식인의 형이상학: 탈구조적 인류학의 흐름들』. 박이대승, 박수경 옮김. 후마니타스.

에반스-프리처드, 에드워드 (1994[1940]). 『누어인』. 권이구, 강지현 옮김. 탐구당.

에스코바르, 아루트로 (2022). 『플루리버스: 자치와 공동성의 세계 디자인하기』. 박정원, 엄 경용 옮김. 알렙.

칭, 애나 (2023[2015]). 『세계 끝의 버섯』. 노고운 옮김. 현실문화.

콘, 에두아르도 (2018[2013]). 『숲은 생각한다』. 차은정 옮김. 사월의책.

해러웨이, 도나 (2019[2016]). 『해러웨이 선언문』. 황희선 옮김. 책세상.

해러웨이, 도나 (2023[1991]). 『영장류, 사이보그 그리고 여자: 자연의 재발명』. 황희선, 임 옥희 옮김. 아르테.

황희선 (2021). 「다종민족지: 환경 파국 시대의 생물문화적 희망」. 『한국문화인류학』, 54(1), 359-402.

황희선 (2025). 「인간-작물 관계의 생태학: 생물다양성과 친족 중심 생태」. 『문화/과학』, 125, 75-99.

Anand, N. (2017). *Hydraulic City: Water and the infrastructures of citizenship in mumbai*. Duke University Press.

Angé, O., & Pitrou, P. (2016). Miniatures in mesoamerica and the andes: Theories of life, values, and relatedness. *Journal of Anthropological Research*, 72(4), 408–415.

Bessire, L., & Bond, D. (2014). Ontological anthropology and the deferral of critique. *American Ethnologist*, 41(3), 440–56.

Gane, N. (2006). When we have never been human, what is to be done?: Interview with Donna Haraway. *Theory, Culture & Society*, 23(7–8), 135–58.

Carrithers, M., Candea, M., Sykes, K., Holbraad, M., & Venkatesan, S. (2010). Ontology is just another word for culture: Motion tabled at the 2008 meeting of the group for debates in anthropological theory, University of Manchester. *Critique of Anthropology*, 30(2), 152–200.

Chao, S. (2022). *In the Shadow of the Palms: More than human becomings in West Papua*, Duke University Press.

Charbonnier, P., Salmon, G., & Skafish, P. (Eds.). (2016). *Comparative Metaphysics: Ontology after anthropology*. Rowman & Littlefield.

Daly, L. (2021). Cassava spirit and the seed of history: On garden cosmology in Northern

Amazonia. *Anthropological Forum*, 31(4), 377–395.

De la Cadena, M. (2010). Indigenous cosmopolitics in the Andes: Conceptual reflections beyond 'politics'". *Cultural Anthropology*, 25(2), 334–370.

De la Cadena, M. (2015). *Earth Beings: Ecologies of practice across Andean worlds*. Duke University Press.

Descola, P. (2013[2005]). *Beyond Nature and Culture*. Translated by Janet Lloyd. The University of Chicago Press.

Descola, P. (2016). Transformation transformed. *HAU: Journal of Ethnographic Theory*, 6(3), 33–44.

Dove, M. R., & Carpenter, C. (2008). *Environmental Anthropology: A historical reader*. Blackwell Publishing.

Ellen, R. F. (2021). *Nature Wars: Essays around a contested concept*. Berghahn Books.

Graeber, D. (2015). Radical alterity is just another way of saying 'reality': A reply to Eduardo Viveiros de Castro. *HAU: Journal of Ethnographic Theory*, 5(2), 1–41.

Hartigan, J. (2014). *Aesop's Anthropology*. University of Minnesota Press.

Hicks, D., & Beaudry, M. C., (Eds.). (2010). *The Oxford Handbook of Material Culture Studies*. Oxford University Press.

Holbraad, M., & Pedersen, M. A. (2017). *The Ontological Turn: An anthropological exposition*. 1st ed. Cambridge University Press.

Ingold, T. (1974). On reindeer and men. *Man*, 9(4), 523.

Ingold, T. (1980). *Hunters, Pastoralists and Ranchers*. Cambridge University Press.

Ingold, T. (2013). Anthropology beyond humanity. *Suomen Antropologi: Journal of the Finnish Anthropological Society*, 38(3), 5–23.

Ingold, T. (2014). That's enough about ethnography! *HAU: Journal of Ethnographic Theory*, 4(1), 383–95.

Ingold, T. (2022[2000]). *The Perception of the Environment*. Routledge.

Ingold, T. (2022[2011]). *Being Alive: Essays on movement, knowledge and description*. Routledge.

Ingold, T. (2022). *Imagining for Real: Essays on creation, attention, and correspondence*. Routledge.

Kirksey, E. & Helmreich, S. (2010). The emergence of multispecies ethnography. *Cultural Anthropology*, 25(4), 545–76.

Kelly, J. D. (2014). Introduction: The ontological turn in french philosophical anthropology. *HAU: Journal of Ethnographic Theory*, 4(1), 259–69.

Kohn, E. (2007). How dogs dream: Amazonian natures and the politics of transspecies engagement. *American Ethnologist*, 34(1), 3–24.

Kohn, E. (2015). Anthropology of ontologies. *Annual Review of Anthropology*, 44(1), 311–27.

Kwon, H. (2018). Return to animism. *Interdisciplinary Science Reviews*, 43(3-4), 228–36.

Langlitz, N., & Dan-Cohen, T. (2025). What ever happened to the anthropology of science? From the science wars to the post-truth era. *Annual Review of Anthropology*, 54, 81–96.

Larkin, B. (2013). The politics and poetics of infrastructure. *Annual Review of Anthropology*, 42(1), 327–43.

Latour, B. (2017). Anthropology at the time of the anthropocene: A personal view of what is to be studied. In *The Anthropology of Sustainability: Beyond development and progress* (pp. 35–49). Palgrave Macmillan US.

Lemonnier, P. (2016[2012]). *Mundane Objects: Materiality and non-verbal communication*. Routledge.

Morgan, L. H. (1868). *The American Beaver and His Works*. JB Lippincott.

Ogden, L. A., Hall, B., & Tanita, K. (2013). Animals, plants, people, and things: A review of multispecies ethnography. *Environment and Society*, 4(1), 5–24.

Orr, Y., Lansing, J. S., & Dove, M. R. (2015). Environmental anthropology: Systemic perspectives. *Annual Review of Anthropology*, 44(1), 153–68.

Osterhoudt, S. R., & Sivaramakrishnan, K. (2023). *Sustaining Natures: An environmental anthropology reader*. University of Washington Press.

Pitrou, P. (2014a). Life as a process of making in the mixe highlands (Oaxaca, Mexico): Towards a 'general pragmatics' of life. *Journal of the Royal Anthropological Institute*, 21(1), 86–105.

Pitrou, P. (2014b). La vie, un objet pour l'anthropologie?. Options méthodologiques et problèmes épistémologiques. *L'Homme: Revue Française d'Anthropologie*, 212, 159–189.

Pitrou, P. (2017). Life form and form of life within an agentive configuration: A birth ritual among the mixe of Oaxaca, Mexico. *Current Anthropology*, 58(3), 360–80.

Pitrou, P. (2021). Figuration, configuration, reconfiguration. Le vivant entre métonymie et métaphore. in *Reconfigurer le vivant* (dir. M. Mauzé & P. Pitrou), Paris, L'Herne, Cahiers d'anthropologie sociale, 13–33.

Sagan, D. (2011). The human is more than human: Interspecies communities and the new "facts of life". *Theorizing the Contemporary, Fieldsights*, November 18.

Santos-Granero, F. (Ed.). (2009). *The Occult Life of Things: Native amazonian theories of materiality and personhood*. University of Arizona Press.

Seshia Galvin, S. (2018). Interspecies relations and agrarian worlds. *Annual Review of Anthropology*, 47(1), 233–49.

Smart, A. (2014). Critical perspectives on multispecies ethnography. *Critique of Anthropology*, 34(1), 3–7.

Strang, V. (2023). Living kindness: Re-imagining kinship for a more humane future. *Critique of Anthropology*, 43(4), 476–494.

Todd, Z. (2016). An indigenous feminist's take on the ontological turn: 'Ontology' is just another word for colonialism. *Journal of Historical Sociology*, 29(1), 4–22.

Trumper, J. (2013). Ethnoscience. August 26. https://doi.org/10.1093/obo/9780199766 567-0069.

Tsing, A. L. (2012). Unruly edges: Mushrooms as companion species: For Donna Haraway. *Environmental Humanities*, 1(1), 141–154.

Tsing, A. L., Deger, J., Saxena, A. K. & Zhou, F. (2024). *Field Guide to the Patchy Anthropocene: The new nature*. Stanford University Press.

Tsing, A. L., Bubandt, N., Gan, E., & Swanson, H. A. (Eds.). (2017). *Arts of Living on a Damaged Planet: Ghosts and monsters of the anthropocene*. University of Minnesota Press.

Van Dooren, T., Kirksey, E., & Münster, U. (2016). Multispecies studies: Cultivating arts of attentiveness. *Environmental Humanities*, 8(1), 1–23.

Viveiros de Castro, E. (1998). Cosmological deixis and amerindian perspectivism. *The Journal of the Royal Anthropological Institute*, 4(3), 469–88.

Viveiros De Castro, E. (2004). Perspectival anthropology and the method of controlled equivocation. *Tipití: Journal of the Society for the Anthropology of Lowland South America*, 2(1), 3–22.

Viveiros de Castro, E. (2015). Who is afraid of the ontological wolf? Some comments on an ongoing anthropological debate. *The Cambridge Journal of Anthropology*, 33(1), 2–17.

6

내게 말을 거는 비인간

애니미즘과 살아있는 장소

유기쁨

1. 낯선 풍경

멀리서 제멋대로 자란 나무들에 둘러싸인 옛 건물 벽이 눈에 들어온다. 한 걸음씩 다가가면서 제멋대로 자라난 나무들의 위용에 압도된다. 여기선 무슨 사연인지 뿌리가 드러나도록 쓰러진 나무들이 종종 눈에 띈다. 쓰러져 누운 나무들은 그 상태 그대로 아름드리로 자란다. 내 눈앞의 나무는 건물에 걸쳐져서 완전히 바닥에 쓰러지지는 않았고, 그 비스듬하고 불안정한 상태 그대로 계속 자라났다. 사람들의 눈길이 자주 닿는 곳이라면, 쓰러진 나무는 곧바로 어딘가로 치워졌을 것이다. 그러나 여기서는 쓰러진 나무들도 그대로 놓아두니, 어떻게든 살아나면 제멋대로 자라나곤 한다.

건물 외벽에 기대어 비스듬히 자라는 나무의 위용에 감탄하면서 단층 건물들로 둘러싸인 네모난 공간으로 들어선다. 그 순간, 나는 낯선 풍경에 압도되어 말을 잃는다.

이곳은 폐허인가, 숲인가. 무덤인가, 비밀의 화원인가.

요즘 나는 소록도의 옛 마을 터를 둘러보고 있다.[1]

일반적으로 현대 한국사회에서 인간이 삶을 영위하는 공간에서는 식물을 비롯한 비인간 존재들이 인간 뒤로 물러난다. 그런데 1917년부터 한센인들이 수용되기 시작했고 1935년부터는 한센인들의 강제 격리수용이 실시된 소록도는 예외적인 공간이다. 백여 년의 세월 동안 한센인들은 고립과 격리, 인권 탄압의 고통을 겪었지만, 역설적이게도 그로 인해 소록도는 한반도를 뒤덮은 개발 열풍, 부동산 열풍에서 어느 정도 비껴날 수 있었고, 지역 생태계는 비교적 잘 보전될 수 있었다.[2]

한때 약 6천 명의 한센인들이 격리 수용되었던[3] 소록도에는 여러 개의 한센인 마을이 형성되었다. 소록도의 마을들은 수많은 한센인들이 질병의 고통과 인권 유린의 억압 속에서도 치열하게 저마다의 삶을 영위했던 장소이며 한국 근현대사의 중요한 공간이지만, 2025년 5월 현재 남생리, 동생리, 신생리, 중앙리, 구북리, 녹생리, 새마을 등 일곱 개의 마을에만 사람이 살고 있다. 완치되어 섬을 떠난 사람들도 많고, 더 이상 새로운 한센병 환자의 유입도 거의 없으며, 인구는 점점 고령화됨에 따라 현재 3백30여 명의 한센인들이 소록도에서 살고 있다.[4] 인구가 줄어들면서, 더 이상 사람이 살지 않는 마을이 하나씩 생겨나기 시작했다. 1980~90년에 걸쳐 장안리(1983.10), 서생리(1990.5), 구 새마을(1990.5)이 폐쇄되었다. 장안리 마을터에는 주차장이 들어섰지만, 인간의 간섭이 사라진 서생리와 구 새마을에서는 '죽어가는' 건물을 뒤덮는 비인간의 힘을 뚜렷이 느낄 수 있다.

216

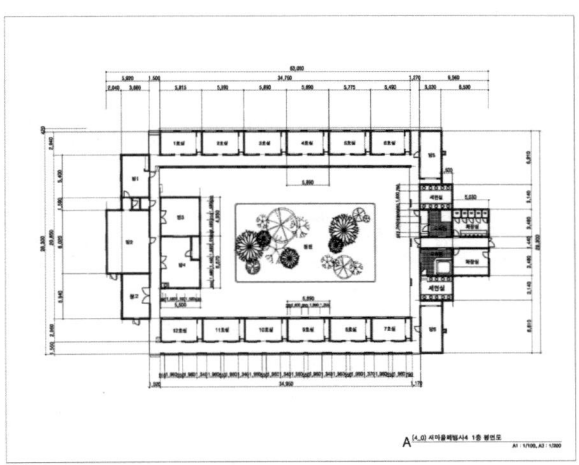

〈그림 1〉 구 새마을 평면도[5]

지금 내가 찾은 곳은 소록도의 '구 새마을'의 남자 독신사, 곧 독신 남성 한센인들이 거주하던 장소이다. 1967년에 세워진 건물인데, 이곳 은 건축적으로도 묘한 공간이다. 가운데 빈터를 단층 건물 네 동이 사 각형으로 둘러싼, 소록도에서 보기 드문 중정이 있는 'ㅁ'자형 건물 형 태이다. 네모난 중정을 둘러싸고 병실 16개, 세면장 2개, 욕실 2개, 공 동취사장 2개소가 단층 슬라브형 건축물에 자리하고 있다.[6] 당시 소록 도에서 가운데 빈 공간을 사이에 두고 서로를 바라볼 수 있게 방들이 배치된 공간 구조에서 어떤 상황이 조성되었을지 상상해보게 된다. 누 군가가 늘 쳐다보는 공간은 효율적인 감시 공간이며 통제와 억압이 용 이한 공간이다. 이곳은 폐쇄된 지 30년 가까이 지났지만, 아직은 건물 이 형체를 유지하고 있다.

ㅁ자 건물이기에 밖에서는 내부를 가늠하기 어렵다. 그러나 좁은 입

〈그림 2〉 1967년도 구 새마을[7]

〈그림 3〉 구 새마을 중정 (2025.1.17.)[8]

구를 통해 중정으로 발을 들여놓는 순간, 예상치 못한 광경에 놀라게 된다. 사람이 살지 않고 돌보지 않은 채 수십 년이 흐르면서 건물은 부서지고 허물어져 가는데, 중정에는 날아온 풀씨에서 자라난 식물들이 제멋대로 자라고 있다. 예전에 이곳에서 사람들이 거주할 때에는 중정에 '자연'이 들어와 있지 않았을 것이다. 인간의 온기가 사라지자 '자연'이 번성하고 있다. 가지치기를 비롯한 인위적인 조정을 하지 않으니 비스듬히 자라난 나무, 구부러진 식물이 햇빛 아래 저마다 생생하게 존재감을 드러낸다. 폐허가 된 건물과 제멋대로 자라는 나무와 풀의 생동감이 묘한 대비를 이룬다. 낯선 풍경이다. 살아있는 인간이 사라진 풍경에서 부서지고 무너져가는 인공 사물(건물)과 왕성한 생명력을 보여주는 비인간의 생동감이 이루는 대비가 낯설고 이상하다. 나는 그곳의 풍경을 적절히 표현할 언어를 찾지 못하고, 강렬한 느낌에 압도될 뿐이다.

흔히 소록도의 폐쇄된 마을 터를 인간의 흔적이 스러져간다는 의미에서 '폐허'라는 말로 표현하지만, 그 단어로는 이 강렬한 느낌을 담기에 부족하다. 한때 수많은 한센인들이 살았던 서생리, 구 새마을의 건물을 뒤덮은 비인간의 존재감은 인간만이 주인공이 아닌 다른 세계를 느끼도록, 감각하도록, 상상하도록 강력히 요구하는 듯하다.

죽어가는 건물과 비인간의 활력, 인간이 뒤로 물러난 세계에서 존재감을 주장하는 비인간. 이 장소를 어떻게 이해할까? 이 공간의 이 모든 강렬한 느낌을 담을 이야기가 우리에게 있을까? 폐허, 황무지, 불모의 땅, 빈 공간이 아니라 다르게 읽고 보고 느낄 수 있는 이야기, 열린 세계의 이야기, 새만금 갯벌을 황무지로, 천성산을 밋밋한 공간으로 보는 것에서 벗어난 다른 이야기 말이다.

나는 소록도에서 내가 만난 낯선 풍경을 입체적으로 이해하기 위한 시도로서 이 글을 쓴다. 먼저 그 풍경이 왜 그렇게 내게 강렬한 인상을 주는지 이해하기 위해, 잠시 나 자신이 처해 있는 상황을 돌아보려 한다.

2. 어긋난 리듬

어떤 풍경을 이해하기 위해서는 팀 잉골드가 제안했던, 환경의 크로노토프(chronotope = choronos + topos)적인 성격을 감지하는 것 역시 중요하다. 그는 환경은 시간성을 실은 공간이며, 시간성이 만질 수 있는 형태를 취하고 있는 공간임을 강조한 바 있다.[9] 머지않아 소멸될 공간 앞에서 장소의 시간성에 대해 생각해본다. 내 앞에 자리한 구 새마을 독신사에서 비인간 자연의 시간과 인간의 시간은 얼핏 정반대의 방향으로 흘러가는 듯하다. 한편에서는 점점 왕성해지는 방향으로, 다른 한편에서는 무너지고 사라지는 방향으로 말이다.

그런데 구 새마을의 중정에 서서 이 모든 것을 느끼고 감각하는 나는 어떤 시간에 서 있는가? 지금 내가 서 있는 시간을 나타내는 가장 상징적인 단어는 '인류세'일 것이다. 인류세는 오늘날 인류가 지구 행성의 시스템을 비틀 정도로 강력한 "행성적 힘"[10]을 지니게 되었다는 의미를 담은 단어이다. 비록 2024년 봄에 열린 국제지질과학연맹 제4기층서소위원회에서, 인류세를 새로운 지질시대로 공식화하자는 제안은 부결되었지만, 이전 시대와는 확연히 다른 전례 없는 시대를 지칭

할 단어로서 '인류세'의 유효성은 여전하다.

인류세는 내 삶의 현장에서 어떻게 경험되는가? 나 자신의 최근 경험을 예로 들어 보자.

2025년 3월 29일. 밭에 나갔다. 연일 23℃, 24℃까지 오르내리는 화창한 날씨에 밭 가장자리에 매화가 만발했다. 그런데 다음 날 기온이 갑자기 영하 4℃까지 뚝 떨어졌다. 갑자기 추워진 날씨에 활짝 피었던 매화가 그대로 냉해를 입어서 누렇게 변해버렸다. 피어나던 목련도 가지에 붙은 채 갈색으로 변해 있었다. 귀촌 10년 동안 처음 본 광경이다.

2주 뒤인 4월 12일, 서울의 한낮 최고 기온은 23℃였고, 최저 기온은 1℃였다. 밤에는 눈이 오기 시작했고, 벚꽃 위로 진눈깨비와 우박이 쏟아지는 기묘한 풍경이 펼쳐졌다. 이런 풍경이 기묘하게 느껴지는 까닭은 오랜 세월에 걸쳐 익숙해진 시간 감각을 뒤틀어놓기 때문이다. 벚꽃과 진눈깨비는 이제껏 같은 시간을 공유하지 않았다. 그런데 이제 리듬이 어긋나고 있다.

자연의 리듬에 깃들어 생계를 유지해온 농민들과 어민들은 이러한 미묘하게 어긋난 리듬을 감지하고, 그 파급 효과를 우려하고 있다. 농사는 생태학적으로 비교적 안정적인 상태를 전제하고 그 리듬에 적절히 조응하는 방식으로 먹거리를 얻는 활동이다. 꽃이 피고 지고, 달이 차고 이지러지고, 태풍이 오고 가고, 눈이 오고 그치고, 햇살이 강해지고 약해지는 데에는, 또한 벌이 깨어나고 개구리가 깨어나고 뱀이 깨어나는 데에는 대략적인 순서가 있고, 사람들은 절기를 만들어 그러한 리듬을 기억하고 또 그러한 리듬에 조응하는 적절한 행동 양식을 계승해왔다. 그런데 얼마 전부터는 그러한 리듬이 미묘하게 어긋나기 시작했다. 일단 기온이 종잡을 수 없이 오르내렸고, 반팔을 입을 정도로 더웠던 날씨가 갑자기 추워져서 패딩을 꺼내는 일도 있었다. 많은 식물들은 갑작스러운 추위나 더위에 적응하지 못하고 죽음을 맞이했다.

살아남은 식물들도 혼란을 겪는 것은 마찬가지였다. 언제부터인가 진달래, 자두꽃, 목련, 민들레, 매화, 벚꽃, 복숭아꽃, 앵두꽃 등 우리 밭의 꽃들은 거의 한꺼번에 피기 시작했다. 짧은 기간 동안 종종 발생하는 급격한 기온 차와 '전례 없는' 기후 변동으로 인해, 평년과 비슷한 시기에 심었던 모종이 냉해를 입거나 파종한 씨앗이 발아하지 않는 경우도 허다했다.

단지 식물만의 문제가 아니다. 식물이 꽃을 피우면 꿀벌과 같은 곤충들이 부지런히 꽃가루를 옮겨 주어야 하는데, 식물이 한꺼번에 꽃을 피우니 꿀벌도 적응이 어렵다. 꽃이 피는 시기와 벌이 오는 시기의 미묘한 리듬이 엇갈린다. 게다가 활짝 피어난 꽃들이 갑작스러운 추위 때문에 누렇게 시들어버리면 곤충에게도 큰 곤경이 될 것이다. 이렇게 리듬이 미묘하게 엇갈리는 상황이 되풀이되면 어떤 일이 일어나게 될까.

지역에서 평생 농사를 지어온 한 농부는 내게 말했다. 한 해의 농사가 시작되는 봄이 되면 늘 설렌다고. 씨를 뿌리고 모종을 심고 땅을 준비하면서 올해의 농사가 어떻게 될지 두근거린다고. 그런데 최근에는 기후변화가 심상치 않아서 과연 농작물이 얼마나 적응할 것인지 마음이 무겁고 두렵다고 했다.

어긋나는 리듬, 흔들리는 시간성을 굳이 드러내는 것은 소록도 구 새마을에서 마주한 풍경을 이해하려 애쓰는 나의 시간성을 환기시키기 위함이다. 소록도의 옛 마을터에서 나는 이 장소의 무언가가 뒤틀려 있다는 느낌을 받았다. 그런데 미묘한 뒤틀림의 감각은 공간적인 것과는 다른 차원에서 내게 익숙하다. 언제부터인가 나는 우리가 살고 있는 시간의 리듬이 미묘하게 뒤틀리는 것을 감지하고 있기 때문이다. 소록도에서 내가 만난 풍경의 공간적 뒤틀림은 이 시대의 시간적 뒤틀림과 조응해서 강렬한 인상을 증폭시킨다. 어쩌면 인류세의 시간적 뒤틀림이 공간적으로 시각화되어 눈앞에 나타난 것처럼 느껴진다. 마치 미래의 전조 또는 예시처럼 말이다.

아미타브 고시는 지금 우리 주위에서 전개되는 낯설고 불가사의한 기후변화 현상들을 통해, 결국 우리는 우리가 외면해온 사실, 곧 비인간의 존재를 알아차리게 된다고 말한 바 있다.[11] 이제껏 의식하지도 않았던 비인간이 시공간적으로 내게 말을 걸고 있는 것일까? 나도, 소록도의 이 낯선 풍경도 저마다의 역사를 가지고 기후변화와 '인류세'의 한복판에 서 있다. 어쩌면 낯선 풍경 속 비인간들이 나에게 무언가를 호소하는 듯 느껴진다.

3. 존재의 자취:
모든 것은 자취를 남긴다. 알아차리지 못할 뿐.

비인간의 타자들의 소통성과 의도성은 흔히 장소가 지닌 힘의 열쇠이다.[12]

공간은 그곳의 인간을 통해서뿐 아니라 또한 그곳의 비인간 거주자들을 통해서도 장소가 된다.[13]

수년 전에 나는 호주의 에코페미니스트 철학자인 발 플럼우드의 '철학적 애니미즘'에 관한 글에서, "이 세계의 장소들을 정의하고 정교화하는 서사들과 서사적 주체들의 풍부함을 되살림으로써 우리의 생생한 경험과 우리의 공간과 시간 감각을 다시 연결하고, 그리하여 평평하고 비인격적(impersonal)이며 무장소화된, 교체 가능하고 도구적인 자본주의적 공간관에 균열을 내는 것"[14]이 우리의 과제라고 썼다. 그러한 선언적 문구는 실제로 소록도 구 새마을의 풍경을 이해할 때 어떻게 적용될 수 있을까? 우선 나는 소록도의 낯선 풍경 속에서 내게 말을 거는 존재의 자취를 좇아가 보려 한다.

1) 식물

국립생태원의 최근(2024년) 조사 결과에 따르면, 소록도에는 멸종위기 야생생물 8종을 포함해서 619종의 식물, 495종의 곤충 등 총 1,262종의 생물이 서식하고 있다.[15] 그 가운데 소록도의 옛 마을터에서 압도적인 존재감을 드러내는 것은 식물이다. 허물어져가는 건물의 잿빛과는 대조적으로 초록빛으로 활력을 드러내는 나무들은 시각적으로 가장 강렬한 인상을 준다.

구 새마을의 경우, 멀리서부터 건물 방향으로 쓰러져 지붕에 걸쳐진 채 아름드리로 자라난 소나무의 위용이 눈에 들어온다. 소록도에서 발견되는 침엽수 가운데 흉고 직경 60cm 이상의 나무는 대부분 일제강점기에 심어진 것이다. 조사에 따르면, 현재 소록도의 침엽수림과 침활혼효림은 낙엽활엽수림으로 자연 천이가 진행 중이다.[16]

〈그림 4〉 구 새마을 소나무 (2025.4.29.)

구 새마을에서 폐건물로 둘러싸인 ㅁ자 공간에 들어서면, 제일 먼저 이리저리 휘어진 키 큰 소나무들과 활엽수들이 눈에 들어온다. 자세히 보면 덩굴식물과 키 작은 관목들도 눈에 띈다. 바닥에는 마른 솔잎들 사이로 약간의 초본류가 보인다. 중정의 식물들은 인위적으로 식재된 게 아니라 자연적으로 뿌리내린 식물들이 멋대로 자라난 것이다. 어디든 뿌리내리고 자기 세계를 만드는 식물의 힘을 볼 수 있다. 공간을 둘러싼 가장자리의 건물들이 외부 인간세계로부터 단절된 별세계의 느낌을 더해준다.

그런데 제멋대로 구불구불 휘어져 자라고 뒤엉키고 쓰러져도 자라나는 식물의 모습은 구 새마을뿐 아니라 소록도 곳곳에서 목격할 수

〈그림 5〉 남생리 플라타너스 (2025.1.17.)

있다. 내가 가장 강렬한 인상을 받은 것은 남생리 수풀에서 자라는 플라타너스이다. 멀리서 보면 세 그루가 나란히 서 있는 것처럼 보인다. 그런데 가까이 가보면 플라타너스는 뿌리가 드러나도록 바닥에 쓰러져 있다. 그러나 죽지 않고 줄기 세 개가 보통의 나무보다 더 크게 자라서, 멀리서 보면 아름드리나무 세 그루가 서 있는 것처럼 보이는 것이다. 또한 서생리 마을터는 압도적으로 강인한 식물의 생명력을 시각적으로 강렬하게 느낄 수 있는 공간이다. 서생리는 일찍이 일제강점기에 조성된 마을이며, 여기서는 소록도 벽돌공장에서 한센인들이 직접 구운 벽돌로 지어진 집들을 볼 수 있다. 그런데 마을터가 숲 가장자리에 자리하고 있어서인지, 이곳의 식물들은 왕성하게 공격적으로 인간의 흔적을 잠식해 들어온다. 옛 서생리 마을터에서는 사람들이 더 이상 살지 않는 건물에 덩굴식물과 활엽수들이 빠르게 침투하고 있다. 과거에 한센인들이 더불어 살던 병사의 외벽은 덩굴식물이 맹렬하게 뒤덮고 있고, 지붕을 뚫고 자라난 나무도 볼 수 있다. 벽돌 사이로 비집고 들어가거나 지붕을 뚫고 나오는 나무들, 최소한의 보존을 위해 건물 외벽에 덧댄 금속 비계를 굵게 휘감고 자라는 덩굴식물들을 보면, 이것이 인류세의 미래의 풍경일까 생각하게 된다. 인간적인 것의 자취를 모조리 뒤덮을 듯이 맹렬하게 뻗어 나오는 식물의 기세, 그것이 뚜렷하게 시각화된 장소가 서생리 마을터이다.

한편, 다른 각도에서 식물의 생명력을 느끼게 하는 나무들도 눈에 띈다. 동생리 근처에서 발견한 한 나무는 놀랍게도 플라스틱 밧줄들이 마치 몸통에서 뿜어져 나오는 듯했다. 가까이 가보니 온몸에 밧줄은 물론이고 전선, 철사 등이 겹겹이 박혀 있는 모습이었다. 나무에 밧줄, 철사

〈그림 6〉 서생리 마을터 (2025.7.22.)

등을 묶어두었다가 무슨 연유에선지 풀지 않고 잊어버린 듯했다. 오랜
세월이 지나며 그 위로 나무껍질이 덮여서 현재의 모습이 된 것이다.
껍질에 완전히 파묻히지 않은 밧줄 하나를 겨우 끊어서 풀어주었다. 놀
라운 것은 그 나무가 자기 몸을 상하게 하는 그토록 많은 이물질들을
품고 그래도 살아남았다는 사실이다. 진정 "생존자(survival)"라고 할 만
하다.

　남생리 근처의 한 나무에는 호미가 박혀 있었다. 누군가 들일을 하
며 호미를 걸쳐놓았다가 무슨 까닭에선지 되찾지 않았고, 그대로 세월
이 흘러 호미가 나무를 관통하는 모습이 되어버린 것이다. 삭아버린 호
미자루를 돌로 두들겨 부순 후 겨우 호미를 빼낼 수 있었다. 호미가 박

〈그림 7〉 동생리 나무 (2025.1.17.)

흰 나무도 그대로 살아있었다. 인간의 자취가 살에 새겨진 나무들이다. 이것은 인간과 식물의 육체적 얽힘의 현장이다. 아니, 식물 입장에서는 인간의 과도한 개입과 인공물의 난입 상황이라고 볼 수 있겠다. 그런데 이 식물들은 그러한 극한의 스트레스 상황에서도 살아남았다.

다른 한편, 병균의 자취가 뿜어져 나오는 나무들도 있었다. 현재 소록도에서는 기후변화 지표종인 멀구슬나무가 확산되고 있는데, 소록도 등대 주변을 비롯해서 몇몇 구역에서는 멀구슬나무 중에서 몸통에 시커먼 뭔가가 들러붙은 것처럼 보이는 변형된 나무들이 눈에 띄었다. 박테리아에 감염된 병든 나무들이다. 시커먼 환부가 심각해 보이지만 그래도 다 살아있다.

다시 구 새마을 중정으로 돌아가자. 여기서는 제멋대로 자란 교목들, 쓰러진 채 자라는 큰 나무들을 볼 수 있는 데 비해서, 풀과 키가 작은 관목들은 많지 않은 편이다. 소록도 전역에서 마찬가지 사정이다. 관목과 수풀이 적고 초본층의 피도와 높이가 낮은 것은 소록도 식생의 특징 가운데 하나이다. 국립생태원의 조사에 따르면, 이와 같은 소록도 구성 식물종의 구조는 "자연적이면서도 인위적인" 복잡한 특성을 지닌다.[17] 여기서 우리는 또 다른 강력한 행위자의 흔적을 포착한다. 그는 바로 사슴이다.

2) 사슴

나무를 올려다보던 시선을 거두어 땅바닥을 유심히 보면, 곳곳에서 까맣고 동글동글한 사슴 똥이 보인다. 그러고 보니 구 새마을로 오는 길에도, 장안리 마을터 가는 길에도 사슴을 만났다. 소록도에서 마주친 사슴들은 (고라니처럼 도망가지 않고) 가만히 나를 응시한다.

소록도에서 만나는 사슴은 대만꽃사슴(*Cervus nippon taiouanus*)이다. 대만꽃사슴은 척삭동물문 포유동물강 우제목 사슴과 사슴속에 속한 초식동물이다. 그런데 소록도에 언제부터 대만꽃사슴이 살게 된 것일까? 소록도라는 섬 이름은 섬 모양이 작은 사슴을 닮았다고 붙여졌다. 1993년에 (누군가의 선의로) 5마리의 대만꽃사슴이 방사된 것을 시작으로, 1996년까지 총 40마리의 대만꽃사슴이 소록도에 방사되었다. 천적이 없는 섬에서 사슴들은 빠르게 번식해서 말 그대로 소록도의 주인(중하나)이 되었다. 2024년 조사결과에 따르면, 소록도의 대만꽃사슴은 약

234개체로 추정된다.[18]

소록도의 사슴은 인간이 만든 인위적인 경계를―그것이 심리적인 것이든 물리적인 것이든―가뿐히 뛰어넘는다. 일제강점기부터 소록도는 북동쪽 약 3분의 1이 관사지대(직원지대)로, 나머지 3분의 2는 병사지대(환자지대)로 나누어 관리되었으며, 전자는 '무독지대', 후자는 '유독지대'로 일컬어졌다. 1917년 총독부의원 원장 요시가 에이지로가 『매일신보』(1917. 5. 31)에서 유독지대와 무독지대를 언급한 것이 확인된다.[19] 두 지대 사이에는 철조망을 세워서 한센인들의 자유로운 출입을 막았다.[20] 해방 후에도 약 2,200m에 달하는 철조망은 유지되었으며, 계속해서 직원지대는 '무독지대'로, 환자지대는 '유독지대'로 불렸다.[21] 소록도 삼팔선으로도 불리던 철조망은 1974년 1월에야 비로소 철거되었는데, 직원지대와 환자지대, 1번지와 2번지 사이의 심리적 거리는 이후로도 오랫동안 남아 있었다. 그런데 사슴에게는 인간들의 그러한 경계선은 무의미하다. 현재 사슴은 1번지, 2번지를 막론하고 소록도 전역에서 발견된다.

풀을 뜯어먹고 나무껍질에 뿔을 비비는 사슴의 특성은 소록도의 생태환경에도 많은 영향을 끼치고 있다. 사슴들의 왕성한 섭식 활동으로 인해 소록도에는 키 큰 나무들은 많지만 초본류 등 하부식생은 빈약한 편이다. 대만꽃사슴이 싫어하는 점고사리만 예외적으로 왕성하게 자라고 있다.[22] 수피가 벗겨져서 고사하는 나무들도 많다. 먹이가 부족해진 사슴들은 한센인들이 가꾸는 텃밭의 작물들을 뜯어먹어서 원성을 사고 있다. 오늘날 소록도에서 사슴은 텃밭을 가꾸거나 나무를 심고 가꿀 때 그 영향력을 반드시 고려해야 할 정도로 소록도의 중요하고 강력한 행위자다.[23] 그뿐만 아니라, 소록도에 사슴이 많아지면서 동물 피를 빨아먹는 진드기도 많아졌는데, 진드기 체내에는 인수공통전염병인 라임병을 옮길 수 있는 박테리아가 있다는 이유로 우려의 대상이 되고 있다.[24]

2025년 4월 28일 환경부는 꽃사슴을 유해야생동물로 지정하는 등의 내용을 담은 '야생생물 보호 및 관리에 관한 법률' 시행령 및 시행규칙을 입법예고했다. 유해야생동물로 최종 지정되면 지자체장의 허가를 받아서 꽃사슴을 '합법적으로' 포획할 수 있다. 소록도에 살고 있는 팔색조, 새매, 수리부엉이, 새호리기, 긴꼬리딱새 등은 멸종위기 야생생물로 귀하게 여겨지는 반면, 사슴은 유해야생동물로 지정된다. 인간에 의해 생뚱맞게 섬에 유입된 꽃사슴은 나름의 적응 과정을 거쳐 강력한 존재감을 발휘하며 마침내 번성하게 되었는데, 이제 인간의 손에 의해 죽임을 당할 처지에 놓인 것이다. 대만꽃사슴보다 먼저 유해야생동물로 지정된 고라니의 사례를 살펴볼 필요가 있다. 마찬가지로 우제목 사슴과에 속한 동물인 고라니는 유해야생동물로 지정된 후 3분에 한 마리 꼴로 총에 맞아 죽는다고 한다. 2011년 2만여 마리에서 2018년 17만 5천여 마리에 이르기까지 매년 죽임 당하는 고라니는 늘어나는데, 고라니 농작물 피해액은 줄어들지 않으며, 고라니 포획에 따른 현상금 지급액은 2011년 약 6억원에서 2018년 약 52억으로 열 배 가까이 증가했다. 아이러니하게도 2015년부터는 고라니에 의한 농작물 피해액보다 현상금 지급 비용이 훨씬 더 많다고 한다.[25]

플럼우드의 말대로, "이런 작은 이야기는 중간 및 큰 이야기 안에 중첩된다." "이름이 덜 알려져 있고, 더 멀고, 모호하고, 비물질적인 살인

〈그림 8〉 구 새마을의 죽은 사슴 (2025.4.29.)

자들"에 의한 훨씬 더 큰 재앙이 감지된다. 문제는 "구체적인 개인이나 계급이라기보다는 시스템"이다. "사고와 조직의 형태와 패턴, 우리 삶과 선택과 실천을 질서 짓는 시스템, 재산 형성과 분배 시스템, 즉 우리가 흔히 말하듯 합리성의 시스템"에서 변화가 필요하다.[26]

2025년 2월, 구 새마을 독신사의 세면장 쪽에서 사슴 뼈를 발견했다. 4월 말에는 같은 건물의 한쪽 구석에서 죽은 지 얼마 안 된 커다란 사슴을 보았다. 죽으러 이곳에 온 것일까. 사슴들에게 소록도는 무엇일까?

소록도에서 만난 사슴들은 낯선 인간인 나를 만났을 때 도망가지 않았다. 그 순간 나 스스로가 사슴이 주인인 공간에 들어온 손님처럼 느껴졌다. 사슴을 들여왔다가 죽여서 내보내려는 우리 인간에게 사슴은 무엇일까.

〈그림 9〉 소록도의 사슴 (2025.6.1.)

3) 벽돌

소록도 옛 마을터를 다니다보면 풀숲에서 단단한 물체에 발이 걸리 곤 한다. 한때 한센인들이 살았던 건물의 일부인 벽돌들이다. 벽돌은 소록도에서 인간 행위자의 자취를 감지할 수 있게 해주는 강력한 사물 중 하나이다.

소록도 벽돌공장은 일제강점기인 1933년 12월에 준공되었다. 소록 도의 자연 자원과 환자들의 노동력을 이용하여 건물을 짓기 위함이었 다. 소록도의 벽돌에는 한센인들의 피땀이 녹아 있다. 1933년 12월부 터 1935년까지 한센인들은 강제노역에 동원되어 붉은 벽돌 4백15만 장, 시멘트 벽돌 2백70만 장, 토관 1만3천여 개를 찍어냈고, 이때 찍어 낸 벽돌로 중앙리, 동생리 등의 병사, 관사, 중앙진료소, 공회당 등이 지 어졌다.[27] 소록도의 붉은 벽돌은 품질이 좋기로 유명하다. 식량창고나 축사 등에 사용된 시멘트 벽돌은 자세히 보면 조개껍질이 박혀 있는 것을 볼 수 있다. 소록도의 고유한 물성을 지닌 벽돌이다.

벽돌은 인간 행위자에 의한 소록도의 지형 변화와도 연관된 사물 이다.

"[…] 벽돌을 구울라면 인자, 원흙을 해야 쓰잖아요? 그럼 거기서 흙 을 퍼다가, 거기에서 이렇게 벽돌을 찍어가지고 만들었단 말이야. […] 산을 허물어가지고 자-꾸 흙을 하다 보니까, 돈돈해졌잖아요?"

"여기서 흙을 펐다고, 원토. 원 흙을, 인자 벽돌 만드는 흙을 편 자리라고, 거기가. 그렇게 높다, 그 말이야. 그러니까 얼마나, 거기가 산이었는데. […] 흙이 좋으니까 전부 깎아가지고 벽돌 찍은 자리라, 그 말이야 여기가. […] 이쪽으로는 다, 터가. 그렇게 해서 만들어진 터라, 그거라."[28]

소록도 한센인들의 구술자료집에는 흥미로운 대목이 나온다. 보통 소록도 벽돌공장과 관련해서는 한센들이 작업에 동원되어 고생한 이야기, 인권침해 등의 주제들이 주로 조명되지만, 내가 흥미로웠던 부분은 벽돌을 굽기 위해 '원흙'을 자꾸 파내다보니 산이 평평해질 정도로 풍경이 변화되었다는 이야기이다. 인간이 흙으로 만든 벽돌과 그 벽돌로 지은 집, 지금은 허물어져가는 건물의 잔해, 부서지는 벽돌. 그 그림은 내 머릿속에서 잉골드의 "풍경의 시간성"에 대한 이야기와 겹쳐졌다.

잉골드는 풍경을 인간 활동의 중립적, 외적 배경으로 보는 자연주의적 견해와, 모든 풍경을 공간에 대한 특정한 인지적 혹은 상징적 배열이라고 보는 문화주의적 견해 사이의 단조로운 대립을 넘어서려고 시도한다. 언덕 위의 나무들과 돌로 지은 교회가 서로 어떻게 다를까? 잉골드는 양자 모두 바흐친이 '크로노토프'라고 부르는 속성을 가지고 있다고 지적한다. 즉, 시간성을 실은 공간(a place charged with temporality), 시간성이 매우 뚜렷한(만질 수 있는) 형태를 취하고 있는 공간이라는 것이다.

벽돌을 만들기 위해 산의 흙을 파내면서 '자연' 풍경이 바뀌었고, 그 벽돌로 마을 집(병사)을 지어서 인공 풍경이 만들어졌다. 시간이 흐르면서 그 인공 풍경이 허물어지면서 거기서 식물과 사슴이 강력한 행위자로 부상하고 있다. 이들은 모두 시간성을 실은 공간 안에서 서로를 구성하는 행위자들인 것이다.

4) 공간의 켜

풍경은 단순한 시각적 인상이 아니다. 수많은 존재들의 자취를 읽어내고 공간의 켜(이는 공간의 시간성과도 연결된다)를 감지할 때 풍경은 입체적으로 살아난다. 그리고 교차와 얽힘을 많이 발견할수록, 우리는 장소의 깊이와 다채로움을 느끼게 된다.

모든 것은 자취를 남긴다. 알아차리지 못할 뿐.

폐쇄된 구 새마을의 중정에서는 수많은 교목, 관목, 풀, 이끼, 한센인, 새마을운동, 병균, 사슴, 삶과 죽음, 질병, 벽돌 등 다중의 시간과 사건과 주체들이 만난다. 과거와 현재와 미래가 교차하며 불쑥불쑥 얼굴을 내민다. 이 장소가, 아니 오히려 지금 이 세계가 단지 살아있는 몇몇 인간들에 의해 굴러가는 것이 아님을 알아차리게 된다. 수많은 인간과 비인간 존재들, 인공 사물, 초자연이 얽힌 풍경, 이 풍경은 이것인 동시에 저것이고, 일종의 팔림세스트(palimpsest)이다.

4. 그림자, 낯설고도 친숙한 이야기

구 새마을의 독신사 중정에서 나는 번성하는 나무들과 부서져가는 건물들을, 죽은 지 오래된 사슴의 뼈와 죽은 지 얼마 되지 않은 사슴의 사체(그리고 거기에 찾아든 파리들)를 보았다. 그곳은 정말로 다양한 수준에서 과거와 현재와 미래가, 삶과 죽음이 교차하는 공간이다.

옛 마을터에서 거주하던 인간은 사라졌지만 그 자취는 남아 있다. 얼핏 보면 무성한 식물과 폐허가 된 건물만 눈에 들어오지만, 자세히 볼수록 더 많은 자취들이 등장한다. 수많은 존재들이 시공간을 넘나들며 얽히고설키며 영향을 주고받는다. 말하자면, 서로가 서로에게 그림자를 드리운다.

동서고금을 막론하고, 사람들은 '지금은 없는 존재의 강력한 자취'를 표현하기 위해 다양한 표현을 사용해왔다. 에드워드 버넷 타일러(E. B. Tylor)가 『원시문화: 신화, 철학, 종교, 언어, 기술, 그리고 관습의 발달에 관한 연구』(1871)에 수록한 사례들은 흥미롭다. 그는 동서고금의 많은 이들이 "대체로 손으로 만질 수도 눈으로 볼 수도 없지만 물리적 힘을 드러내 보이"[29]는 무언가를 설명하기 위해 영혼, 혹은 영을 상상해왔다고 제안한다. 그리고 그러한 영혼, 혹은 영을 표현하기 위해 여러 단어들이 사용되었다고 설명하면서, 그 가운데 첫 번째로 '그림자'를 제시한다.[30]

> 인간의 영혼 혹은 영에 관한 대중적 개념을 이해하기 위해서는, 그것을 표현하기에 적당하다고 여겨져 온 단어들에 주목할 필요가 있다. 꿈꾸는 자 혹은 환상가가 본 유령이나 환영은 그림자나 거울에 비친 상처럼 실체가 없는 형태이기에, 영혼을 표현하기 위해 **그림자**라는 친숙한 용어가 사용되었다. 그래서 그림자를 가리키는 태즈메이니아의 단어는 또한 영을 가리키며, 알곤킨족 사람들은 사람의 영

혼을 **오타흐추크**, '그의 그림자'로 묘사하고, 키체어에서는 '그림자, 영혼'을 나타내는 **나툽**이란 단어를 사용한다. 아라와크족의 **우에자** 는 '그림자, 영혼, 이미지'를 의미하며, 아비폰족은 '그림자, 영혼, 메아리, 이미지'를 모두 **로아칼**이란 한 단어로 표현한다. 줄루족은 '그림자, 영, 유령'을 가리키는 단어인 **툰찌**를 사용할 뿐 아니라, 사람이 죽으면 그의 그림자는 시체로부터 어떤 방식으로든 떠나서 조상의 영이 될 것이라고 생각한다. 바수토족은 사후에도 남아있는 영을 **세리티** 혹은 '그림자'라고 부를 뿐 아니라, 강둑 위를 걸어 다닐 경우에 악어가 물에 비친 그의 그림자를 붙잡아서 그를 물로 끌어들일 수도 있다고 생각한다. 반면 올드 칼라바르에서는 가망 없이 죽어가는 사람에 대해 영과 **우크폰** 혹은 '그림자'를 동일시한 사례가 발견된다.[31]

타일러는 일찍이 1871년에 최소한도의 종교 정의로서 애니미즘, 곧 "영적 존재들에 대한 믿음"을 제안한 바 있다. 애니미즘은 생명, 숨, 영혼 등을 뜻하는 라틴어 '아니마(anima)'에서 유래한 용어인데, 타일러는 여기서 영혼에 초점을 맞춘다. 타일러는 자고로 '생각하는 인간'이라면 꿈과 죽음이라는 두 종류의 문제에 깊은 인상을 받을 수밖에 없으니, "고대의 야만인 철학자들"이 이러한 두 종류의 현상을 설명하는 과정에서 영혼, 영의 존재를 가정하게 되었으리라 추정한다.[32] 인류 문화와 종교를 '과학적'으로 설명하려고 시도한 타일러의 '종교과학'에 대한 논의는 차치하더라도, "야만인들"이 꿈과 죽음을 설명하기 위해 영혼을, 유령을 상상하게 되었고, 이를 '그림자'로 표현하곤 했다는 부분은 흥미롭다. 어떻게 보면 '부재'의 현실에서 사라진 것의 자취를 추적하면서 그 힘을 포착하고 영혼, 유령을 상상하게 되었다고 말할 수 있겠다.

빅토리아 시대의 과학적 정신으로 무장한 타일러에게, 세계 각지 원주민에게서 발견되는 애니미즘들—그러니까 영혼이 없는 존재들의 영혼을 상상하고, 살아있지 않은 존재를 살아있는 듯이 대하는 관습들—은 과학이 발달하기 전 생명현상을 설명하기 위해 영혼이라는 것을 상상한 어린애 같은 믿음에 불과했지만, 이를 인간과 비인간의 활력에 관한 이야기, 시공을 넘나드는 존재의 영향력에 관한 이야기, 여러 힘들의 얽힘에 관한 이야기로 읽으면 흥미롭다. 어쩌면 타일러가 수집한 다양한 애니미즘의 사례들은 생명의 자취들을 알아차리는 이야기, 시간성을 실은 생동감 있는 풍경과 활력을 띤 사물들에 대한 이야기들일지도 모른다.

낯설고도 친숙한 이야기들이다. 현대 문명에 익숙해진 우리는 이런 이야기들을 잊어버렸다. 그러나 인류세의 우리는 그림자와 유령이 출몰하는 풍경에 좀 더 익숙해져야 할지도 모른다. 인류세는 과거 삶의 방식의 흔적이 여전히 남아 영향을 발휘하는, 그리고 인간을 위한 자원이나 배경으로만 여겨졌던 비인간 존재들의 힘이 강력하게 모습을 드러내는 시기이기 때문이다.

지금은 진보와 성장 서사에 가려져 있던, 미처 보지 못한 것들이 돌아오는 때다. 가려둔, 은폐되었던 것들이 출몰한다. 애나 칭 등은 이를 '유령'으로 칭한다. 유령이란 "생태계를 만들고 또 파괴하는 인간적인 것보다 더 큰 역사의 흔적이다."[33] 애나 칭 등은 현대세계에 골칫거리로 돌아온 쓰레기, 방사능 등도 유령으로 지칭한다.

최근의 사례를 들어보자. 2025년 4월 초, 미야자키 하야오 그림체 열풍이 전 세계를 강타했다. 챗지피티에 사진을 업로드하면 AI가 순식간에 미야자키 하야오 그림체로 변환해주었다. 과정은 간단하고 결과물은 재미있어서 전 세계의 수많은 사람들이 열풍에 동참했다. 그러나 그 간단한 과정과 재미있는 결과물 뒤에는 엄청난 전기 사용, 탄소 발생 등의 문제가 가려져 있다. 전기 자체도 마찬가지다. 전력수요를 감당하기 위해 핵발전소에 의존할 경우, 전기 발생은 언제나 핵 쓰레기를 남긴다. 그러나 그 모든 것은 그림자의 영역에 있다. 가려져서 보이지 않는다. 그러나 이제는 그 그림자들이 돌아와서 우리에게 말을 건다. 그림자의 귀환이다.

19세기 타일러가 정의한 '영적 존재들에 대한 믿음'으로서의 애니미즘은 인류세에 새롭게 발견된다. 인류세에 애니미즘은 '세계에 영향을 미치는 다양한 존재들에 관한 인식과 그에 따른 생활 방식'으로 뒤틀리며 확장된다. 인류세에 애니미즘의 이와 같은 재발견이 흥미로운 이유는, 그동안 대체로 무시되었던 토착지식, 전통생태지식을 재평가할 단초를 제공해주기 때문이다.

5. 죽은 자들과 산 자들이 모이는 풍경: FEAST, 혹은 먹고 먹이는 세계

인간이 풍경을 새롭게 만들어가는 과정에서, 우리는 이전에 무엇이 있었는지 잊어버린다. 생태학자들은 이러한 망각을 "기준점 이동 증후군(shifting baseline syndrome)"이라고 부른다. 새롭게 만들어지거나 폐허가 된 풍경은 곧 새로운 현실이 된다. 하나의 풍경과 그 생물학적 얽힘을 감탄하며 바라볼 때, 우리는 종종 다른 많은 것들을 잊어버린다. 망각은 그 자체로 풍경을 재형성하는데, 우리가 어떤 집합체들(assemblages)을 다른 것들보다 우선시하기 때문이다. 하지만 유령들은 우리에게 상기시킨다. 유령들은 우리의 망각을 가리키면서, 살아있는 풍경이 얼마나 이전의 자취와 흔적으로 가득 차 있는지 보여준다.[34]

소록도에서 존재의 자취를 따라가면서, 한편으로는 다양한 비인간 존재들의 활력, 생존과 다채로움을 발견하지만, 다른 한편으로는 서로가 서로에게 침투해 있고 얽혀 있는 세계를 보게 된다.

어떤 인간들이 병균으로 고통 받는 다른 인간들을 섬에 가둔다. 그들이 벽돌을 만들어 집을 짓고 마을을 만든다. 또 다른 인간이 섬에 사슴을 들여온다. 천적이 없어 번성한 사슴은 자연의 풀과 인간이 키운 작물을 먹고 나무껍질에 뿔을 비빈다. 나무는 인간이 떠난 빈터에서 제멋대로 높이 자란다. 병균이 나무를 먹는다. 사슴이 수피를 벗겨 나무를 죽인다. 진드기가 사슴피를 먹는다. 사슴은 죽어서 분해되어 어떤 식으로든 흙으로 돌아가 나무의 양분이 된다.

이것은 돌고 도는 순환 속의 세계이며, 먹고 먹이는 세계, 달리 말하면 나도 누군가의 살을 먹고 내 살로 누군가를 먹이는 세계이기도 하다. 기본적으로 생태학적 세계 속에서 신체화된 모든 존재는 다른 존재를 위한 먹이가 된다. 그렇게 보면, 구 새마을 독신사의 중정은 과거와 현재와 미래의 인간, 비인간 존재들이 서로를 먹고 먹이는 연회장(feast)이기도 하다.

그러한 발상은 자연에 깃들어 살아온 마오리족을 비롯한 세계 각지 원주민, 토착민에게는 새로운 것이 아니다. 마오리족의 세계에서 인간 사회는 그 지역의 한 부분일 뿐이며, 동물, 식물 등의 비인간 자연과 조상, 유령 등의 초자연이 서로 얽히고설키며 영향을 주고받고 있다. 인간은 다양한 방식으로 그러한 역동적인 세계에 적절히 깃들어 살기 위해 애쓴다. 그 방식은 적절히(그러니까 세계 내 다른 존재들을 알아차리고 존중하면서) 먹고 또 먹이는 것이다. 산 자들뿐 아니라 죽은 자들, 비인간 식물과 동물, 바위와 강이 제 역할을 하며 힘을 발휘하는 세계의 이야기, 낯설고도 친숙한 오래된 이야기를 인류세의 우리는 새롭게 다시 읽는다.

이것은—생태계가 인간에게 주는 혜택을 규명하는 데 치우친—현대 학자들의 생태계서비스 개념과도 차이가 있는, 돌고 도는 순환하는 세계, 얽힌 세계, 다양한 인간-비인간들이 역동적으로 조응하는 세계이다. 그러한 얽힘을 알아차리고 반응하면서 관계 속으로 적절히 들어가는 능력을 '감응력'이라고 할 수 있을 것이다. 장소에서 다양한 비인간 존재들을 알아차리고 나아가 이를 이해하고 존중하려는 노력은 데이비드 앤더슨이 제안한 '사람과 장소의 상호관계(the mutual inter-relation of person and place)'에 대한 감각, 이른바 '감응적 생태학(Sentient Ecology)'으로 연결될 수 있는 중요한 고리가 될 것이다.[35]

팀 잉골드는 사람들에게는 그들의 환경 관계들의 역사가 중첩되어 있고, 환경에는 사람들의 활동의 역사가 중첩되어 있다고 말한다.[36] 다시 말해서, 환경과 사람 사이에는 창발적 경계(emergent boundary)가 세워지며, 서로는 끊임없이 그러한 유동적 경계를 넘나들며 접속한다. 단지 내가 환경을 받아들일 뿐 아니라, 나 자신 또한 다른 이들의 환경이 됨으로써 상황에 영향을 미친다. 사람과 환경은 동일한 세계의 상호 구성적 요소들이다.

> 여러 종의 생물이 살 수 있게 하는 역사들을 추적하려면, 살아있는 몸들을 보는 것으로는 충분하지 않다. 대신 우리는 죽은 자들의 집합체가 산 자들과 한데 어우러진 풍경을 헤매야 한다. 그들의 병치(juxtapositions)에서 우리는 삶의 가능성을 새롭게 보게 된다.[37]

소록도 옛 마을터에서 다양한 존재들은 (인간-사람이든 비인간-사람이든) 다른 존재를 먹고 또 먹이면서 장소를―나아가 세계를―구성해왔다. 죽음 역시 이 세계의 생태학적 순환에서 예외가 아니다. 죽음에서 일어나는 물질의 순환, 그리고 땅으로 돌아가 다른 존재의 먹이가 되는 과정은 소록도에서도 여러 가지 모습으로 드러난다. 이것은 삶의 기본적인 사실이다. 나는 인간과 비인간, 산 자와 죽은 자의 얽힘이 두드러지게 가시화된 장소가 구 새마을의 정경이었음을 서서히 이해하기 시작한다.

우리는 그러한 사실을 잊고 인간만이 무대의 주인공인 듯 여기면서 인류세에 이르렀다. 인간이 지구상에서 주도권을 갖고 있지 않다는 사실은, 그리고 비인간 존재들도 저마다 힘과 영향력을 발휘하고 있다는 사실은 어쩌면 희망의 근거이기도 하다.

6. 이끼, 그리고 지금 여기 애니미즘

소록도 구 새마을 독신사는 단지 폐허도 아니고, 그저 안타까운 장소
도 아니다. 여러 존재의 자취가, 과거와 현재와 미래가, 인간과 자연과
초자연이 얽히고 엮이는 역동적인 현장이다.

곳곳에서 여러 시간의 존재들이 말을 건다. 죽은 자들, 산 자들, 인간,
비인간… 가만히 귀를 기울인다. 공간이 생동감을 띠고 살아난다.

잉골드는 "사물을 그들의 이야기로 인식할 때 우리는 비로소 그들과
조응할 수 있다."[38]고 했다. 이는 선후를 따질 수 없는 사건이다. 사물
을 그들의 이야기로 인식하는 것과 조응한다는 것. 이 공간 속 여러 존
재들을 알아차리고 그들의 이야기에 귀 기울이는 나는 더 이상 이전의
내가 아니다. 이 장소를 이해하려던 나는 어느새 이 장소와 조응하는
자가 되어 있다.

그래도 막막함은 남아 있다. 소록도 옛 마을터의 서사적 주체들에 귀
기울이면서 이 장소를 조금 더 입체적으로 이해하게 되었다면, 이 장소
자체가 인류세의 내게 해주는 말은 무엇일까?

이끼에게서 힌트를 얻을 수 있을 것 같다. 정말로 주의를 기울이지
않으면 인간이 그 존재조차 알아차리지 못하지만, 인간의 알아차림과
는 무관하게 세상을 부드럽게 뒤덮는 존재들 말이다.

이끼는 아득한 옛날 풀도 나무도 생겨나기 전에, 대략 4억 년 전에
생겨났다고 한다. 일부러 유심히 보지 않으면 눈에 잘 띄지 않지만, 이
끼는 소록도의 옛 마을터를 부드럽게 뒤덮고 있다. 자세히 보면 늙은
나무의 몸통에서도, 무너져가는 건물 벽에서도, 바닥에서 뒹구는 벽돌

에서도 이끼를 볼 수 있다. 이끼는 소리 없이 광합성을 하고, 탄소를 흡수하고, 미세먼지를 제거한다. 숲속 이끼는 균근균을 부드럽게 덮어주어 고요하게 숲의 소통을 돕는다.

그리고 조금 더 유심히 살펴보면, 우리는 소록도의 벽돌이나 나무 표면에 자리한 지의류를 만나게 된다. 지의류는 이끼와 마찬가지로, 아득한 옛날부터 지구상의 바위와 맨땅 위에서 자리를 잡고 살아왔다.

> 지의류는 사상성 진균(filamentous fungi)과 광합성 조류(藻類) 또는 시아노박테리아 등 여러 종의 공생적 집합체다. 지의류는 그 자체로 일종의 풍경이며, 그 유령들로 인해 생동한다. 많은 사상성 진균은 잠재적으로 불멸의 존재다. 죽지 않는다는 뜻은 아니다. 그렇지만 그들은 인간과 달리, 단지 나이가 들었기에 죽는 것은 아니다. 손상을 입어서 잘려나가기 전까지는 계속 재생되는 필라멘트 네트워크로 퍼져나간다. 우리의 박자를 강요하지 않고 그들의 리듬을 알아차릴 때, 그들은 우리에게 다른 종류의 삶의 가능성을 열어준다.[39]

이끼와 지의류는 자연물도 인공물도 가리지 않고 뒤덮는다. 이끼와 지의류는 아득한 옛날부터 바위와 (그리고 주위 다른 존재들과) '대화'를 했고, "어떠한 녹색 생명도 살지 못할 것 같은 그늘진 구석에서도" 살아왔다.[40] "우리의 박자를 강요하지 않고 그들의 리듬을 알아차릴 때," 이끼와 지의류는 우리에게 "다른 종류의 삶의 가능성"을 열어줄 수 있을 것이다.

〈그림 10〉 벽돌을 뒤덮은 이끼와 지의류 (2025.4.11.)

〈그림 11〉 벽 시멘트 위에 그려진 새 (2025.1.17.)

또 우리는 이곳에 거주해온 한센인들에게서도 힌트를 얻을 수 있다. 한센인들은 육지의 인간사회로부터 멸시와 차별의 대상이었고, 마침내 섬이라는 고립된 공간에 분리수용되었다. 그런데 역설적이게도 한센인들은 비한센인 인간사회로부터는 고립되었지만, 그로 인해 소록도의 생태환경에는 생존을 위해 더욱 밀착되어 내밀하게 거주하고 조응하면서 토착지식을 수립해왔다. 또한, 자연에서 생존과 생계에 필요한 것들뿐 아니라 정서적 안정, 심리적 위안, 장소감 등을 얻으면서 이를 미술, 문학, 조경, 목공 등을 통해 예술적으로 승화하는 가운데 독특한 적응적 문화를 형성해왔다. 한센인들이 질병과 인권 유린의 고통 속에서도 책에 그려 넣은 은방울꽃과 벽 시멘트 위에 그려 넣은 새, 그리고 직접 만든 보면대에 새겨 넣은 음표는 그 소박한 사례이다.

한센인과 이끼, 그리고 지의류는 교차점이 없는 듯하면서도 비슷한 방식으로 이 장소의 과거/현재/미래의 구성원이자 주인이다. 이들은 스스로 세밀하게 감각하고, 스스로 경험하고 생각하고 느낀 바를 저마다의 방식으로 촘촘히 기록하는 자들, 자취를 남기는 자들, 열린 세계와 조응하는 존재들이다. 나는 이들을 통해 누가 이 불안정한 세계를 떠받치고 있는지 본다. 세상의 끝에서 상처 입은 세계를 부드럽게 그리고 치열하게 뒤덮는 존재들을 본다.

이 장소가 다양한 서사적 주체들을 통해 내게 하는 말은 이런 것인 듯하다.

현재의 뒤엉킨 '트러블' 상태에서 최선을 다해 존재를 존중하고, 기억하고, 고통을 최소화하기 위해 애쓰며, 돌봄의 관계를 형성하려 애쓰라. 한센인의 고통과 죽음과 기쁨과 의지를, 사슴의 존재를, 식물의 분투를, 이끼의 생명력을, 뭇 존재의 삶과 죽음과 질병과 그럼에도 찬란한 빛을 기억하며 그 장의 일부가 돼라.

하나의 행위자로서 또 다른 행위자들을 알아차리고, 만나고, 빛나는 순간들을 포착하고, 기억한다. 나를, 당신을, 우리를, 서로를, 더 큰 서사 속에 위치시킨다.

기억, 기념, 자취.
그래도 살아간다.

리듬의 뒤틀림을 감지하고
풍경 속 다양한 존재의 자취, 그림자를 식별하며

공존을 모색한다.

더 많이 만들고, 더 많이 알아차리고, 얽히고 엮이는 자리를 만든다.

그것이 지금 여기, 나의 애니미즘이다.

주

1 나는 2025년 1월부터 이 글을 쓰는 2025년 5월 현재까지 소록도교회 100주년 기념관을 위한 아카이빙 작업에 참여하고 있다. 현재 국립소록도병원 한센병박물관과 중앙공원 등은 일반인의 방문이 가능하지만, 한센인들이 거주하는 마을에는 일반인들의 출입이 통제되고 있다. 그렇지만 아카이빙 작업에 참여하는 소수의 인원이 소록도 곳곳을 방문하고, 만나고, 기록하는 작업을 진행하고 있다.

2 2024년 국립생태원의 조사결과에 따르면, 소록도는 장기간의 출입제한 조치로 훼손이 최소화되어 대체로 자연환경의 보전 상태가 양호하다. 현재 1,262종의 생물이 서식하고 있다. 국립생태원, 『자연의 서정이 담긴 섬, 소록도』, 2024, 174쪽.

3 1946년 6,254명이 거주했고, 이때가 가장 많은 수의 한센인이 거주했던 때였다. 장성곤, 「소록도 100년의 변천 과정 분석 및 보전자산 추출: 세계유산적 관점」, 경성대학교대학원 공학석사 학위논문, 2018, 47쪽.

4 2025년 3월 31일 발간된 보고서에 따르면, 소록도에는 336명의 한센인이 거주하고 있다. 보건복지부 국립소록도병원, 『현황 및 통계』(2025. 3. 31), 4쪽.

5 명지대학교 한국건축문화연구소, 『소록도 문화유산』 보존, 관리를 위한 종합계획 수립 용역 II, 고흥군청, 2020, 531쪽.

6 국립소록도병원, 『소록도100년사: 한센병 그리고 사람, 백년의 성찰』 역사편, 국립소록도병원, 2017, 215-16쪽.

7 『소록도연보 1967』, 국립소록도병원, 1967, 14쪽.

8 이하의 사진은 직접 촬영한 것이다.

9 Tim Ingold, "The temporality of the landscape," *World Archaeology*, Vol. 25, No. 2, 1993, p. 169.

10 줄리아 애드니 토머스, 마크 윌리엄스, 얀 잘라시에비치, 『인류세 책: 행성적 위기의 다면적 시선』, 박범순, 김용진 옮김, 이음, 2024, 274쪽.

11 아미타브 고시, 『대혼란의 시대』, 김홍옥 옮김, 에코리브르, 2021.

12 Val Plumwood, *Environmental Culture: The ecological crisis of reason*, Routledge, 2002, p. 230.

13 Ibid., p. 231.

14 유기쁨, 「발 플럼우드의 철학적 애니미즘 연구: 장소에 기반한 유물론적 영성 개념을 중심으로」, 『종교문화비평』 42권, 2022, 340쪽.

15 국립생태원, 『자연의 서정이 담긴 섬, 소록도』, 2024, 49쪽.

16 위의 책, 47쪽.

17 위의 책, 71쪽.

18 위의 책, 181쪽.

19 소록도100년사 편찬위원회, 『소록도100년사: 한센병 그리고 사람, 백년의 성찰』 역사편, 국립소록도병원, 2017, 40-41쪽.

20 소록도80년사 편찬위원회, 『소록도80년사』, 국립소록도병원, 1996, 56쪽.

21 위의 책, 109쪽.

22 국립생태원, 앞의 책, 83쪽.

23 그뿐만 아니라, 대만꽃사슴은 소록도의 지형에도 영향을 미치고 있다. 사슴의 섭식 활동으로 하부식생 밀도가 낮아짐에 따라 경사면의 토양은 침식에 취약한 상태로 노출된다. 또한 묵논습지와 주변 농수로는 대만꽃사슴의 배설물이 축적되어 오염이 심한 상태이다. 국립생태원, 앞의 책, 55쪽, 149쪽.

24 국립생태원, 앞의 책, 133쪽, 182쪽.

25 문선희, 『이름보다 오래된: 문명과 야생의 경계에서 기록한 고라니의 초상』, 가망서사, 2023, 62-63쪽.

26 Val Plumwood, *Environmental Culture: The ecological crisis of reason*, Routledge, 2002, p. 14.

27 소록도80년사 편찬위원회, 『소록도80년사』, 국립소록도병원, 1996, 46쪽.

28 김영희, 황은주, 『소록도의 구술 기억 II』, 국립소록도병원, 2019, 196쪽, 198쪽.

29 Edward B. Tylor, *Primitive Culture: Researches into the development of mythology, philosophy, religion, language, art, and custom.* 『원시문화: 신화, 철학, 종교, 언어, 기술, 그리고 관습의 발달에 관한 연구』 2권, 유기쁨 옮김, 아카넷, 2018, 28쪽.

30 그림자 다음으로는 심장, 피, 눈동자, 숨 등이 영혼을 가리키는 단어들로 예시된다. 위의 책, 31-32쪽.

31 위의 책, 29-30쪽.

32 위의 책, 27쪽.

33 Elain Gan, Anna Tsing, Heather Swanson, Nils Bubandt, "Introduction: Haunted Landscapes of the Anthropocene," in Anna Tsing et al., eds., *Arts of Living on a Damaged Planet*, University of Minnesota Press, 2017, G1.

34 Ibid., G6.

35 Tim Ingold, *The Perception of the Environment: Essays in livelihood, dwelling and skill*, Routledge, 2000, p. 25. 한편, 이 글에서 '사람(person)'은 인간과 비인간을

모두 가리킬 수 있다. 유기쁨, 『애니미즘과 현대 세계: 다시 상상하는 세계의 생명성』, 눌민, 2023 참조.

36 Tim Ingold, "Culture and the perception of the environment," in Elisabeth Croll and David Parkin, eds., *Bush Base, Forest Farm: Culture, environment and eevelopment*, Routledge, 1992, p. 51.

37 Elain Gan, Anna Tsing, Heather Swanson, Nils Bubandt, *op. cit.*, G5.

38 팀 잉골드, 『조응: 주의 기울임, 알아차림, 어우러져 살아감에 관하여』, 김현우 옮김, 가망서사, 2024, 30쪽.

39 Elain Gan, Anna Tsing, Heather Swanson, Nils Bubandt, "Introduction: Haunted Landscapes of the Anthropocene" in Anna Tsing et al., eds., *Arts of Living on a Damaged Planet*, University of Minnesota Press, 2017, p. G9.

40 로빈 월 키머러, 『이끼와 함께: 작지만 우아한 식물, 이끼가 전하는 지혜』, 하인해 옮김, 눌와, 2020, 18쪽, 19쪽, 262쪽.

7

비인간 리터러시

개념적 확장을 너머 체화된 리터러시로

김성우

"'만'은 물이 죽어 있을 때에만 명사이다. '만'이 명사일 때, 그것은 인간에 의해 정의되고, 그 사이에 갇혀 단어에 의해 경계 지어진다. 그러나 동사 wiikwegamaa, '만이 되다'는 물을 구속에서 해방시켜 삶을 허락한다. "만이 되다"는 이 순간, 살아 있는 물이 이 해안선 사이에 머물러 스스로를 보호하기로 결정했음을 경이롭게 보여 준다. 물은 삼나무 뿌리들과 아기 흰뺨오리 떼와 대화를 나누며 살아 있다. 왜냐하면 물은 달리 선택할 수도 있으니까 ─ 시내가 되거나, 대양이 되거나, 폭포가 되거나, 그 모든 것을 표현하는 동사들이 존재한다. 언덕이 되기, 모래 해안이 되기, 토요일이 되기, 이 모든 것이 만물이 살아 숨 쉬는 세계에서 가능한 동사다. 물도, 땅도, 심지어 하루조차도, 이 언어는 세상의 생명력, 솔잎과 딱따구리와 버섯을 관통하는 삶의 맥박을 비추는 거울이다. 내가 숲속에서 듣는 언어가 바로 이것이며, 우리 주변에 솟아오르는 것을 말할 수 있게 해주는 언어다. 그리고 기숙학교의 잔재들, 비눗물을 휘두르던 선교사 유령들은 패배의 고개를 숙인다."(Kimmerer, 2013: 55)

1. 들어가며: 리터러시 연구 소사(小史)

학문 분과로서의 리터러시 연구가 본격적으로 태동하기 이전의 전통적인 읽기 교육에서는 '문화화된 독자(Encultured Reader)' 개념이 지배적이었다. 이 관점에서 독서는 개인의 의미 구성 행위라기보다는 사회문화적 규범과 가치를 공유하고 내면화하는 과정으로 이해된다. 이러한 읽기관은 구텐베르크의 인쇄술 발명 이전 시기에 더욱 두드러졌는데, 텍스트에 대한 접근성 제한과 더불어 교사와 성직자가 무엇을, 왜, 어떻게 읽어야 하는지를 정의하는 방식으로 독서 교육이 이루어졌기 때문이다(Tierney & Pearson, 2021). 망구엘(Manguel)의 '독서의 역사'는 이러한 '문화화된 독자' 개념이 중세에 어떻게 종교와 밀접하게 관련되어 있었는지, 나아가 의례화된 읽기가 어떤 방식으로 실천되었는지를 생생하게 보여준다.

형제들의 식사 시간에는 항상 낭독이 있어야 한다. 누구든지 책을 무작위로 집어 들고 그 자리에서 읽기를 감히 시작해서는 안 되며, 일주일 동안 낭독할 자는 일요일에 그 임무를 시작해야 한다. 미사와 성체성사 이후에 그 직무를 시작할 때에는 모두에게 자신을 위해 기도해 달라고 부탁하여, 교만의 영이 그에게 임하지 않도록 해야 한다. 그리고 모든 이가 경당에서 세 번씩 이 구절을 외우되, 그가 먼저 '주님, 제 입을 여시어 제 입술이 주님의 찬양을 전하게 하소서'라는 말씀을 선창해야 한다. 축복을 받은 뒤에는 담당자로서 낭독을 시작한다. 식사 중에는 낭독자의 목소리 외에는 들리지 않도록 그 어떤 속삭임이나 다른 목소리도 가장 엄숙한 침묵을 지켜야 한다. 음식이 필요할 때에는 형제들이 차례로 서로 건네 주어, 누구도 요청할 필요가 없게 해야 한다. (Manguel, 2014)

이러한 읽기 전통은 텍스트의 권위와 텍스트 자체에 대한 경외심을 독자 개인의 의미 구성보다 중요시했고, 20세기 초 행동주의 심리학의 영향과 결합하며 독서를 의미 생산보다는 수용의 과정으로 간주하는 경향을 낳았다(Tierney & Pearson, 2021).

20세기 후반을 거치며 리터러시 연구는 그 지평을 지속적으로 넓혀 왔다(Tierney, 1990). 1960년대와 1970년대를 거치며 심리학, 인지과학, 언어학, 컴퓨터공학, 철학, 신경과학 등의 통합 논의 가운데 인지혁명(cognitive revolution)과 함께 등장한 '구성주의적 독자(Constructivist Reader)' 패러다임은 리터러시 교육에 있어 중대한 전환이었다. 구성주의적 관점은 저자나 텍스트가 아닌 독자가 의미 구성의 핵심이라는 점을 부각시켰다. 의미는 텍스트 내에 내재되어 있는 것이 아니라 독자,

텍스트, 맥락 간의 상호작용 속에서 구성된다는 관점을 제시한 것이다(Spivey, 1987). 이러한 전환은 교육의 영역에서 의미 구성의 주도권이 저자와 텍스트에 대한 전문성을 지닌 교사에서 독자에게로 이동했음을 의미했다(Tierney & Pearson, 2021). 전문가 해석과의 일치에 기반한 '정확성'보다는 독자의 경험과 관점에 기반한 의미 구성 과정에 방점을 찍으며 새로운 해석적 지평을 열어젖힌 것이다.

구성주의적 독자 모델에서 독자는 수동적 정보 수용자가 아닌 능동적이고 주도면밀한 탐정의 역할을 맡게 된다. 독자는 질문을 던지고 예측하며 경험과 텍스트를 바탕으로 가설을 형성하는 주체로서, 의미의 여러 조각들을 유기적으로 맞춰나가는 작업을 수행한다. 이 과정에서 독자는 텍스트의 흐름 위에서 세상에 대한 이해, 읽기의 목적, 관점을 엮어가며 역동적인 추론 및 이해를 주도한다. 텍스트의 내부와 외부를 오가며 정합적 의미를 구성하는 의미 구성자(meaning maker)가 되는 것이다. 이러한 관점은 20세기 후반 문학 읽기의 주요한 사조 중 하나로 부상한 독자반응이론(reader-response theory)과 그 궤를 같이한다고 볼 수 있다(Kunjanman & Aziz, 2021).

1980년대 후반부터 대두된 '사회적 독자(Social Reader)' 관점은 읽기와 쓰기를 '머릿속에서' 일어나는 것으로 보던 인지주의적 시각을 넘어 리터러시를 본질적으로 사회적 과정으로 재정의했다. 읽기 활동이 단순한 인지적 기술 발달 이상의 의미를 지니며, 독자가 실제로 경험하는 맥락, 관계, 사건 등이 의미 구성에 필수적인 요소임을 강조한 것이다. 이러한 흐름은 러시아의 발달심리학자 레프 비고츠키와 그의 동료들의 연구가 서구에 번역되면서 이론적 기반을 공고히 할 수 있었고,

사회적 요소가 개인의 발달을 중재하는 데 핵심적인 역할을 한다는 인식이 증가함에 따라 학습의 상황적 특성, 나아가 학습자와 교사를 둘러싼 다양한 사회문화적 요인이 연구의 초점으로 부상했다(Tierney & Pearson, 2021; Vygotsky, 1962).

사회적 독자관의 수립에 이어 제임스 지(James Gee), 브라이언 스트리트(Brian Street) 등이 주도한 뉴 리터러시 연구(New Literacy Studies)는 문해력을 일련의 기술이 아닌 사회적 실천(social practice)을 포괄하는 개념으로 재정의하는 패러다임 전환을 가져왔다(Gee, 2007; Street, 1984). 이 관점에서 문해력은 텍스트에 의해 중재되는 사회적 실천을 포함하며, 다양한 문해력은 서로 다른 삶의 영역과 관련된다. 사회적 독자관 및 뉴 리터러시 연구는 연구의 초점을 사회문화적인 의미 구성 방식으로 전환시켰으며, 읽기와 쓰기는 개인과 텍스트의 상호작용이 아닌 상황적이고 간주관적이며 문화적인 활동으로 간주되었다.

브라이언 스트리트(Brian Street)는 리터러시를 단일한 개념으로 보지 않고 자율적 모델(autonomous model)과 이데올로기적 모델(ideologial model)로 구분한다. 자율적 모델은 리터러시를 독립적이며 중립적인 기술로 본다. 아울러 리터러시가 보편적이며 독립적으로 작동하고, 읽고 쓰는 역량을 갖추면 인지능력이 향상되고 더 나은 시민이 될 수 있다고 주장한다. 이는 학교교육 및 다양한 문해 프로그램에서 표준적인 관점으로 채택되고 있는 모델이다. 이에 반해 이데올로기적 모델은 리터러시를 특정한 사회문화적, 제도적, 정치적 맥락에서의 사회적 실천(social practice)으로 간주한다. 따라서 리터러시는 보편적이고 단일한 것으로 개념화될 수 없으며, 상황적인 요인에 따라 다르게 발현되고 강제되고 또 평가된다. 무엇보다 특정 리터러시는 특정한 세계관에 뿌리를 두고 있으며, 특정한 권력 관계의 자장 안에서 작동한다. 뉴 리터러시 연구는 이데올로기적 모델을 채택하며, 문화적, 상황적 요인들을 리터러시 연구에 유기적으로 통합하기 위해 인류학적 접근을 취한다(Street, 2012).

1970년대와 1980년대를 거치며 등장한 '비판적 흐름'은 리터러시를 단순한 사회문화적 실천을 넘어 정치적 행위로 위치시킨다. 이 관점은 텍스트와 담론에 내재된 권력 관계와 이데올로기를 폭로하고 이에 도전한다. '억압받는 자를 위한 교육학'으로 대표되는 파울루 프레이리의 해방 교육학, 시민권 운동, 페미니즘 등의 영향 아래 발전한 비판적 리터러시는 일련의 리터러시 행위의 중심에 사회 정의, 자유, 평등을 중심적 관심사로 놓는다. 권력의 불균형, 불평등 구조, 차별과 소외를 생산하는 사회구조에 질문을 던지고, 이를 변혁하기 위한 의식적 노력으로서의 리터러시를 주장한 것이다(Tierney & Pearson, 2021).

비판적 리터러시는 1980년대 이후 다양한 방향으로 확장되며 현대 리터러시 연구와 교육의 주요한 축을 형성해왔다. 원주민 지식 체계(indigenous knowledge system)에 기반한 교육 모델을 포함한 탈식민적 접근과 연결되었으며, 비판 인종 이론, 페미니스트 페다고지 등 다양한 접근과 만난다(Giannacopoulos, 2024; Reese, 2018). 이러한 흐름은 문해력의 정치적 본질을 강조하면서도 권력 관계를 보다 평등하고 개방적으로 바꾸는 실천과 연구를 발전시키고 있으며, 특히 새로운 미디어와 기술 환경에서 정체성과 권력의 문제를 재검토하는 데 중요한 실천적, 방법론적 도구를 제공한다(Janks, 2009; Tierney & Pearson, 2021).

21세기에 진입하면서 리터러시 연구는 인터넷을 비롯한 다양한 디지털 플랫폼이라는 새로운 흐름을 맞이하게 된다. 디지털 미디어에 의한 리터러시 생태계의 변화는 읽고 쓰는 일을 둘러싼 질문을 근본적으로 변화시켰다. 구텐베르크 은하계 이후 이어져 온 인쇄 텍스트라는 매체가 다양한 매체 표현 양식에 자리를 내어주면서, 리터러시는 새로운 형태와 의미 구성의 실천, 텍스트의 이해와 생산에 관한 다양한 비판적 관점을 포괄하는 개념으로 확장되었다(Mills, 2010).

디지털 리터러시는 단순히 기존 읽기 쓰기 방식의 디지털화가 아니라, 다양한 매체의 생산, 소통, 참여 및 의사소통 과정 전반에서 기존 문해력 개념의 확장과 재고를 요구하게 되었다. 이에 따라 '디지털 독자/의미 구성자(Digital Reader/Meaning Maker)'라는 새로운 주체는 단순히 온라인에서 읽고 정보를 교환하는 것을 넘어, 기술과 미디어가 지식과 정보, 자기 표현, 그리고 타인과의 다양한 관계를 형성하는 세계를 탐색하는 존재로 개념화된다(Jones & Hafner, 2012).

2. 언어학의 새로운 흐름: 분산 언어와 리좀 모델

그 가운데 언어학의 새로운 흐름은 전통적 인간중심 언어의 관점에 도전하고 있다. 인지적이며 인간 간 상호작용에 중심을 둔 언어관(e.g. 촘스키 언어학, 체계기능언어학)에서 벗어나 인간을 탈중심화하는 움직임이 생겨나고 있는 것이다.

이러한 탈중심화 움직임의 대표적 사례로 '분산 언어(Distributed Language)' 관점을 들 수 있다. 이 관점은 언어를 인간의 뇌에 저장되는 코드나 시스템으로 보는 전통적 시각에서 벗어나, 몸, 환경, 문화, 역사에 걸쳐 분산된 역동적 활동으로 재개념화한다. 즉, 인간 주체의 인지적 능력에 초점을 맞추던 기존의 언어관과 달리, 인간과 비인간 행위자들이 함께 구성하는 생태적 관계에 주목하는 것이다. 이는 언어와 읽기 행위 자체에 대한 존재론적 전환을 의미한다. 이러한 흐름을 대표하는 학자 폴 제이 티보(Paul J. Thibault)와 스티븐 제이 카울리(Stephen J. Cowley)의 견해를 살펴보자.

티보(Thibault, 2011)는 언어화의 1차, 2차 역동(dynamics)을 구분하고 이것이 인간의 언어 사용과 사회적 변화를 형성하는 방식을 논의한다. 먼저 1차 언어화 역동은 상호작용하는 인체의 표현 및 상호작용에 기반을 두며, 밀리초에서 수초 단위에 이르는 피코 스케일(pico-scale)의 신체 사건이 동기화되는 전신 감각 형성 활동이다. 주목해야 할 것은 이것이 개인의 뇌나 신체의 소유물이 아닌 대화적 현상으로서, 비선형적인 물질-에너지 및 정보의 흐름이라는 점이다. 반면 2차 언어는 언어학자를 포함한 대부분의 사람들이 언어라고 인식하는 것으로, 더 길고 느린 역사적 시간 규모에서 발생하는 안정화된 문화적 패턴이다. 이는 본질적으로 규범적(normative)이며, 어휘문법(lexicogrammar)은 이러한 2차 제약이 1차 언어화 역동에 작용하는 주요한 기제라 할 수 있다. 분산 언어의 관점에서 볼 때, 2차 언어 패턴은 개별 언어 사건이 아니라 이들의 집합을 추상화한 '가상 패턴'들로 존재하며, 이는 다시 행위자 집단의 사회인지적 상호작용 능력과 경향을 정의하고 제약하는 기능을 수행한다.

같은 맥락에서 카울리(Cowley, 2009)의 분산 언어 관점은 모든 언어 활동이 실시간 신진대사 활동, 음성 역학, 시선, 과업 지향적 행동 방식뿐 아니라 인공물 및 기술적 매개와 분리될 수 없음을 주장한다. 비판적 리터러시가 인간 사회 내 권력 관계와 이데올로기에 주목하면서 이들을 어떻게 분석적으로 이해하고 사회변화를 위한 실천과 연대를 구성할 수 있을지를 탐구하고자 했다면, 분산 언어 관점은 인간과 비인간의 경계 자체를 문제화하며 인지와 언어의 본질에 대한 근본적인 질문을 제기한다.

이와 결을 같이하는 응용 및 사회언어학 분야의 주장들도 점차 증가하고 있다. 특히 주목할 만한 접근은 포스트휴머니즘과 신유물론의 영향을 받은 일련의 관점들이다. 이들은 철학적 관점에서 앎과 존재를 분리 불가능한 것으로 전제하여 기존의 이원론적 사고체계를 근본적으로 해체한다. 바라드(Barad, 2007)는 "인간이 과학적 또는 다른 방식의 앎의 실천에 참여할 때, 그들은 세계의 더 광범위한 물질적 구성과 그 지속적이고 열린 명료화 과정의 일부로서 참여한다"(p. 379)고 설명한다. 이는 인식론적 행위가 필연적으로 존재론적 행위임을, 무언가를 안다는 것과 세계가 지속적으로 구성되는 과정에 참여하는 것이 분리될 수 없음을 의미한다. 그러므로 포스트휴머니즘과 신유물론 전통의 학문적 접근은 앎과 존재가 분리되지 않고 통합되어 있음을 나타내는 하이픈(-)으로 연결된 '존재-인식론적(onto-epistemological)' 틀을 옹호한다. 다음 인용구는 이러한 시각을 명료하게 보여준다.

이 모든 것이 서로 얽혀 있다는 믿음은 응용언어학과 사회과학 전반을 구조화해 온 데카르트적 사고방식과의 단절을 의미한다. 즉,

포스트휴머니즘과 신유물론은 자연과 문화, 물질성과 담론성, 주체
와 객체, 인간과 비인간, 정신과 육체 등 세계를 이분법적으로 구성
하는 것에 내재된 분리를 거부한다(Dolphijn & van der Tuin, 2012). 결
과적으로, 이러한 이론들은 앎이 '자족적인 이성적 인간 주체'의 산
물이라는 생각 또한 거부한다(Barad, 2007: 379). 다시 말해, 자아와
타자 사이에 구분이 없기 때문에, '나'는 경험에 선행하는 것으로 간
주되지 않는다. 오히려 자아는 물질과 의미의 얽힘 속에서 다르게
그리고 지속적으로 생성되는 것이다. (Siffrinn & Coda, 2024: 3)

같은 맥락에서 수레시 카나가라자(Suresh Canagarajah)는 언어 능력과
습득을 설명하는 전통적인 '수목 모델(arboreal model)'과 대안적인 '리
좀 모델(rhizomic model)'을 대비한다. 구조주의 언어학에 뿌리를 둔 수
목 모델은 나무의 은유를 통해 언어를 위계적이고 선형적인 시스템으
로 설명한다. 이 모델에서 언어 능력의 기초는 문법의 숙달에 있으며,
언어 학습은 뿌리(문법)에서 시작하여 줄기(음운론, 형태론)를 거쳐 가지
(고급 문해력, 전문 담화)로 발전하는 선형적 과정을 따른다. 수목 모델은
개별 어휘에서의 시작, 문법 중심성, 인과적·누적적 발달, 정신적 내재
화, 능력과 수행의 이분법적 구분, 환경의 부차성 등을 특징으로 하며,
이는 언어 습득을 개인의 지식 습득(acquisition; 외부의 것을 내부로 가져오
는 일)으로 간주하는 전통적 관점과 궤를 같이한다(Canagarajah, 2018).
　반면 들뢰즈와 가타리의 개념에서 영감을 받은 리좀 모델은 생강처
럼 사방으로 뻗어나가는 뿌리줄기의 은유를 통해 언어 발달의 비선형
적, 비위계적 특성을 강조한다. 이 모델은 분산 언어 관점과 밀접하게

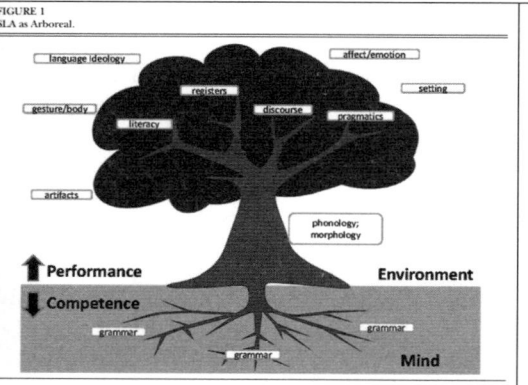
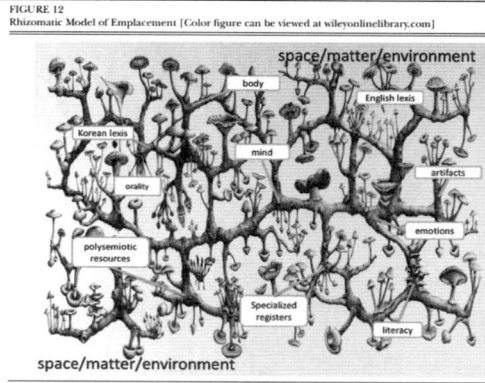

〈표 1〉 Canagarajah의 언어능력 시각화: 구조주의적 수목 모델과 신유물론적 리좀 모델.
Canagarajah(2018) 재구성.

연결되며, 언어 능력을 다양한 자원들의 어셈블리지(assemblage)가 상
호작용하는 '상하 없는' 네트워크로 이해한다. 리좀 모델에서는 뿌리와
가지의 구분이 모호하며, 구어보다 문해 능력을 먼저 습득하거나 일상
언어보다 전문 용어를 먼저 익히는 등 다양한 발달 경로가 가능하다.
따라서 언어 습득에 있어 특정 경로가 가장 바람직하다는 생각은 언어
에 대한 오해에서 말미암은 것이다. 촘스키 언어학이 전제하는 능력과
수행의 구분은 흐려지고, 언어적 자원뿐 아니라 비언어적 자원(인공물,
신체, 감정 등)도 동등한 의사소통의 구성 요소로 간주된다. 언어 능력은
개인의 내부에 존재하는 것이 아니라 사회적, 물질적 네트워크 전반에
분산되어 있으며, 개인은 이러한 네트워크 내에서 다양한 자원들을 전
략적으로 조정하고 배치(emplacement)하여 의미를 생성한다(Canagara-
jah, 2018).

　이러한 관점은 어떠한 언어 실천에도 적용될 수 있으나, 디지털과

인공지능이 수많은 의사소통을 매개하는 현 시대의 복잡하고 다층적인 리터러시를 이해하기 위해 특히 적절한 이론적 틀을 제공한다. 수목적 사고에서 리좀적 사고로의 전환은 언어의 본질, 습득, 교육, 인간중심주의 등에 대한 재고를 요구하며, 기존의 인지적, 사회적, 비판적 관점들을 넘어서는 이론적 지평을 열어준다. 언어를 유기체-환경 체계의 차원에서 이해하려는 이러한 시도들은 리터러시 연구의 근간이 되는 언어학, 응용언어학, 사회언어학 등의 분야에서 새로운 존재론을 도입하며, 앞으로의 리터러시 연구와 교육에 중대한 함의를 갖는다(Pennycook, 2017).

3. 포스트휴먼 리터러시 연구의 성과와 한계

포스트휴먼과 신유물론의 관점, 이에 따른 새로운 언어관의 부상은 리터러시 연구 전반에 있어서도 묵직한 변화를 만들어내고 있다. 대표적으로 '포스트휴먼 리터러시'는 리터러시 연구에 있어 주요한 키워드로 자리 잡았다. 포스트휴먼 리터러시 연구의 주요 개념과 흐름을 보다 실증적이고 구체적인 데이터로 살펴보기 위해 2025년 5월 현재 웹오브 사이언스(Web of Science) 데이터베이스를 통해 제목, 초록, 키워드 중 하나라도 포스트휴먼 리터러시 관련어를 포함하고 있는 경우를 검색하였다. 사용한 검색식은 아래와 같다.

("more-than-human" OR "more than human" OR posthuman* OR "new materialist*" OR sociomaterial*) AND (literacy OR literacies)

분석의 결과, 총 154개의 유효한 논문 초록이 확인되었으며, 이를 통해 현재 포스트휴먼 리터러시 연구의 주요 경향과 특성을 대략적으로 파악할 수 있었다. 초록을 내용 분석한 결과 대략 아홉 가지의 세부 주제가 포착되었다. 간략히 살펴보면 다음과 같다.

첫 번째, 포스트휴먼 리터러시 연구의 가장 두드러진 특징은 기존의 인간중심적 리터러시 개념에 대한 비판적 접근이다. 인간중심주의의 탈중심화(decentering the human)가 주요 연구 주제로 나타나며, 이러한 연구들은 리터러시를 더 이상 인간만의 전유물로 보지 않고, 인간과 비인간(사물, 기술, 자연 등)의 복잡한 관계망 속에서 발생하는 현상으로 재개념화한다. 이러한 관점에서는 리터러시가 인간 주체의 독립적인 능력이 아니라, 다양한 행위자(인간, 비인간, 물질, 담론 등)들 간의 관계적 실천으로 이해된다(e.g. Ehret, 2024).

두 번째, 신유물론(new materialism) 또는 사회물질성(sociomateriality) 관점을 채택하는 연구들이 주요 흐름을 형성하고 있다. 이들 접근은 언어와 물질을 이분법적으로 구분하는 전통적 관점에서 벗어나, 물질적 요소들이 리터러시 실천에 어떻게 관여하고 영향을 미치는지에 주목한다. 특히 텍스트와 같은 추상도가 높은 대상을 넘어 몸, 사물, 공간, 기술 등의 물질적 측면이 의미 형성 과정에 핵심적 역할을 한다고 본다. 이는 언어와 문해의 물질적 토대를 강조함으로써, 리터러시를 보다 체화된(embodied) 실천으로 이해할 수 있는 이론적 기반을 제공한다. 연구자들은 리터러시 활동이 일어나는 물리적 환경, 사용되는 도구와 매체, 그리고 몸의 움직임과 감각적 경험이 의미 형성과 불가분의 관계에 있음을 보여준다(e.g. Dydrov & Penner, 2022).

세 번째, 전통적인 텍스트 중심 리터러시에서 벗어나, 다양한 표현 매체와 양식을 포괄하는 확장된 리터러시 개념이 중요하게 다루어지고 있다. 다중양식성(multimodality)과 뉴미디어 리터러시 관련 주제를 다루는 연구들은 포스트휴먼 시대의 리터러시가 단순한 읽기와 쓰기 능력을 넘어선다는 점을 보여준다. 주목할 만한 것은 소리(sound)와 음향(sonic) 차원의 리터러시에 관한 연구들인데 이들은 문자와 시각 중심주의에서 벗어나 청각적 경험을 리터러시의 중요한 차원으로 인식하는 새로운 흐름이라고 할 수 있다(Dernikos, 2022). 소리가 단순한 배경이 아니라 문화적 차이와 공동체성을 이해하는 중요한 메커니즘으로 인식되며, 듣기가 능동적인 의미 구성 행위로 재평가되고 있는 것이다.

네 번째, 디지털 리터러시와 기술 관련 연구는 포스트휴먼 리터러시 연구의 핵심 주제 중 하나이다. 알고리즘 문화, 소셜 미디어 플랫폼, 인공지능, 데이터 시각화, 디지털 미디어 등과의 상호작용이 리터러시 경험을 어떻게 변화시키는지에 대한 탐구가 활발히 이루어지고 있다. 예를 들어 학습자들은 비디오 제작 활동을 통해 다양한 형태의 디지털 리터러시를 역동적으로 실천함으로써 다른 존재들과 시시각각 엮이고, 이것은 새로운 언어와 리터러시를 창발적으로 조직한다(e.g. Toohey et al., 2015). 아울러 관련 연구들은 도구로서의 기술 활용 능력을 넘어, 인간과 기술 간의 관계 속에서 비판적 사고와 윤리적 책임감을 강조한다. 특히 알고리즘 편향, 디지털 격차, 데이터 프라이버시 등과 관련된 윤리적, 사회적 문제에 주목하며, 디지털 환경에서의 정체성 형성 및 사회적 상호작용에 대한 새로운 이해를 제공한다.

다섯 번째, 교육 분야, 특히 영유아 교육에서 포스트휴먼 관점의 적용이 두드러진다. 영유아 교육 맥락에서의 포스트휴먼 리터러시 연구는 어린 학습자들의 학습과 발달을 이해하는 새로운 시각을 제시한다. 이러한 연구들은 아동을 단순한 지식 수용자가 아닌, 주변 환경 및 사물과의 능동적인 상호작용을 통해 의미를 구성하는 주체로 바라본다. 특히 놀이를 통한 학습, 자연과의 교감, 그리고 사물과의 관계 맺기 등이 중요한 연구 주제로 다뤄진다. 이는 영유아의 다중양식적 표현과 창의성을 존중하고, 그들의 고유한 경험과 지식을 바탕으로 한 교육적 접근을 모색한다(e.g. Pettersen et al., 2022).

여섯 번째, 포스트휴먼 리터러시 연구는 장소, 환경의 역할을 주요 주제로 다룬다. 이는 리터러시 실천이 특정한 공간과 분리될 수 없다는 인식을 반영함과 동시에 공간이 단순히 수동적인 배경이 아니라, 리터러시 경험을 형성하고 의미를 부여하는 능동적인 행위자로 작용함을 보여준다. 자연 환경, 교실 환경, 디지털 공간 등 다양한 공간에서의 리터러시 실천이 탐구되며, 학습 환경 디자인, 장소 기반 교육, 그리고 환경 문제에 대한 리터러시 교육의 중요성이 부각된다(e.g. Lenters & Whitford, 2020).

일곱 번째, 포스트휴먼 리터러시 연구는 전통적인 연구 방법론에 도전하며, 질적 연구를 중심으로 다양한 방법론적 혁신을 모색하고 있다. 특히 문화기술지, 사례 연구, 행위자-네트워크 이론, 회절적 분석(diffractive analysis), 자문화기술지(autoethnography), 이야기하기/재이야기하기(storying/restorying) 등 인간과 비인간의 복잡한 관계와 상호작용을 포착하려는 시도들이 두드러진다. 아울러 예술 기반 연구가 부상하고 있으며, 드로잉, 사진, 음악, 연극 등 다양한 예술적 표현을 통해 인간과 비인간의 상호작용과 그 의미를 탐구하는 연구들이 증가하고 있다. 이러한 방법론적 다양성은 리터러시 현상을 보다 다층적이고 맥락적으로 이해하는 데 기여하며, 연구자의 위치성과 관계성을 중요하게 고려하는 새로운 연구 패러다임을 제시한다. 객관성과 중립성을 강조하는 전통적 연구 접근에서 벗어나, 연구 과정 자체가 하나의 사회물질적 실천임을 인식하는 성찰적 태도를 강조하는 것이다(e.g. Peters, 2025).

여덟 번째, 생태 위기와 기후 변화에 대한 인식이 높아지면서, 포스트휴먼 리터러시 연구는 지속가능성과 생태 리터러시에 대한 관심을 확대하고 있다. 이는 인간과 자연의 이분법을 넘어 인간을 포함한 모든 생명체와 물질이 상호 연결된 생태계의 일부라는 인식을 바탕으로 한다. 이러한 연구들은 자연과의 교감, 환경 문제에 대한 비판적 인식, 그리고 지속 가능한 삶을 위한 실천적 리터러시를 탐구하며, 교육을 통해 생태적 감수성과 책임감을 함양하는 방안을 모색한다. 이는 인류세(Anthropocene) 시대에 필요한 새로운 리터러시 개념을 제시하는 중요한 흐름이라고 할 수 있다(e.g. Bateman et al., 2021).

아홉 번째, 포스트휴먼 리터러시 연구는 단순히 기술적 능력을 넘어 리터러시 실천에 내재된 권력 관계, 사회적 불평등, 윤리적 문제들을 비판적으로 성찰한다. 여러 연구들이 이러한 비판적 접근을 채택하고 있다. 특히 디지털 기술의 발전과 더불어 등장한 새로운 형태의 불평등과 권력 관계에 주목하며, 알고리즘 편향, 디지털 격차, 데이터 프라이버시, 인종 및 젠더 문제 등과 관련된 윤리적, 사회적 정의의 문제를 분석한다. 이는 리터러시 교육이 단순한 기술 습득을 넘어 비판적 사고와 윤리, 사회적 책임감을 함양하는 방향으로 나아가야 함을 강조한다(e.g. Dernikos et al., 2023).

이상에서 살핀 바와 같이 포스트휴먼 리터러시 연구는 인간중심주의를 넘어 인간과 비인간의 복잡한 관계 속에서 리터러시를 재개념화하는 중요한 흐름을 형성하고 있다. 이는 교육, 디지털 기술, 인공지능, 생태, 사회정의 등 다양한 분야에서 새로운 시각과 접근을 제시하며, 리터러시 연구와 교육의 지평을 확장한다.

하지만 이러한 이론적, 실천적 변화 속에서도 적어도 리터러시 교육 연구의 영역에서 포스트휴먼 리터러시 연구가 갖는 한계는 뚜렷하다. 이들 연구가 표방하는 탈인간중심주의적 접근과는 달리, 실질적으로는 여전히 인간 학습자를 중심에 두는 경향이 지배적임을 확인할 수 있기 때문이다. 유아교육에서 고등교육에 이르기까지, 포스트휴먼 개념을 적용한 리터러시 연구들은 결국 아동, 학생, 교사 등 인간의 리터러시 발달과 교육 경험을 핵심 연구 대상으로 삼고 있다. 야외 리터러시 프로그램, 디지털 스토리텔링, 메이커스페이스 활동, 환경 리터러시 교육, 인공지능과의 상호작용 등 다양한 맥락에서의 연구들이 물질, 공간, 기술과의 관계성을 강조하지만, 이는 궁극적으로 인간의 학습과 발달을 위한 맥락으로 기능한다(예를 들어 응용언어학 분야의 관련 논의는 Siffrinn & Coda 2024 참고).

이러한 관찰은 포스트휴먼 이론의 급진적 잠재력이 교육 분야에서 전통적 교육 패러다임을 넘어서지 못하고 있음을 시사한다. 일례로 동물의 의사소통, 식물의 인지, 사물의 언어, 행성의 경고 등을 탐색하며 인간의 관점을 넘어서 다종적, 행성적 관점을 확보하려는 리터러시 교육 연구는 여전히 소수에 그치고 있다. 이 같은 경향은 교육, 특히 제도권 교육의 특성과 한계를 반영한다. 교육은 기본적으로 인간의 발달과 학습을 목표로 하는 영역이기에, 탈인간중심적 접근을 취하기 어려운 구조적 제약이 있다. 한편으로는 대다수 교육과정이 강조하는 실용성과 생산성의 압력 속에서, 포스트휴먼의 잠재력 중 기존의 교육 패러다임과 조화 가능한 개념만을 선택적으로 차용하는 관성을 벗어나기 힘들다.

결국 현재의 포스트휴먼 리터러시 교육 연구는 기존의 인간 중심적 교육 관점을 확장, 심화하고 비인간 존재의 역할을 부각하며 전통적인 인간중심 리터러시 개념을 문제화하는 데 기여하지만, 실질적인 '포스트휴먼적 전환'을 이루지는 못하고 있다고 판단된다. 즉, 현재의 포스트휴먼 리터러시 교육은 '(휴먼) 포스트휴먼 리터러시 교육'에 다름 아니며, 기후생태위기의 심화와 인공지능의 급격한 부상 속에서 '포스트휴먼'의 상상력과 급진성을 실질적으로 실현하지 못하고 있다. 이는 어쩌면 '포스트휴먼'이라는 개념의 출발점이 애초부터 '휴먼'이라는 근본적 한계의 연장일지도 모른다.

이러한 상황 속에서 필자는 크게 세 가지 방향에서 포스트휴먼 리터러시 교육의 생산적 확장을 제안하고자 한다. 첫 번째로, 위에서 확인했듯 현재까지의 연구를 돌아볼 때 인간을 배제하는 데 있어 어느 정도 실패한 '포스트휴먼 리터러시'의 옆에 인간을 명시하지만 초점을 인간 밖으로 이동하는 '비(非)인간 리터러시'라는 개념을 병치하는 것이다. 전자와 후자는 개념상 겹치는 부분이 크지만 이를 통해 지금의 상황에서 '비인간 리터러시' 개념이 갖는 가치를 강조하고자 한다. 두 번째, 과학교육을 넘어 리터러시 교육 전반의 영역에서 식물과 동물 리터러시를 강화하는 것이다. 이는 비인간 존재에 관한 시민의 주의가 인공지능을 비롯한 기계에 과도하게 집중되고 있는 상황에 대한 대응임과 동시에, 이전과는 다른 인류세 시대의 교육을 상상하는 방식이기도 하다. 강조하고 싶은 것은 '식물과 동물 리터러시'가 전통적으로 이해되는 '식물과 동물에 관한 인간의 지식과 역량'이 아니라, '식물과 동물 자신의 언어와 역량'을 의미한다는 점이다. 마지막으로, 이론과 개념 중심의 교육을 넘어선 체화된 리터러시 교육으로의 전환이다. 교실에서 이루어지는 리터러시 교육이 현실과 만나지 못한다면, 그리고 그것이 다시 학습자의 몸에 새겨지지 못한다면 '비인간 리터러시'는 그저 인간의 머릿속에 축적되는 새로운 범주의 추상적 지식이 될 뿐이다. 그런 면에서 역설적이지만 포스트휴먼 리터러시 교육을 넘어서는 비인간 리터러시 교육은 결국 인간의 몸으로 돌아와야 하는 것이다.

4. 비인간 리터러시 교육 상상하기: 비판적 식물 연구와 생명기호학을 중심으로

비인간 존재의 언어와 역량 이해와 그들과의 상호 소통 강화, 이를 통한 인간 존재의 비판적 성찰을 목표로 하는 비인간 리터러시 교육은 다양한 이론적, 실천적 관점에서 논의될 수 있다. 아래에서는 비판적 식물 연구(Critical Plant Studies)와 생명기호학(Biosemiotics)을 도입하여 비인간 리터러시 교육을 상상해 보고자 한다. (이들 분야 이외에도 비판적 동물 연구, 동식물 커뮤니케이션 연구, 인류세 연구, 인공지능 연구, 환경 윤리학,

다종민족지학, 생태언어학, 토착 지식 체계, 인지동식물행동학, 심층생태학, 생명 기호학적 문화/문학비평 등의 분야를 넘나들고 통합하는 방식으로 비인간 리터 러시 교육을 구성할 수 있으나, 지면과 필자의 한계상 이 두 분야를 중심으로 논 의하기로 한다.)

1. 비판적 식물 연구의 관점: 식물은 고유한 삶에 기반한 언어적 지평을 갖는다

지구에서 생명체가 살고 있는 대부분의 장소는 시각적으로 식물경 관(plantscapes)이다. 인공적으로 변형된 서식지를 걷든 황무지를 걷 든, 다른 어떤 종류의 생물보다 식물과 마주치게 될 가능성이 훨씬 높다. 사실 이 행성에서 눈에 보이는 바이오매스의 대부분은 식물 로 구성되어 있다. 지구상의 거주 가능한 대부분의 장소에서, 자연 세계 안에 있다는 것은 무엇보다도 동물이나 균류, 혹은 박테리아가 아니라 식물 사이에 있다는 것을 의미한다. (매튜 홀, 2024: 20)

안나 M. 로런스에 의하면 비판적 식물 연구(Critical Plant Studies, CPS) 는 2010년대 초반에 공식적으로 형성된 학제간 분야로, 식물의 존재 론적 위상과 그들의 생명에 대한 새로운 철학적 접근을 시도한다(Law-rence, 2022). 존 찰스 라이언(John Charles Ryan)의 초기 연구를 기점으로 발전한 이 분야는 브레너 등(Brenner et al., 2006)이 발전시킨 '식물 신경 생물학(plant neurobiology)'의 혁신과 맞물려, 식물을 단순한 배경이 아 닌 조정된 반응과 지능적 행동이 가능한 유기체로 재인식하는 계기를 마련하였다(Ryan, 2011; 2012).

비판적 식물 연구의 부상은 서구 철학사에서 식물이 오랫동안 아리스토텔레스의 '존재의 사슬' 최하위에 위치하며 헤겔에 의해 '형이상학의 잡초'로 폄하되어 왔다는 사실과 무관하지 않다. 이러한 전통에 반기를 들며 닐런(Nealon, 2015)은 푸코, 데리다, 들뢰즈의 틀을 통해 식물을 현대 생명권력의 패러다임적 주체로 재해석하였고, 홀(Hall, 2011)은 서구 중심주의에서 벗어나 동양, 이교도, 원주민 사상에서 식물과의 친밀한 관계와 돌봄의 윤리를 발견하고 재해석한 바 있다.

비판적 식물 연구의 주요 특징은 그 다문화적, 다학제적 접근에 있다. 원주민 학자인 키머러(Kimmerer, 2013)와 지니어스(Geniusz, 2015)는 식물을 '인격체'로 인식하는 원주민 존재론을 통해 인간-식물 관계의 재구성을 모색한다. 아울러 페미니스트, 퀴어, 탈식민주의 학문과 결합하여 식물-인간 상호작용의 젠더화된 역사와 권력 관계를 비판적으로 분석하기도 한다(Myers, 2017; Sandilands, 2017). 이는 '월딩(worlding)' 프로젝트(Meeker & Szabari, 2019)를 통해 인간과 식물이 공존하는 대안적 미래의 가능성을 모색하는 노력으로 이어진다. 결국 비판적 식물 연구는 서구 학계에서 소외되어 온 식물의 존재론적 가치를 재평가하고, 식물계가 제공하는 다양한 관점을 통해 인간중심주의를 탈피하는 학문적 노력이라 할 수 있다.

아래에서는 마이클 마더(Michael Marder)의 「식물의 말을 듣기 위하여(To hear plant speak)」의 주요 내용을 살핌으로써 비판적 식물연구에 대한 이해를 도모한다(Marder, 2017).

마더는 우선 "꽃말(language of flowers)"의 상징주의를 비판적으로 검토한다. 그에 의하면 꽃이 상징으로 변형되는 순간, 식물 자체의 언어는 인간이 부여한 상징 아래 가려진다. 아우구스티누스부터 프로이트에 이르기까지, 꽃은 주로 영성이나 성적 욕망의 상징으로 전유되었고, 식물 고유의 의미는 무시되었다. 바타유, 조이스와 같은 작가들은 이러한 상징화를 전복시키며 식물의 물질성과 생물학적 실존을 부각했지만, 상징주의가 작동하는 한 "식물 자체"는 완전히 드러나지 않는다. "식물이 상징으로 변형되는 순간, 식물 고유의 언어는 인간이 던져놓은 의미의 장막 아래 가려져 거의 사라"지며, "식물 생명의 자기-의미화를 식별하는 것은 더 이상 불가능해"진다. 마더에 따르면 이렇게 되는 데에는 근본적인 이유가 있다. "상징으로서의 식물이 자기 자신을 가리키는 것이 아니라, 전적으로 다른 무언가를 위한 기표로 전환되기 때문"이다(Marder, 2017: 105). 결국 꽃말로 대표되는 상징주의는 식물을 인간의 기호체계 아래 두려는 권력과 욕망을 대표한다고 할 수 있으며, 이런 방식의 '식물의 말 듣기'는 철저히 인간의 관점에서 수행되고, 결과적으로 식물을 완전히 배제한다(Marder, 2017: 105-111). 어쩌면 소통을 빙자한 반-소통(counter-communication)이라고 할 수 있는 것이다.

두 번째로 마더는 "말하는 나무(talking trees)" 모티프를 분석한다(Marder, 2017: 112-116). 이 모티프는 식물을 더 이상 수동적 대상이 아닌 스스로 말하는 주체로 인식하게 한다. 그러나 단테의 『신곡』처럼 나무가 인간처럼 말한다고 설정할 경우, 식물 고유의 침묵이 지닌 의미는 사라진다. 반면 도도나 신탁 숲이나 장자의 '쓸모없는 나무' 이야기는 식물의 언어를 인간의 발화 형식으로 번역하기보다 그 고유한 매체와 표현 방식을 존중하는 태도를 보여준다.

장자(莊子)의 「목수 석(石)과 참나무」 이야기는 중국 전국시대 말기 (기원전 3세기)까지 거슬러 올라가며, 나무의 "입"에 말을 실어 준다는 점에서도 역시 나무에게 발화를 부여한다. 그러나 이 일화는 식물을 포함한 모든 생명체가 우리가 그들에게 강요하는 가치 체계들을 언제나 넘어서 살아간다는 사실을 예리하게 의식하고 있다. 마을 사당 근처에서 그가 마주친 늙은 참나무에 대해 목수가 불평하는 이유는 그것이 쓸모없기 때문이다. 곧, 먹을 수 있는 열매를 내지도 않고, 배를 만들 재목으로 쓰더라도 물에 떠 있을 만한 목재를 내지도 못한다는 것이다. 그 참나무가 그의 꿈에 나타나자, 그것은 가치의 가치를, 즉 유용성(usefulness)이라는 의미에서 이해되는 '가치'의 가치를 그에게 되묻는다. 열매를 맺는 나무들의 유용성은 "그들에게 삶을 비참하게 만들며, 그래서 그들은 하늘이 그들에게 준 햇수(세월)를 끝까지 채우지 못하고 길 한가운데에서 잘려 나간다. … 나로 말하자면, 나는 오랫동안 쓸모없어지려고 애써 왔다. … 내가 어떤 쓸모가 있었다면, 내가 과연 이렇게 크게 자랄 수 있었겠느냐? 더구나 너와 나는 둘 다 사물(things)이다. 이게 무슨 소용이냐—사물들이 사물들을 단죄한다는 게? 너, 곧 죽게 될 쓸모없는 인간아. 네가 어떻게 내가 쓸모없는 나무라는 걸 알겠느냐?"라고 말한다. 이 나무의 가르침은, 도구적 합리성의 관점에서 보자면 모든 존재는 무가치하며, 그 참된 가치는 바로 그 '유용성의 부재'에 놓여 있다는 것이다. 그보다 더 나아가, 인간은 자기들의 가치 척도를 식물을 포함한 모든 생명체에게까지 확장해 적용할 수 있다고 함부로 가정할 수 없다. 목수와 참나무가 사물적(thingly)이라는 성격을 공유한다는 점은 그들의 유한성을 함의하며, 이 유한성은 존재론적으로든, 인식론적으로든, 혹은 가치론적으로든, 그들을 동시에 결합시키면서도 분리시킨다. (Marder, 2017: 114-115)

결국 장자의 '쓸모없는 나무' 이야기는 인간이 '쓸모'라는 기준으로 대상화하고 도구화하는 나무가 아니라, 있는 그대로의 나무, 자기 자신으로 존재함으로 충분한 나무를 말한다. 아울러 나무와 인간, 나아가 이 세상의 모든 존재들이 "무용함" 속에서 자신의 존재가치를 드러낼 수 있다는 메시지를 던진다. 이는 마더가 처음 논의한 '꽃말의 상징'이 철저히 인간중심적이며 도구적인 관점임을 강조함과 동시에 위계 없는 존재의 세계를 윤리적으로 상상할 수 있게 하는 사고의 틀을 제공한다.

세 번째로, 현대 식물과학은 식물이 실제로 생화학 물질과 전기 신호를 통해 소통한다는 증거를 제시한다. 토마토 식물이 위험을 이웃 식물에 알리는 것과 같은 연구는 식물 언어의 물질적·생물학적 기반을 보여준다. 그러나 마더는 과학이 이런 메시지를 "정보"라는 형태로 환원시킴으로써 식물 세계의 의미 활동을 단순히 양적 코드로만 해석하는 한계가 있다고 지적한다. 식물학이 분과적으로 세분화되면서 하나의 통합된 생명체로서의 식물에 대한 이해가 어려워졌다는 점 또한 강조한다.

마더의 비판은 비단 과학의 환원주의적 식물 연구 방법론에만 국한되지 않는다. 그는 인간 스스로가 자신을 이해하는 방식을 철저히 계산과학적 개념들로 환원했다고 주장한다. "식물 언어뿐만 아니라 인간 언어와 인지 현상까지도 정보 교환 및 계산 기법에 의존하지 않고서는 과학적으로 서술하기가 사실상 불가능해"졌다는 것이다. 이는 결국 정보의 차원에서 조작적으로 정의되지 않는 영역은 그저 이해 불가능한 것, 심지어는 탐구할 가치가 없는 것으로 여겨지는 상황을 초래하고 있다(Marder, 2017: 117).

마지막으로 마더는 식물의 자기-표현 현상학을 제시한다. 그는 식물의 언어를 "말하지 않으면서도 스스로를 구성·표현하는" 행위로 정의한다(Marder, 2017: 119). 구체적으로 그는 '말을 통해 표현한다'와 '공간에서 둘 이상의 사물을 접합한다'는 의미를 동시에 표현하는 '아티큘레이션(articulation)'이라는 단어를 통해 식물의 언어를 정의하는데, 이는 세 가지 차원에서 이해할 수 있다. 첫 번째는 모듈형 성장을 통한 자기 연결이다. 이는 "형태학적 단위(morphological unit)를 복제하고 모든 방향으로 가지가 뻗어나가며 모듈식 성장을 통해 번식함으로써, 그들 자신을, 즉 식물 존재(vegetal being)를 재확인"하는 과정이다. 식물의 운동과 성장은 무작위에 의해 이루어지거나 외부 요인에 의해 완전히 정의되지 않는, 식물 자체의 '논리'를 가지고 있다는 뜻이다. 두 번째로 식물은 자연의 '번성하는 출현'을 드러낸다. "그리스적 자연(phusis) 개념의 특징인 스스로 생성하는 출현(self-generated appearance)을 조율"하며 "모든 존재를 포괄하는 하나의 거대한 유기체로서의 자연을 구체적으로 보여"준다는 것이다(Marder, 2017: 120). 세 번째로 식물은 물·공기·불·땅을 연결하는 세계를 구축한다. 식물은 그저 대지에 뿌리를 박고 묵묵히 자신의 성장을 돌보는 것이 아니라, 세계를 구성하는 주요 요소인 물, 공기, 불, 땅을 능동적으로 연결하고 있다는 것이다. 이는 인간을 비롯한 동물이 생존할 수 있는 기반을 제공한다. 마더는 식물의 "침묵의 언어"가 인간의 발화 체계로 완전히 번역될 수 없으며, 오히려 번역 불가능성을 인정하고 식물의 표현 방식을 있는 그대로 존중해야 한다고 결론짓는다.

그렇다면 어떻게 인간이 식물의 언어를 들을 수 있을까? 마더는 글의 말미에서 인간의 관점에서 식물의 언어를 '원시적 형태의 언어', 즉 인간의 언어에 비해 단순한 언어로 여기는 오류를 범해서는 안 된다고 경고한다. 나아가 "우리가 그것을 별다른 고민 없이 의미론적 구성의 이상적 매체로 번역하려는 경향", 즉 인간이 "모든 다른 언어를 '인간의' 언어로 번역할 수 있다는 동등하게 보편적인 이상을 지지"하는 성향을 비판한다. 결국 그는 "사물, 식물, 그리고 동물의 언어가 존재론적 충실함과 정의의 혼합 속에서 마땅한 대우를 받을 때에만 이러한 만남이 가능해질 것"이며, "아마도 그때 우리는 마침내 식물이 말하는 것을 들을 수 있을 것"이라고 말한다(Marder, 2017: 123). 인간의 언어로 번역 불가능한 식물의 고유한 언어를 전제하고, 그것이 인간의 기호체계 내에 완전히 포섭될 수 없음을 인정할 때 오히려 그들의 말을 들을 수 있는 길이 열릴 것이라는 주장이다.

2. 생명기호학의 기여: 모든 생명은 의미작용을 통해 존재한다

다음으로는 생명기호학을 소개한다. 바르비에리(Barbieri, 2009)에 따르면 생명기호학은 그 명칭에 드러나듯 생물학과 기호학을 통합하는 연구분야로, 인간뿐 아니라 모든 살아있는 시스템 내부에 기호와 의미가 존재함을 전제하고, 이러한 기호작용(semiosis)이 생명의 근본적인 구성요소임을 밝히려는 학문이다. 이는 생물학과 기호 이론의 교차점에 있는 학제 간 분야로, 인간 중심성에서 탈피하여 비인간 고유의 세계를 탐구하고 규명하려는 시도다. 생명 자체를 기호 해석과 의미 생성의 과정으로 재구성하기에 의미작용은 인간뿐 아니라 살아있는 세계 전체에 속한 것이다. 따라서 생명과 기호화는 공진화한다. 박테리아조차도 화학적 신호를 감지하고 반응하며, 식물은 화학 신호를 통해 서로 그리고 곤충과 소통하고, 동물은 서로의 행동을 신호로 표현하며 해석한다. 이러한 관점의 전환은 생명 현상을 엄격하게 생화학적 또는 기계론적 관점에서 보는 것에서 벗어나, 본질적으로 기호적(semiotic)인 것으로 보아야 한다는 제안이자 주장이다.

인간 중심의 기호체계가 아닌 모든 생명의 기호체계가 존재한다는 생각은 윅스퀼의 '움벨트(Umwelt)' 개념에 기초하고 있다.

> 자연을 둘러보는 모든 사람은 하늘의 푸른 둥근 천장으로 덮인 원형 섬의 중심에 자신이 놓여 있음을 발견한다. 이것이 우리에게 주어진 지각 가능한 세계이며, 볼 수 있는 모든 것을 담고 있다. 그리고 보이는 것들은 우리의 삶에 대한 중요도에 따라 질서가 정해져 있다… 우리 주변에는 점점 더 밀도가 높아지는 감각의 보호벽이 있다. 신체로부터 바깥쪽으로, 촉각, 후각, 청각, 시각의 감각들은 마치 점점 더 얇아지는 옷의 네 겹 봉투처럼 인간을 감싸 안는다.
>
> 모든 사람을 옷처럼 감싸는 이 감각의 섬을 우리는 그의 움벨트라고 부른다. 이것은 뚜렷한 감각 영역들로 분리되며, 사물이 접근

함에 따라 차례로 명백해진다. 인간에게 모든 먼 물체는 오직 시각-사물이며, 가까이 다가오면 청각-사물이 되고, 그 다음에는 후각-사물, 그리고 마침내 촉각-사물이 된다. 마지막으로, 물체는 입 안으로 들어가 미각-사물이 될 수 있다. (Uexküll, 2001: 107)

윅스퀼의 움벨트 개념은 각 생명체가 자신의 감각 기관과 행위 능력으로 구성하는 독특하고 주관적인 세계를 가지고 있다고 주장한다. 그는 "모든 물체는 다른 움벨트로 들어갈 때 완전히 다른 것이 된다"라고 말하며(Uexküll, 2001: 108), 객관적이고 단일한 '세계(Welt)'가 아니라, 주체(생명체)의 능력에 의해 포착되고 의미가 부여된 '움벨트'가 중요함을 강조한다. 생명체의 감각기관은 단지 외부의 자극(stimuli)을 수동적으로 받아들이지 않으며, 자신의 움벨트에 '의미 있는' 속성(properties)으로 변환한다. 이것은 인간이 물리적 사건을 자신에게 의미 있는 신호나 기호로 해석하는 과정과 유사하다. 결국 생명체의 모든 작용은 기계적이며 물리적인 인과관계에 의해서 결정되는 것이 아니라, 진화적으로 부여된 주관적 의미구조, 즉 기호적으로 변환된 각자의 움벨트 내에서 수행된다.

예를 들어 보자. 해파리나 산호, 말미잘 등의 생물은 전통적으로 원시적이고 외부 자극에 대해 조건반사만을 수행한다고 여겨졌지만, 이들조차 '경험에 따라 행동을 바꾸는 학습'을 한다고 볼 수 있다. 특정한 먹이 자극이 반복되거나, 유해한 자극과 무해한 자극이 구분되는 상황이 주어졌을 때 이들은 점차 어떤 자극에는 반응을 줄이고, 어떤 자극에는 더 민감하게 반응하는 식으로 '조정된' 행동을 보이는 것이다. 즉 이들의 행동은 단순한 기계적 반사가 아니라, 특정 자극들 사이의 차이를 '의미 있는 것'과 '의미 없는 것'으로 나누어 가는 과정, 즉 기호작용으로 해석할 수 있다(Wheeler, 2016: 212).

이 분야의 선구자인 토마스 시벅은 1960년대 동물 커뮤니케이션 연구를 통해 문화의 생물학적 뿌리를 탐구하며 찰스 샌더스 퍼스의 기호학적 통찰을 생명 현상으로 확장시키는 데 기여했다. 시벅은 기호작용을 순수히 인간의 영역으로 국한하는 전통을 비판하며, 동물을 '비기호적 존재'로 파악하는 것은 "살아있는 세계를 두 개의 불평등한 계급─언어 능력이 없는 종 대 언어 능력을 부여받은 종─으로 나누고, 현재 존재하는 2백만 종을 훌쩍 넘는 동물의 기호 행동을 기호학적 영역 밖으로 내모는 대가로만 숙고될 수 있다."라고 주장한다(Sebeok, 2011: 78).

생명기호학의 주요 연구 분야는 세포 수준에서부터 식물과 동물, 생태계 전체에 이르기까지 광범위하다. 분자 수준에서는 유전 암호를 비롯한 다양한 '유기적 코드'의 존재와 작동 방식을 탐구하는 한편, 동물 행동학적 관점에서는 퍼스의 기호 분류(도상, 지표, 상징)를 활용하여 동물 간의 의사소통, 학습, 환경 인지 등 생명체가 세계를 '해석'하는 과정을 심층적으로 분석한다. 예를 들어, 포식자의 발자국(지표)을 보고 위험을 감지하거나, 특정 소리(기호 매개체)를 먹이(대상)와 연결하여 학습하는(해석체 형성) 동물의 행동은 퍼스적 기호작용의 대표적인 사례로 연구된다. 생명기호학의 하위 분야로 동물기호학(zoosemiotics)과 식물기호학(phytosemiotics) 등이 자리한다.

생명기호학은 여러 갈래의 연구 프로그램을 지니고 있으며, 물리적 제약으로서의 기호를 강조하는 물리 생명기호학, 찰스 샌더스 퍼스의 해석 중심적 기호 개념을 강조하는 기호 생명기호학, 하이데거나 가다머의 철학에 기반한 해석학적 생명기호학 등으로 분류되기도 한다. 물리 생명기호학은 유전자 코드나 세포 내 신호 체계와 같은 기호를 물질의 운동을 규정하고 제한하는 특수한 물리적 제약으로 파악함으로써 생명을 "기호에 의해 통제되는 물질"로 정의한다. 이에 비해 기호 생명기호학은 퍼스의 삼원적 기호 개념에 의존하여, 기호 작용을 '어떤 해석자가(A) 어떤 대상(B)을 특정한 의미(C)로 해석하는 과정'으로 규정하고, '해석 가능성'을 생명 현상의 핵심 특성으로 본다. 마지막으로 해석학적 생명기호학은 하이데거와 가다머의 해석학을 도입하여 단세포 생물에서 인간에 이르기까지 모든 생명체를 환경을 이해하고 의미를 구성하는 해석 주체로 간주한다. 세 관점은 각각 제약, 해석, 주체성과 역사성을 강조하는 상이한 기호작용 모델을 제시하지만, 모두 생명 현상을 단순한 물질 및 정보 처리 과정이 아니라 의미와 기호가 조직되는 과정으로 이해한다는 점에서 상호 보완적이다. 중요한 것은 이들이 생명과 기호작용은 공연장적(coextensive)이라는 공통된 인식을 가지고 있다는 점이다(Barbieri, 2009).

2008년 창립된 국제 생명기호학회(International Society for Biosemiotic Studies, ISBS)는 자신의 미션을 생명기호학 연구에 헌신하는 학자들 간의 협력을 위한 조직적 틀을 구성하고, 이를 통해 살아있는 시스템 내 기호 과정, 유기적 코드, 생물 커뮤니케이션에 대한 학제간 연구를 촉진하며, 생물학의 질적 연구 방법 개발과 이론 생물학의 기초로서 이론 기호학을 발전시키는 것이라고 공표한다(Wikipedia contributors, 2024). 이 분야의 대표적인 학술지로는 『생명기호학(*Biosemiotics*)』이 있다.

3. 비판적 식물 연구와 생명기호학, 그리고 비인간 리터러시

비판적 식물 연구가 식물학, 생태학, 인류학, 문학 비평, 페미니스트와 비판적 인종 이론 등과의 접점을 만들어 가고 있는데 비해 생명기호학은 전통적인 생물학과 퍼스의 기호학의 영향 하에서 비교적 잘 구획된 영역을 차지하고 있다. 하지만 두 분야 모두 비인간 리터러시의 개념화를 위한 자원을 풍부히 담고 있다고 판단된다. 아래에서는 이들의 잠재적 기여를 크게 세 가지로 정리한다.

첫째, 전통적인 리터러시 연구와 교육에 있어서 인간중심성을 넘어설 수 있는 다양한 개념적 자원을 제공한다. 일례로 올테아누(Olteanu, 2021)는 디지털 시대의 리터러시를 재개념화함에 있어 생명기호학의 관점에서 인간중심, 언어중심 리터러시를 넘어서고자 한다. 강과 산, 나무는 인간의 사회문화적 요인과 관계 없이 해석적 자원을 생산하며, 언어조차 비언어적 요소들에 의해 형성됨을 강조한다. 이런 면에서 생명기호학은 인간을 포함한 모든 유기체가 자신의 환경세계(Umwelt)를 모델링하는 기본적인 기호학적 역량을 가지고 있다고 보고, 이것이 인간의 언어 능력이나 문화적 규약에 앞서는 근원적인 이해 방식이라고 주장한다. 이를 통해 리터러시의 기반을 인간 고유의 역량에서 생명 일반의 능력으로 확장한다.

둘째, 두 관점은 포스트휴먼 리터러시의 '미디어'를 인간이 만들어낸 문자, 이미지, 영상, 기술적 중재 도구 등에 국한하지 않는다. 리터러시를 매개하는 매체는 인공물(artifact)을 훌쩍 넘어 행성에 편재한다. 이는 인간 리터러시의 중심 매체를 문자에서 이미지, 오디오, 영상, 공간적 배치 등으로 확장시켜야 함을 역설하였던 뉴 런던 그룹(New London Group, 1996)의 혁신적 주장을 뛰어넘는 것으로, 리터러시가 말 그대로 생태계 속에 충만한 활동임을 강조한다. 이런 의미에서 "문화 연구는 문화 현상에 대한 설명 이론으로서 생명기호학을 완전히 채택할 준비가 되어 있"으며, "최근까지 아방가르드였던 생명기호학은 이제 매개된 자료를 모델(링)로서 접근할 수 있다는 가능성 덕분에 미디어 및 커뮤니케이션 연구에서 전면에 나설 기회를 갖게 되었"다(Olteanu, 2021: 76). '다중양식'의 세계를 지나 '다종양식'의 세계로 나아가야 하는 것이다.

셋째, 두 분야 모두 가장 기초적인 수준에서 언어 사용의 주체를 인간에 국한하지 않고 동식물과 미생물로 확대한다. 앞서 지적했듯 '동식물 리터러시'가 '동물과 식물에 관한 리터러시'로 고착되지 않고, '동물과 식물의 리터러시'로 확장될 수 있는 길을 열 수 있는 가능성을 제공하는 것이다. 이는 그간 이른바 '언어를 통해 문명을 창조하고 세계를 장악해 온' 인간 존재에 대한 비판적 성찰을 촉구한다. 포스트휴먼 리터러시, 나아가 비인간 리터러시가 인간중심성의 탈피와 인간-비인간의 엮임을 리터러시 연구와 실천의 출발점으로 놓는다면, 우선 고민해야 할 것은 인간의 리터러시가 어떻게 더 확장된 역량을 획득할 수 있을지가 아니라, 비인간 존재의 '말'을 '듣는 법'을 익히는 것이다. 그들의 말을 듣지 않고 엮이고자 하는 리터러시 실천은 본질적으로 폭력일 수밖에 없다. 그런 면에서 언어가 인간의 전유물이 아니라 모든 생명체의 기본 속성임을 인정하는 일은 포스트휴먼 리터러시 교육의 인간중심 편향을 넘어 비인간 리터러시의 개념적, 실천적 기틀을 닦는 데 있어 필수불가결한 선결조건이며, 기호-상징체계를 가진 인간이 자연에 대해 수행해 온 폭력적, 차별적, 일방적 소통의 역사를 성찰하고 새로운 교육을 상상할 수 있는 힘을 제공한다.

5. 결론: 확장을 경유하여 다시 몸으로 돌아오는 리터러시

이 글은 20세기 후반 리터러시 연구의 흐름을 개관하고, 최근 리터러시 연구의 새로운 흐름을 형성하고 있는 포스트휴먼 리터러시의 주요 테마에 대해 간단히 살펴보았다. 인간중심성의 탈피, 인간과 비인간의 경계 무너뜨리기, 인공지능과의 공존, 생태계적 사고 확장, 다종 간 소통과 공생 도모, 탈중심화된 인식과 지식 체계 구축 등을 특징으로 하는 포스트휴먼 리터러시는 리터러시 연구와 실천에 새로운 가능성을 제시하며, 인간과 비인간 행위자 간의 관계, 기술과의 얽힘 등을 조명함으로써 기존의 인간 중심적 관점을 확장하는 데 기여했다.

그러나 지적한 바와 같이, 포스트휴먼 리터러시는 그 급진적 잠재력에도 불구하고 실질적으로 인간의 의미화 및 상호작용에 중심에 두는 경향에서 벗어나지 못하는 한계를 드러냈다. 이러한 문제는 리터러시 교육 영역에서 더욱 뚜렷이 드러난다. 이는 비인간의 존재와 그들의 언어를 인간의 성장과 발달을 위한 도구나 맥락으로 소비할 위험을 내포하며, '포스트휴먼'이라는 용어가 실질적 변화를 가져오지 못한 채 개념적 확장에만 머무를 수 있음을 시사한다. 이러한 문제의식 하에, 이 글은 '비인간 리터러시'라는 개념을 제안하며, 비판적 식물 연구와 생명 기호학을 중심으로 그 개념적 토대와 교육적 함의를 탐색하고자 했다.

역설적이게도 포스트휴먼 리터러시를 넘어 비인간 리터러시로의 이행을 도모하는 것, 혹은 이 둘의 병치하는 작업은 '체화된 리터러시(em-bodied literacy)'로, 리터러시를 수행하는 인간의 몸으로 돌아와야 한다. 이는 인간을 다시금 세계의 중심에 놓는 것이 아니라, 오히려 인간이 생태계의 한 부분으로서 비인간 세계의 다채로운 언어와 의미 작용을 겸허히 마주하고 경험하는 통로를 열어야 함을 의미한다. 추상적 사유만으로는 온전히 포섭할 수 없는 비인간 존재들의 리터러시를 마주하기 위해, 우리는 우선 인간에게 익숙한 인식틀을 내려놓고 몸과 감각을 열어 세계에 귀 기울이는 '듣는 존재'가 되어야 한다. 너무나 오랜 시간 인간은 대화를 가장한 독백과 명령을 수행해 왔다.

마이클 마더가 말했듯 체화된 존재로서의 듣기는 식물의 말을 섣불리 인간의 기호체계로 재단하거나 의미를 부여하기보다, 그들 고유의 존재 방식과 표현을 존중하며 기다리는 법을 배우는 끝없는 과정이다. 이는 단순히 비인간에 '대한' 지식을 더하는 것을 넘어 그들과의 관계 속에서 우리 자신을 성찰하고, 의도적으로 '주변화'하며, 다른 관계를 상상하는 작업이다. 키머러가 묘사한 '만이 되는 물'의 속삭임처럼 비인간 존재들이 발산하는 미세한 신호와 상호작용에 주의를 기울일 때, 우리는 그들의 리터러시를 조금 더 깊이 있게 이해하는 문턱에 설 수 있다. 만물의 척도가 되는 인간이 아니라, 만물로 척도를 삼는 인간을 지향하는 것이다.

리터러시 교육의 관점에서 볼 때 학교는 이러한 변화를 주도하는 공간으로 탈바꿈해야 한다. 예외적인 존재로서의 인간 개념을 거부하고 얽힘과 '함께함(being-together)'의 가치를 강조하며, 그간 인류가 암묵적으로 좋은 것이라 여겨왔던 문명화(civilization)라는 목표에 의문을 제기해야 한다. 나아가 비인간 존재들의 고유함과 그들과의 관계를 전면에 내세우는 교육과정 개편이 필요하며, 인간의 지식습득을 넘어 존재들과 함께하는 가운데 창발하는 의미에 강조를 두는 교수학습이 필요하다 (Snaza et al., 2014). 학교는 단지 인간을 위해 존재하는 기관이 아니라 인간과 비인간이 함께 엮이는 곳으로 재개념화되고 재디자인되어야 한다.

물론 쉽지 않은 길이다. 하지만 이러한 낯선 여정으로의 한걸음은, 인간의 언어와 기술, 리터러시의 확장에 경탄하는 것과는 비교도 되지 않는 놀라운 발견과 경이로움을 선사할 것이다. 아래 칼보(Calvo & Lawrence, 2023)의 말처럼 말이다.

> 우리가 발견하게 될 것은 우리를 두렵게 할지도 모릅니다. 세상에 존재하는 다른 방식들을 이해하는 것은 아마도 인간의 지능이 우리가 생각하는 것만큼 특별하지 않다는 것을 보여줄 것입니다. 우리는 이제 막 인간이 아닌 동물들이 지능을 가질 수 있다는 것을 인정하기 시작했지만, 식물이 그럴 수 있다는 것을 받아들이는 것은 근본적인 변화를 필요로 합니다. 우리가 상상하는 어떤 계층 구조의 정상에서 우리의 당연시되는 자리를 잃는 것은 쓰라릴 수 있지만, 우리의 인식을 바꾸는 보상은 경이로울 것입니다.

주

1 체계적 메타분석이 아니므로 이 글의 내용은 대략적인 추세로 이해되어야 함을 밝힌다. 다만 Web of Science는 대표적인 학술데이터베이스로 추세를 파악하는 용도로는 부족함이 없다고 판단된다.

2 '비인간(非人間, non-human)'이라는 용어 또한 '인간'을 포함하고 있기에 위에서 필자가 수행한 '포스트휴먼' 개념 비판에서 자유로울 수 없다. 그럼에도 리터러시 연구와 교육에 있어 '비인간 리터러시' 개념을 제안하는 것은, '포스트휴먼'이 가지는 '이론적 유산(theoretical baggage; 특정 이론이나 접근법이 가지고 있는 내재적인 전제, 가정, 역사적 맥락, 또는 문제점들을 지칭하는 말)'을 물려받지 않으면서 동시에 포스트휴먼의 존재-인식론을 강화하고자 함이다. 이 용어의 가능성과 한계는 '비인간'이 인간을 포함하지 않지만, 동시에 인간을 경유하지 않고 성립할 수 없다는 개념적 이중성에 기반한다.

3 Marder(2017)는 비판적 식물 연구의 중요한 축을 이루는 저작임에는 분명하지만 이것이 해당 학문 분야를 대표한다고 말할 수는 없다. 본문에서 살핀 대로 비판적 식물 연구의 스펙트럼은 방대하다. 그렇기에 이 섹션의 논의는 말 그대로 비판적 식물 연구의 '단면' 혹은 해당 분야의 다양한 관점 중 하나로 이해되어야 한다.

4 이를 지금과 같이 "'언어'"로 표기할지, "언어"로 표기할지 고심하였다. 본 연구의 요지상 언어가 인간의 전유물이 아니며, 생명계 전반의 현상임을 인정한다는 의미에서 따옴표를 빼고 "언어"로 표기하였다.

참고문헌

홀, 매튜 (2024). 『식물 사람』. 유기쁨 옮김. 서울대학교출판문화원.

Barad, K. (2007). *Meeting the Universe Halfway: Quantum physics and the entanglement of matter and meaning*. Duke University Press.

Barbieri, M. (2009). A short history of biosemiotics. *Biosemiotics*, 2(2), 221-245.

Bateman, K. M., Steele, D. & Sexton, C. M. (2021). Sustainability science education: our animalistic response-ability. *Cultural Studies of Science Education*, 16, 841–855.

Brenner, E. D., Stahlberg, R., Mancuso, S., Vivanco, J., Baluška, F., & Van Volkenburgh, E. (2006). Plant neurobiology: an integrated view of plant signaling. *Trends in Plant Science*, 11(8), 413-419.

Calvo, P., & Lawrence, N. (2023). *Planta Sapiens: The new science of plant intelligence*. New York, NY: W. W. Norton & Company.

Canagarajah, S. (2018). Materializing 'competence': Perspectives from international STEM scholars. *The Modern Language Journal*, 102(2), 268–291.

Cazden, C., Cope, B., Fairclough, N., Gee, J., Kalantzis, M., Kress, G., ... & Nakata, M. (1996). A pedagogy of multiliteracies: Designing social futures. *Harvard Educational Review*, 66(1), 60-92.

Cowley, S. J. (2009). Distributed language and dynamics. *Pragmatics & Cognition*, 17(3), 495-508.

Dernikos, B. P. (2022). 'I want my [un]happy ending!' Queering happily ever after with/in a primary classroom. *Sex Education*, 23(2), 184–193.

Dernikos, B. P., Nightengale-Lee, B., Thiel, J. J., Lenters, K., & Bailey, E. (2023). Theorizing literacies as affective flows: Attuning to the otherwise possibilities of hip-hop's "in-the-red frequencies". *Journal of Literacy Research*, 55(2), 170-193.

Dolphijn, R., & van der Tuin, I. (2012). *New Materialism: Interviews & cartographies*. Open Humanities Press.

Dydrov, A., & Penner, R. (2022). The problem of discourse in the context of digital routine. *Argumentos de Razón Técnica*, 25, 235-235.

Ehret, C. (2024). Critical literacies in algorithmic cultures. *Literacy*, 58(2), 157-166.

Gee, J. P. (2007). *Social Linguistics and Literacies: Ideology in discourses*. Routledge.

Geniusz, M. S. (2015). *Plants Have So Much to Give Us, All We Have to Do Is Ask: Anishinaabe botanical teachings*. University of Minnesota Press.

Giannacopoulos, M. (2024). *Critical Racial and Decolonial Literacies: Breaking the silence*.

Policy Press.

Hall, M. (2011). *Plants as Persons: A philosophical botany*. SUNY Press.

Janks, H. (2009). *Literacy and Power*. Routledge.

Jones, R. H., & Hafner, C. A. (2012). *Understanding Digital Literacies: A practical introduction*. Routledge.

Kimmerer, R. W. (2013). *Braiding Sweetgrass: Indigenous wisdom, scientific knowledge and the teachings of plants*. Milkweed editions.

Kunjanman, S., & Aziz, A. A. (2021). Reader-response theory: a systematic literature review. *Malaysian Journal of Social Sciences and Humanities (MJSSH)*, 6(4), 252-260.)

Lawrence, A. M. (2022). Listening to plants: Conversations between critical plant studies and vegetal geography. *Progress in Human Geography*, 46(2), 629-651.

Lenters, K., & Whitford, A. (2020). Making macaroni: Classroom improv for transformative embodied critical literacy. *English Teaching: Practice & Critique*, 19(4), 463-478.

Manguel, A. (2014). *A history of Reading*. Penguin.

Marder, M. (2017). To hear plants speak. In M. Gagliano, J. C. Ryan, & P. Vieira (Eds.), *The Language of Plants: Science, philosophy, literature* (pp. 103–125). University of Minnesota Press.

Meeker, N., & Szabari, A. (2019). *Radical Botany: Plants and speculative fiction*. Fordham University Press.

Mills, K. A. (2010). A review of the digital turn in the new literacy studies. *Review of Educational Research*, 80(2), 246-271.

Myers, N. (2017). Becoming sensor in sentient worlds: A more-than-natural history of a black oak savannah. In G. Bakke & M. Peterson (Eds.), *Between Matter and Method: Encounters in anthropology and art* (pp. 73–96). Bloomsbury Academic.

Nealon, J. T. (2015). *Plant Theory: Biopower and vegetable life*. Stanford University Press.

Olteanu, A. (2021). A proposal for a biosemiotic approach to digitalization: Literacy as modeling competence. In E. Pagni & R. Theisen Simanke (Eds.), *Biosemiotics and Evolution: The natural foundations of meaning and symbolism (Interdisciplinary Evolution Research)*, Vol. 6 (pp. 65–85). Springer Nature.

Pennycook, A. (2017). *Posthumanist Applied Linguistics*. Routledge.

Peters, J. (2025). Promoting physical (ecological) literacy through physical education: Everyone's response-ability in a world gasping for air. *Australian Journal of Environmental Education*, 1-17.

Pettersen, K., Arnseth, H. C., & Silseth, K. (2022). Playing Minecraft: Young children's postdigital play. *Journal of Early Childhood Literacy*, 25(1), 133-157.

Reese, D. (2018). Language arts lessons: Critical Indigenous literacies: Selecting and using children's books about indigenous peoples. *Language Arts*, 95(6), 389-393.

Ryan, J. C. (2011). Cultural botany: toward a model of transdisciplinary, embodied, and poetic research into plants. *Nature and Culture* 6(2), 123–148.

Ryan, J. C. (2012). Passive flora? Reconsidering nature's agency through human-plant studies (HPS). *Societies* 2(3), 101–121.

Sandilands, C. (2017). Fear of a queer plant?. *GLQ: A Journal of Lesbian and Gay Studies*, 23(3), 419-429.

Sebeok, T. A. (2011). Zoosemiotics: At the intersection of nature and culture. In T. Maran, D. Martinelli, & A. Turovski (Eds.), *Readings in Zoosemiotics* (pp. 77–86). De Gruyter Mouton.

Siffrinn, N., & Coda, J. (2024). A literature review of posthumanist and new materialist research in applied linguistics. *Critical Inquiry in Language Studies*, 22(3), 190–201.

Snaza, N., Appelbaum, P., Bayne, S., Carlson, D., Morris, M., Rotas, N., ... & Weaver, J. A. (2014). Toward a posthuman education. *Journal of Curriculum Theorizing*, 30(2), 39.

Spivey, N. N. (1987). Construing constructivism: Reading research in the United States. *Poetics*, 16(2), 169-192.

Street, B. V. (1984). *Literacy in Theory and Practice* (Vol. 9). Cambridge University Press.

Street, B. (2012). New literacy studies. In M. Grenfell, D. Bloome, C. Hardy, K. Pahl, J. Rowsell, & Brian V Street (Eds.), *Language, Ethnography, and Education: Bridging new literacy studies and bourdieu* (1st ed.) (pp. 27-49). Routledge.

Thibault, P. J. (2011). First-order languaging dynamics and second-order language: The distributed language view. *Ecological Psychology*, 23(3), 210–245.

Tierney, R. J. (1990). Redefining reading comprehension. *Educational Leadership*, 47(6), 37–42.

Tierney, R. J., & Pearson, P. D. (2021). *A History of Literacy Education: Waves of research and practice*. Teachers College Press.

Toohey, K., Dagenais, D., Fodor, A., Hof, L., Nuñez, O., Singh, A., & Schulze, L. (2015). "That sounds so cooool": Entanglements of children, digital tools, and literacy practices. *Tesol Quarterly*, 49(3), 461-485.

Vygotsky, L. S. (1962). *Thought and Language* (E. Hanfmann & G. Vakar, Trans.; N. Minnick, Trans.). MIT Press.

von Uexküll, J. (2001). An introduction to Umwelt. *Semiotica*, 134(1–4), 107–110.

Wheeler, W. (2016). *Expecting the Earth: Life, culture, biosemiotics*. Lawrence & Wishart.

Wikipedia contributors. (2024, September 13). *International Society for Biosemiotic Stud-*

ies. In Wikipedia, The Free Encyclopedia. Retrieved May 20, 2025, from https://en.wikipedia.org/wiki/International_Society_for_Biosemiotic_Studies.

8

인공지능은 비인간 존재인가?

존재론적 전회와 기술적 비인간 존재에 대하여

박승일

1. 존재론적 전회와 기술적 존재[1]

도처에 비인간이 있다. 땅과 바다, 대기는 물론이고 그 안에서 살아가는 무수히 많은 동물과 식물, 곤충과 미생물까지, 또 이처럼 자연적인 존재 이외에도 인간이 만들어낸 온갖 문명의 이기와 그 부산물인 폐기물과 쓰레기, 방사능 입자까지, 실로 인간을 둘러싼 거의 모든 것이 비인간 존재라 할 수 있다. 물론 이러한 예는 끝도 없이 나열 가능하다. 비인간 존재들의 풍부함과 다양성, 편재성을 드러내기 위해, 우리는 이언 보고스트(Ian Bogost)의 말을 따라, 이들 존재를 인간적인 서사와 범주로 애써 묶어내기보다는 차라리 그 자체를 쭉 열거함으로써 (인간적인) 서사 너머의 존재 지평을 그대로 보여줄 수도 있을 것이다. 그의 말마따나 비인간 존재의 길고 긴 "목록은 우리를 표상의 감옥에서 해방하기 위한 완벽한 도구"일 수 있기 때문이다(Bogost, 2012/2022: 93).

* 이 장은 2025년 대한민국 교육부와 한국연구재단의 지원을 받아 수행된 연구임(NRF-2025S1A5B5A16005335).

인간사보다 더 크고 깊은 역사가 비인간사로 존재하는 것이다.

이러한 사유는 최근 '존재론적 전회(ontological turn)'이라는 이름으로 정식화되고 있다. 레비 브라이언트(Levi Bryant), 티머시 모턴(Timothy Morton) 등은 기존의 존재론이 오직 인간이라는 존재를 중심으로 세계를 재단해 왔음을 비판하면서, 이와는 전혀 다른 새로운 존재론적 구상을 제안한다(Bryant, 2011/2021; Morton, 2018/2023). 유난히 도드라져 있는 인간 중심성을 고르게 편다는 의미에서의 '평평한 존재론(flat ontology)'이 바로 그것인데, 이는 지금까지 오직 인간의 의도와 목적, 쓸모 등에 의해서만 정의되고 평가되던 비인간 존재들을, 적어도 그것이 '존재한다'는 점에서는 인간과 동등하다고 보는 새로우면서도 야심찬 관점이라 할 수 있다. 인간과 비인간 모두 최소한 '존재한다'는 점에서만큼은 동등하다고 보기에, 말 그대로 '평평한 존재론'이고 그러한 '객체들의 민주주의'인 것이다. 이 새로운 존재론은 인간과 비인간 사이의 위계를 거부함으로써 인간중심주의(anthropocentrism)에 경도되어 있던 지금까지의 인류 역사를, 그 세계관과 철학을 근본적으로 반성할 것을 요청한다. 단적으로 말해서, 우리가 사는 이 세계는 인간의 세계인 만큼이나, 혹은 그보다 더 비인간 존재들의 세계이기 때문이다(김상민, 2024; Bennett, 2010/2020).

이러한 관점에 따르면, 비인간 존재는 인간과 무관하게 지속하고 자체의 고유한 방식으로 작동하면서 세계를 공-구성(co-constitute)하는 실재적 행위자라 할 수 있다(Owe et al., 2022). 그렇기에 비인간 존재들의 자율성과 실재성에 주목하는 것은, 오래된 인간중심주의에 대한 비판이자 반성이면서 동시에 비인간 존재를 통해 세계성(worlding)을 다시 써 내려가는 정치적 실천이 될 수 있다(Haraway, 2016/2021). 예컨대 송이버섯의 지리정치학을 통해 인간과 세계의 지도를 비인간의 관점에서 다시 그리는 작업이나(Tsing, 2021/2023), 재규어와 고무나무 등과 같은 숲속 존재들의 생존을 따라가면서 숲이 어떻게 다양한 의미로 가득 차 있는지를 밝혀내는 작업은(Kohn, 2013/2018), 인간이 더는 주인공이 아닌 세계를 그려낸다는 점에서, 더 나아가 세계를 다종다양한 비인간 존재들을 통해 재구성한다는 점에서, 앞서 제시한 '존재론적 전회'의 가능성을 구체적으로 예증한다. 그리고 이는 전회라는 말이 암시하듯, 존재를 이전과는 달리 더 이상 인간으로 환원하지 않겠다는 의지이자 그럼으로써 존재의 외부에 열려 있는 세계, 곧 인간과 비인간이 얽혀 있는 다층적 세계를 새롭게 주목하겠다는 선언이기도 하다(김왕배, 2021; 김환석, 2016; Lemke, 2021/2024).

그런데 이러한 존재론적 전회는 과연 '자연적'인 비인간 존재뿐 아니라 '기술적'으로 생성된 비인간 존재들에게도 동일하게 적용될 수 있을까?(Hui, 2016/2021; Latour, 2005; Simondon, 1958/2011) 다시 말해, 인간이 설계하고 구축한 인공지능과 로봇 등의 기술적 비인간에게도 그러한 존재론적 지위를 부여할 수 있을까? 이 질문은 단지 유비의 문제가 아니다. 자연적 비인간과 기술적 비인간은 다른 무엇보다도 그 생성 방식과 작동 원리, 존재 양식 등이 근본적으로 다르기 때문이다. 자연적 비인간은 인간과 무관하게 자율적으로 발생하고 지속하는 반면, 기술적 비인간은 대부분 인간의 의도와 개입을 통해 만들어졌거나, 혹 의도치 않았다 하더라도 결국 인간 활동의 부산물인 경우가 많다. 특히 생성형 인공지능은 인간의 언어, 감정, 사고 등을 모방 또는 반영하도록 설계되었으며, 따라서 비인간 존재라고 하기에는 항상-이미 인간 중심의 구조와 기획 안에 포섭되어 있다고밖에 할 수 없다.

바로 이 지점에서 역설이 발생한다. 인공지능은 인간의 언어로 말하고 인간의 감정을 표현하며 인간의 사고를 재현하지만, 그 내부는 전혀 인간적이지 않은 확률 계산과 벡터 연산 같은 기계적 원리에 따라 작동한다. 인간적인 결과를 만들어내기 위해서는 반대로 철저히 비인간적인 과정을 거쳐야 하며, 인간을 모방하려고 할수록 오히려 인간과는 근본적으로 다른 방식을 통해서만 그렇게 할 수 있는 것이다. 인간적이면서 비인간적인 인공지능, 그 비동시성의 동시성, 그렇기에 역설이다. 인공지능은 인간의 언어를 사용하면서도 인간이 아니고, 인간의 지시를 따르면서도 예상치 못한 결과를 생성하며, 인간을 모방하면서도 인간과는 전혀 다른 논리에 따라 의미를 만들어낸다. 그렇다면 이렇듯 역설적인 이중의 존재를 우리는 어떻게 정의하고 또 자리매김해야 할까?

다만 여기서 우리는 질문을 명확히 해야 한다. 앞서 '비인간'이라는 표현을 사용했지만, 엄밀히 말해 비인간은 'inhuman'과 'nonhuman'이라는 두 층위로 구분할 수 있으며, 그 각각의 의미와 위상은 분명 다르기 때문이다.[2] 이 글에서는 inhuman을 여전히 인간을 중심에 놓고 인간과의 유사성 또는 결핍을 기준으로 어떤 존재의 성격과 가치를 규정하는 개념으로 재정의해서 사용하고자 한다.[3] 가령 인간적인 요소의 충족 여부에 따라 특정 존재를 인간적이거나 비인간적이라고 평가하는 경우를 떠올려 볼 수 있다. 개념적 구분을 위해 이를 '비(非)-인간'으로 표기할 수도 있을 것이다. 이는 어디까지나 인간이라는 존재를 중심으로 한 평가이며, 그렇기에 여기에는 인간과 인간 아닌 것 사이에 분명한 위계가 있다. 평평하지 않은 존재론인 셈이다.

반면, nonhuman은 인간 외부에 실재하면서 인간의 기준이나 판단과 무관하게 독자적으로 존재하고 작동하며 세계를 구성하는 존재를 가리킨다. 그렇기에 그것은 인간과 위계적 관계에 놓여 있기보다는 오히려 인간과의 얽힘을 통해 세계를 공-구성해 나가는 존재라 할 수 있다. nonhuman은 예컨대 송이버섯과 재규어, 플라스틱과 방사능처럼 인간 없이도 세계를 형성하고 변화시키는 분명한 행위자이며, 따라서 존재한다는 점에서는 인간과 동등한 지위를 갖는 존재이다. 인간 외부의 모든 존재를 단지 '비인간'이라는 하나의 용어로 묶어내기에는 그 실제적 간극이 무척이나 넓은 것이다.

그렇다면 인공지능은 이러한 존재론적 지형 위에서 과연 어디에 위치하는가? 다시 말해 인공지능은 비-인간(inhuman)인가, 비인간(nonhuman)인가? 먼저 인공지능을 비-인간으로 규정한다면, 우리는 그것이 실제로 창출해 내는 새로운 의미 효과와 생성의 가능성, 즉 인간 외부에서 작동하는 세계 구성의 실질적 역량을 충분히 포착하지 못하게 된다. 반대로 인공지능을 곧장 비인간으로 규정할 경우, 그것이 여전히 인간에 의해 설계되고 학습되며 인간의 목적을 위해 작동한다는 현실적 조건을 간과한 채, 기술적 실체를 과장하거나 낭만화할 위험에 빠지게 된다. 물론 이러한 한계를 뒤집으면 반대 입장이 갖는 장점이 되기도 한다. 문제는 이 둘 중 어느 하나로만 인공지능을 규정하려는 시도 자체가 그 외의 존재론적 가능성'들'을 봉쇄해 버린다는 데 있다. 그렇다면 인공지능을 비-인간이나 비인간 어느 한쪽에 고정하기보다는, 그래서 어느 하나만을 본질인 양 선언하면서 다른 가능성을 배제하기보다는, 차라리 그 모두의 가능성을 동시에 사유하면서 그 역설적인 위치와 중층성을 밝혀 보여야 하지 않을까? 요컨대 비-인간과 비인간이라는 문제설정을 견지하면서도 동시에 그 사이의 겹침과 긴장, 운동을 존재론적인 관점에서 포착하고 사유해야 하는 게 아닐까?

이에 이 글은 인공지능을 기술적 비-인간과 존재론적 비인간 모두에 위치시키면서, 그 각각의 위치성이 어떻게 중첩되고 교차되며 동시에 조금씩 후자로 무게중심이 옮겨져 왔는지를 검토하고자 한다. 인공지능을 그저 비-인간 또는 비인간이라고 손쉽게 '선언'하기보다는, 오히려 그 둘 사이의 중첩과 전이의 과정을 계보학적으로 추적함으로써 어떻게 인공지능이라는 기술적 존재가 인간 중심의 도구적 위치에서 점차 인간 외부의 행위자, 곧 세계를 공-구성하는 존재론적 비인간으로 이행해 왔는지를 '논증'하고자 하는 것이다. 이는 단지 인공지능에 대한 기술적 설명을 넘어, 앞서 논한바 인간과 비인간이 얽혀 있는 존재론적 전회 이후의 세계를 더욱 급진적으로, 또 다층적으로 사유하기 위한 시도이기도 하다.

2. 인공지능의 계보학: 기호주의를 중심으로

1) 기호주의의 원리와 역사

인공지능의 역사는 사이버네틱스(cybernetics)라는 뿌리에서 갈라져 나온 두 개의 흐름으로 특징지을 수 있다(Wiener, 1948/2023). 첫 번째 줄기는 이른바 '기호주의(symbolic AI)' 또는 '기호계산주의(symbolic computationism AI)'라 불리는 계보로, 1956년 다트머스 회의(Dartmouth Conference)를 기점으로 형성된 인공지능의 초기 모델을 가리킨다(Russell et al., 2020/2021). 이 회의를 주도한 초기 연구자들은 "전제가 되는 명제에서 실수와 비약 없는 방식으로 진리를 보증하면서 결론을 도출하는 추론"이야말로 "인간적 지능의 본질"이며, 바로 그 "인간의 지능을 인공적으로 재현하는 것이 인공지능의 목적"이라고 생각했다(모리타 마사오, 2021/2011: 134 재인용). 인간 지능의 핵심인 '추론'을 규칙과 논리에 따른 기호 연산을 통해 표현해 낼 수 있는 만큼, 그것을 기계적으로 모사할 수만 있다면 인공의 지능도 가능하다고 본 것이다.

이러한 기호주의의 사상적 뿌리를 따라가다 보면, 우리는 멀리 라이프니츠(G. W. Leibniz)의 '보편기호학(universal characteristic)'이라는 야심 찬 기획에까지 이르게 된다(다이고쿠 다케히코, 2018/2021). 그가 남긴 '계산해 봅시다(Calculemus)'라는 선언은 허황된 기대나 바람이라기보다는, 인간의 사고와 논증을 보편적인 기호 체계로 치환하고 그 기호들 간의 관계를 조작(manipulation)함으로써 추론의 타당성을 기계적·계산적으로 검증해 낼 수 있다는 강한 확신에 더 가까웠다. 라이프니츠에게 참된 지식이란 애매한 언어나 직관에 기대는 것이 아니라, 형식 논리와 명시적인 규칙에 의해 투명하게 보증되어야 하는 것이었다.

이 철학적 구상은 19세기 중엽 조지 불(George Boole)에 이르러 비로소 그 수학적 체계의 가능성을 갖추게 된다(Davis, 2018/2023). 불은 인간의 사고를 참과 거짓을 따질 수 있는 명제로 바꾸고, 이를 다시 논리곱, 논리합 등과 같은 연산 규칙으로 재구성함으로써, 사고의 논리 구조를 수학적으로 표현할 수 있는 논리 대수를 구축했다. 불이 고안한

이 논리 대수는 '참'과 '거짓'이라는 명제의 이진 논리를 기호적 연산의 대상으로 재정립하는 한편, 앞선 라이프니츠의 기호화 구상을 수학적 형식 언어로 구현하는 결정적인 계기를 마련했다. 이로써 사고는 더 이상 내면적이고 관념적인 인간의 활동이 아니라, 외재화되고 조작 가능한 논리적 연산의 과정으로 여겨지기에 이른다.

불이 열어젖힌 이러한 논리 연산의 가능성은 1937년 클로드 섀넌 (Claude Shannon)을 통해 기술적으로 한층 정교하게 구체화된다(모리타 마사오, 2021/2022). 섀넌은 불의 논리 대수를 전자 회로의 스위칭 원리와 결합시킴으로써, 사고의 기호화를 다시 전기 신호의 물리적 흐름으로 확장해 나갔다. 예컨대 전기 회로에서 스위치를 켜면 1(true)로, 끄면 0(false)으로 간주할 수 있는데, 이는 불의 논리 대수에서 진리 함수를 1과 0으로 연산하는 방식과 정확히 부합하는 것이었다. 디지털 컴퓨팅의 기반이 되는 이진 연산 체계가 이렇게 구축되었다. 섀넌은 바로 이 대응을 통해 불의 논리 연산을 물리적(전기적) 신호의 흐름으로 구현했고, 앞선 '사고≒계산'에 이어 '계산≒회로'라는 새로운 등식을 완성했다. 사고가 계산이 된 것이고, 다시 회로가 된 것이다.

이와 병행하여 앨런 튜링(Alan Turing)은 1936년 논문에서 사고의 계산 가능성에 대한 이론적 정립을 시도했다(Copeland, 1993/2020). 그는 계산 절차를 인간의 손에서 완전히 분리해 인간의 개입 없이도 규칙만으로 실행되는 순수한 기계적 계산의 가능성을 증명했다. 더 나아가 계산할 수 있는 모든 함수는 일정한 규칙을 가진 기계로 구현할 수 있다는 강력한 명제를 제시함으로써, 계산이 인간의 한계를 넘어 무한히 확장될 수 있음을 보여주었다. 뒤이어 1950년 「Computing Machinery and Intelligence」라는 제목의 논문에서, 그는 '기계는 생각할 수 있는 가?'라는 질문을 던지고 이를 검증하기 위한 절차로 그 유명한 '튜링 테스트(Turing Test)'를 제시했다. 만약 기계가 인간과 구별되지 않을 정도로 자연스럽게 대화를 나눌 수 있다면, 우리는 그것을 지능을 가진 존재로 간주할 수 있다는 것이었다. 이는 지능을 내적 본질이 아닌 외적 행위로 판별하는 행동주의적 관점으로의 전환이자, 사고하는 인간과 계산하는 기계 사이의 경계를 무너뜨린 급진적 전복의 실천이기도 했다(모리타 마사오, 2021/2022).

2) 기호주의 인공지능의 특징과 한계

이처럼 라이프니츠의 보편기호학, 불의 논리 연산, 섀넌의 회로 설계, 그리고 튜링의 계산 기계는 서로 다른 시대와 맥락 속에서 등장했지만, 인공지능이라는 매개를 거치면서 하나의 연속된 사상적·기술적 계보로 수렴되기에 이르렀다(Copeland, 1993/2020). 이들 각각의 기획은 인간의 사고를 기호와 규칙의 조합으로 표현할 수 있다는 '전제', 나아가 그 조합을 다시 기계적인 연산과 절차로 구현해 낼 수 있다는 '신념'을 공유하면서, 독자적이면서도 통합적인 흐름을 형성해 나갔다. 즉 인공지능은 어느 날 갑자기 등장한 발명품이 아니라, 이러한 기획과 도전을 통해 형성된 역사적 산물이었다.

이에 따라 1960년대부터 1980년대에 이르기까지 많은 인공지능 연구자들이 사고의 기호화를 실제로 구현하기 위한 다양한 시도에 나서게 된다. 특히 이들 초기 연구자는 지능의 핵심을 무엇보다 문제 해결 능력에 있다고 보고, 그것을 기계적으로 재현하기 위해 규칙 기반(rule based)의 모델링 방식을 채택했다. 이 가운데 '지능'은 조건과 규칙에 따라 최적화된 반응을 출력할 수 있는 기계의 연산 능력으로 정의되었는데, 이는 이미 논했듯이 사고의 과정을 기호와 규칙으로 환원해서 계산하려는 기호주의의 핵심을 정확히 반영한 것이었다.

아마도 가장 대표적인 사례가 1966년 조셉 와이젠바움(Joseph Weizenbaum)이 개발한 일라이자(ELIZA)일 것이다. 일라이자는 사용자가 입력한 문장을 특정 패턴에 따라 분석한 뒤 사전에 설정된 규칙에 따라 적절한 응답을 출력하는, 오늘날의 챗봇과 같은 대화형 프로그램이다. 단순히 문장에서 핵심 키워드를 추출하고 미리 정해진 문장 구조에 대입하는 방식이었지만, 결과적으로는 마치 실제 인간과 대화하는 듯한 인상을 주었다. 일라이자는 언어의 의미를 이해하지도 대화의 맥락을 파악하지도 못했지만, 오로지 인간과 유사한 언어 반응을 재현했다는 사실만으로 인공'지능'이라는 평가를 받았다. 이는 기계가 실제로 이해하거나 사고하는지 여부보다, 얼마나 인간'처럼' 반응하느냐가 더 중요한 판단 기준이었던 시대의 인간중심주의를 단적으로 보여준다.

와이젠바움이 인간의 언어 반응을 규칙 기반 방식으로 재현하는 데 초점을 맞추었다면, 허버트 사이먼(Herbert Simon)과 앨런 뉴얼(Allen Newell)은 문제 해결 과정을 일반화된 기호 연산 절차로 형식화하는 데 초점을 맞추었다. 그들이 만든 '범용 문제 해결사(General Problem Solver, GPS)'는, 초기 상태와 목표 상태 사이의 차이를 줄이기 위해 필요한 연산자를 선택 및 적용하고 이를 반복하는 방식, 즉 '방법-결과 분석(means-ends analysis)'의 최적화를 주된 원리로 삼았다. 그러나 GPS가 실제로 문제를 해결하더라도, 그 과정이 인간의 사고 경로와 다르거나 예상치 못한 절차를 따를 경우, 그 결과는 종종 지능적이지 않다는 평가를 받았다(Boden, 2021). 인공지능은 단지 문제를 잘 해결하는 기계가 아니라 인간처럼 문제를 해결하는 기계여야만 했고, 그럴 때에야 지능적인 것으로 인정을 받았다. '인공'지능이면서도 그 기준은 여전히 '인간'이었던 것이다.

이어서 1970~80년대에 등장한 '전문가 시스템(expert system)'은 기호주의 인공지능이 구현한 대표적인 성과 중 하나였다(Copeland, 1993/2020). 그중에서도 특히 마이신(MYCIN)이 유명한데, 이는 환자의 임상 정보를 입력하면 그 입력 값에 따라 일련의 규칙을 순차적으로 적용해서 감염 원인 및 치료 방식을 출력하는 규칙 기반의 프로그램이었다. 마이신은 때로 인간 의사보다 더 나은 판단을 내리기도 했지만, 그 판단은 어디까지나 기존의 지식, 즉 인간이 입력한 의학 지식을 기계적으로 적용한 결과에 지나지 않았다. 마이신이 활용한 지식은 철저히 외부 전문가에 의해 주어진 것이었고, 시스템은 단지 그것을 신속하고 정확하게 적용하는 데 그칠 뿐이었다. 이 과정에서 새로운 규칙을 생성하거나 기존의 지식을 재구성하는 등의 적극적인 행위는 불가능했다. 이는 인공지능이 처음 제안되고도 한참이 지난 1970~80년대까지도 '지능'이란 결국 인간이 입력한 지식을 얼마나 충실히 재현할 수 있는가의 문제에 한정되어 있었음을 보여준다.

이런 사례들은 기호주의 인공지능의 특징과 한계를 명확히 드러낸다. 크게 세 가지로 정리해 볼 수 있는데, 첫째, 기호주의 인공지능은 인간의 사고, 특히 논리적 추론과 문제 해결 능력을 기호와 규칙의 조직이라는 형식적인 절차로 환원하고 그 재현 가능성에만 초점을 맞추었다. 둘째, 그러나 이 재현은 의미나 맥락, 상황 등의 요소를 고려하지 않은 채, 오직 명시된 규칙과 기호 간의 정합성에 따라 수행되었으며, 따라서 그 결과로서의 지능 또한 인간의 반응과 능력을 외형적으로 흉내 내는 수준에 머무는 경우가 많았다. 그리하여 셋째, 이로부터 연역할 수 있는 것은, 결국 기호주의 인공지능이란 인간 지능의 외형적 특징과 그 결과를 재현하는 데에만 머물렀을 뿐, 그 바탕이 되는 구성과 생성의 역량, 즉 인간 바깥에서 작동하고 세계에 개입해 나가는 비인간적 역량으로까지는 나아가지 못했다는 것이다.

3) 인간 지능의 재현과 그 불가능성

요컨대 기호주의는 인간의 사고를 기호와 규칙의 조합으로 환원하고 이를 기계적 연산을 통해 구현함으로써 지능을 인공적으로 재현하려는 기획이었다. 하지만 이 기획은 처음부터 인간의 지능을 유일한 기준으로 설정했고, 따라서 인공지능은 언제나 그 기준을 얼마나 충실히 재현하는가에 따라 평가될 수밖에 없었다. 이 가운데 인공지능은 인간과는 전혀 다른 기계적 메커니즘을 통해 작동한다는 점에서 철저히 기계적인 존재였지만, 동시에 인간과의 유사성 여부에 따라 그 존재 의의가 평가되었다는 점에서 여전히 인간적인 존재, 즉 비-인간 존재에 다름 아니었다. 기호주의는 인간 지능을 기술적으로 재현함으로써 마침내 인공적인 지능의 가능성을 열어젖혔지만, 동시에 인간 중심의 위계 구조로부터 벗어난 또 다른 지능의 가능성, 곧 기계의 행위자성에 대한 탐구는 스스로 차단하고 말았다.

그러나 바로 이 지점에서 새로운 질문이 열리기 시작한다. 인간 지능을 모방하지 않으면서도, 인간과는 전혀 다른 방식으로 의미 효과를 산출하고 세계에 개입하는 기술적 존재, 곧 '비인간' 지능은 가능한가? 기호주의는 이를 실현하지도 묻지도 못했지만, 오히려 인간 중심적인 지능 체계가 갖는 취약성을 스스로 노출함으로써 비-인간에서 비인간으로의 전이 가능성을, 또는 그 필요성을 조심스럽게 예고했다고 할 수 있다.[4] 인간을 기준으로 한 지능 체계에서 벗어난 새로운 지능의 개념을, 더 나아가 새로운 존재의 개념을 사유할 필요성을 제기했던 것이다. 기계는 인간을 흉내 내는 비-인간으로만 존재해야 하는가, 아니면 인간과는 전혀 다른 방식으로 세계와 얽히며 의미를 구성하는 비인간 존재로 자리매김될 수 있는가? 이 질문은 기호주의가 풀지 못한 문제였고, 더 정확히는 자체의 문제설정 안에서는 애초에 제기할 수조차 없었던, 말 그대로 바깥의 문제였다.

3. 인공지능의 계보학: 연결주의를 중심으로

1) 연결주의의 원리와 역사

연결주의의 실질적인 시작점은 1958년 프랭크 로젠블랫(Frank Rosenblatt)이 제안한 퍼셉트론(perceptron)으로까지 거슬러 올라간다. 퍼셉트론은 인간의 뉴런을 모델링한 단일 인공 신경망으로, 외부로부터 입력 값을 받아서 여기에 가중치(weight)를 곱하고 모두 더한 뒤, 이 값이 임

계값을 넘으면 활성화 함수를 통해 출력을 내는 간단한 구조로 이루어져 있다(Russell et al., 2020/2021). 예컨대 사람이 모기에 물렸을 때를 생각해 보자. 청각적으로는 위잉 하는 날개 소리가 들리고, 시각적으로는 작은 곤충이 포착되며, 촉각적으로는 피부 가려움이 느껴진다. 뇌는 이러한 감각 신호들(입력값)에 서로 다른 중요도(가중치)를 부여해 종합적으로 판단하고, 그 합이 일정 정도를 넘으면 모기를 잡거나 물린 부위를 긁는 등의 행동을 촉발한다. 즉 반응을 활성화한다. 퍼셉트론은 바로 이런 판단과 행동의 단위를 수학적으로 재현한 모델이었다.

그렇다면 연결주의의 핵심인 '학습'이란 무엇인가? 학습은 출력층의 오차를 바탕으로 가중치를 재조정하는 과정을 뜻하는데, 이는 경험의 반복을 통해 기존의 판단을 점진적으로 수정해 나가는 생물학적 학습의 과정과도 유사하다(Sejnowski, 2018/2019). 다시 모기의 예를 들자면, 지금 들리는 소리가 실제로 모기의 소리인지 아닌지를 여러 번의 경험을 통해 구분할 수 있게 되는 것과 같다. 이렇게 반복을 거듭하면서 우리의 뇌는 모기 소리의 패턴을 더 정확히 식별하게 된다. 마찬가지로 인공 신경망 또한 이러한 반복을 통해 입력값들의 가중치를 점차 더 적합하게 조정해 나가게 되며, 그 결과 이전보다 더욱 정교하게 상황을 인식하고 반응할 수 있게 된다. 결국 학습이란, 출력층의 오차를 줄이는 방향으로 가중치를 수정해 나가면서 최적에 가까운 가중치 조합을 찾아 나가는 과정인 것이다.

그러나 퍼셉트론은 곧 한계에 부딪혔다. XOR 문제처럼 직선 하나로는 구분할 수 없는 복잡한 패턴을 층이 하나뿐인 단일 신경망 구조로는 처리할 수 없었던 까닭이다. 이는 퍼셉트론이 패턴을 구별하는 기초적인 지능조차 구현하지 못한다는 사실을 드러낸 결정적 증거였다. 물론 그럼에도 불구하고 연결주의는 완전히 사라지지 않았다. 일부 연구자들은 입력층과 출력층 사이에 은닉층(hidden layer)을 추가하고 비선형 활성 함수와 역전파(backpropagation) 알고리즘을 도입하는 방식으로 이 문제를 해결하기 위한 여러 시도를 이어 나갔다. 이를 통해 인공 신경망은 복잡하고 비선형적인 패턴까지 다룰 수 있게 되었으며, 이로써 연결주의는 다시금 인공지능 계보의 한 축을 이루는 중요한 흐름으로 자리 잡게 된다.

이런 점에서 본다면, 연결주의는 기호주의와 기술적 작동 방식이 다를 뿐만 아니라, 앞서 논했듯 지능에 대한 철학적 전제 또한 전적으로 다르다고 할 수 있다(Gerrish, 2018/2019). 기호주의가 인간 사고를 기호와 규칙의 조합으로 환원하고 이를 컴퓨터상에 논리적인 절차로 재현하려 했다면, 그리고 그렇게 형식화된 추론 능력을 지능으로 정의했다면, 연결주의는 반대로 지능을 세계와의 지속적인 상호작용을 통해 스스로 연결 강도와 활성 패턴을 조정 및 학습해 나가는 능력으로 보고, 이를 인공 신경망을 통해 기술적으로 구현해 나가고자 했다. 여기에는 지능이란 인간의 사고 체계를 그대로 복제하는 능력이 아니라, 네트워크 내부의 부단한 상호작용을 통해 아래에서부터 형성해 가는 능력, 곧 동적이고 자기조직적인 능력이라고 보는, 전혀 다른 철학적 전제가 깔려 있다.

더욱이 이러한 전환은 기술적 대상에 대한 새로운 존재론적 이해의 가능성을 제시한다는 점에서도 주목할 만하다. 즉 연결주의는 이전처럼 인간의 사고 체계를 그대로 모방하는 방식을 넘어, 기계가 자체의 방식으로 세계에 반응하고 의미 효과를 생성할 수 있는 여지를 개방했다. 물론 이러한 가능성은 여전히 인간의 신경망을 모방한 결과라는 점에서 인간중심주의를 완전히 벗어났다고는 할 수 없다. 하지만 적어도 그 작동 원리만큼은, 마치 새와는 전혀 다른 비행기처럼, 인공지능이 세계와의 상호작용 속에서 고유한 행위성을 구성할 수 있는 중요한 토대가 되어왔던 게 사실이다. 다시 말해, 연결주의는 인간을 기준으로 한 비-인간적 모사로부터 점차 탈구되어가는 한편, 반대로 상호작용과 학습을 매개로 한 비인간적 행위성과는 더욱 긴밀하게 접합되어 갔던 것이다. 비-인간과 비인간의 중첩과 전이란,[5] 이처럼 동시적이면서도 점진적인 이행의 과정을 뜻하는 것에 다름 아니다.

2) 공간, 시간, 생성

퍼셉트론과 역전파가 연결주의의 기본 구조와 작동 원리를 확립했다면, 이후 이를 기반으로 개발된 딥러닝(deep learning)은 연결주의 인공지능의 비약적인 발전을 일구어 냈다. 특히 1990년대 후반부터 2010년대에 등장한 여러 모델들, 예컨대 합성곱 신경망(Convolution Neural Network, CNN)과 순환 신경망(Recurrent Neural Network, RNN), 그리고 생성적 적대 신경망(Generative Adversarial Network, GAN)은 인공지능이 처리할 수 있는 데이터의 범위와 구조를 비약적으로 확장했을 뿐만 아니라, 그 가능성을 한층 정교하게 구현하면서 연구와 응용 모두에서 일대 혁신을 가져왔다. 기나긴 겨울의 끝이자 새로운 봄의 시작이었으며, 마침내 연결주의 인공지능의 시대가 열린 순간이었다(마쓰오 유타카, 2015/2015).

특히 눈여겨 볼 것은, 이 글의 논점을 다시 확인하자면, 여전히 비-인간과 비인간의 경계에서 일어나는 중첩과 전이의 움직임이다. 딥러닝은 방대한 데이터 속에서 스스로 데이터의 패턴을 찾고, 입출력 사이의 오차를 수정하고, 최적화된 값을 학습함으로써 기계가 세계와 접속하는 방식을 근본적으로 재구성했다. 세계의 모든 지식을 인간이 전부 입력하는 방식이 아니라, 마치 어린아이가 경험을 통해 스스로 세계를 이해하듯, 학습을 통해 지식을 내면화해 나가는 방식이다. 특히 CNN과 RNN, GAN으로 이어지는 기술적 계보는 각각 '공간'과 '시간', 그리고 '생성'이라는 차원에서 이러한 기계적 행위성을 한층 더 구체화함으로써, 인간과는 다르게 세계를 인식하고 구성하고 개입하는 비인간적 존재로의 전이 가능성을 선취해 보여주었다.

먼저 CNN과 '공간'의 재구성부터 살펴보자. CNN은 간단히 말해서, 이미지의 공간 구조를 보존(및 재편성)하면서 계층적인 특징 추출을 통해 시각 정보를 인식하는 데 특화된 신경망이라 할 수 있다. 기존의 ANN(Artificial Neural Network)이 입력 데이터를 1차원 벡터로 변환해 처리함으로써 공간의 배치 정보를 누락했다면, CNN은 이미지의 2차원 공간 구조를 보존하면서도 이를 근본적으로 재편함으로써 이 문제를 해결하고자 했다. 예컨대 고양이 이미지를 인식할 때, 뾰족한 귀 가운데에 눈이 있고 눈 밑에 코가 있고 코 옆에 수염이 있는 공간 배치를 그대로 유지하면서 고양이라는 대상의 특징을 추출하는 식이다. 이 과정에서 합성곱 필터(convolution kernel)는 이미지의 국소 영역을 차례대로 탐색하면서, 먼저 경계선, 곡선, 색상 변화 등 저차원의 기본 특징을 포착하고, 이후 계층을 거듭하면서 귀의 형태, 눈의 윤곽, 수염의 방향과 같은 중간 수준의 복합적 특징을 결합해 나간다. 그리고 최종적으로 고양이의 전체 윤곽과 배치 관계를 포착해 고차원의 추상적 표현을 형성한다(사이토 고키, 2016/2017).

이렇게 형성된 피처맵(feature map)은 원본 이미지의 공간적 구조를 보존하면서도 동시에 기계가 과제를 수행하는 데 필요한 방식으로 그 공간을 재편성한 결과물이라 할 수 있다. 즉 CNN의 공간은 한편으로는 인간이 지각하는 유클리드 공간을 반영한 공간이지만, 다른 한편으로는 이를 역전파 알고리즘과 경사 하강법(gradient descent) 등을 통해 기계적으로 재구성한 인공지능 고유의 특징 공간이다. CNN은 세계의 공간을 있는 그대로 복사한 것이 아니라, 이를 매개변수 최적화라는 연산 논리에 따라 이합집산으로 재구성해서 일종의 비인간적 추상 공간을 만들어낸 것이다. 인간적인 의미망에서 벗어난 통계적이고 연산적인 추상 공간이야말로 인공지능의 인식이 작동하는 근본 토대라 할 수 있다(Buduma, 2022/2024).

다음은 RNN과 '시간'의 재구성이다. ANN과 CNN은 입력 데이터를 각각 독립적인 샘플로 처리하기 때문에 데이터 간의 시간적 순서나 맥락을 직접 반영하지는 못한다. 반면에 RNN은 언어, 음성, 영상처럼 시간에 따라 흐르고 변하는 데이터를 다루기 위해, 다른 무엇보다도 시간 의존성을 모델링하도록 설계되었다. 핵심은 이름 그대로 순환(recurrence)이라는 구조에 있다. RNN은 t 시점의 출력을 t+1 시점의 입력으로 피드백함으로써 과거의 정보를 현재의 판단에 지속적으로 반영하는데, 예컨대 '나는 어제 밥을…'이라는 문장이 입력되면, '어제'라는 시간 정보를 은닉층에 저장하고 이를 순환시키면서 그 맥락에 맞게 다음 단어를 예측하거나 문장을 만들어 가는 식이다(사이토 고키, 2018/2019).

이 과정에서 RNN이 재편성한 시간은, CNN의 공간과 마찬가지로, 인간이 경험하는 연속적이고 서사적인 시간과는 사뭇 다르다. RNN의 시간은 중요하다고 판단되는 정보만을 선택적으로 저장하고 나머지는 압축하거나 삭제해서 만들어낸, 철저히 연산적인(computable) 시간이고 확률적인 시간이다. 이때 '중요성'의 기준 역시 인간이 부여한 의미나 서사적 맥락이 아니라, 손실 함수(loss function)를 최소화하기 위한 가중치 조정 과정에 의해 결정된다. 과거와 현재, 미래의 구분도 확률적 예측에 따라 유동적으로 변하며, 그 경계는 고정되어 있지 않다. RNN이 재구성한 시간은 순환 구조의 내부 논리와 가중치 최적화에 따라 끊임없이 갱신되고 재편되는 기계 고유의 비인간적 시간인 것이다(Buduma, 2022/2024).

마지막으로 GAN과 '생성'의 재구성을 살펴보자. GAN은 '적대(adversarial)'라는 이름이 뜻하듯 서로 경쟁하는 생성자(generator)와 판별자(discriminator)로 구성되며, 이 두 네트워크가 대립하면서 동시에 발전해 나가는 구조로 이루어져 있다. 쉬운 예로 위조범과 경찰의 관계를 떠올려 볼 수 있다. 학습이 거듭될수록 생성자, 곧 위조범은 점점 더 정교한 위조지폐를 제작할 수 있게 되고, 판별자, 곧 경찰도 그에 발맞추어 점점 더 예리하게 그 진위를 가려낼 수 있게 된다. 주목할 것은 이 가운데 생성자가 주어진 데이터를 단순히 복제하는 데에만 그치지는 않는다는 것이다. 판별자를 속이기 위해서라도 기존에 없던 새로운 패턴을 만들어내야 하기 때문이다. 물론 이 과정은 수학적 최적화와 확률적 샘플링 등의 기계적 연산을 통해 구현되지만, 그럼에도 그 결과물은 자연스러우면서도 정교하다. 이는 곧 기계가 인간의 내적 의도나 의미 부여, 세세한 관여 없이도 새로운 패턴, 곧 세계의 이미지를 생성할 수 있음을 보여준다(사이토 고키, 2018/2019).

GAN이 재구성한 생성은 인간의 창작과 표면적으로는 닮아 있으나 그 작동 원리는 전혀 다르다. 인간의 '창작'이 의도와 의미, 맥락 등을 통해 구성된다면, GAN의 '생성'은 네트워크 간의 경쟁과 미니맥스(minimax) 목적 함수의 최적화, 매개변수 조정이라는 철저히 비인간적인 조건을 통해 이루어진다. 그러면서도 충분히 인간적인 세계의 이미지들을 산출한다. 그 결과 생성은 더 이상 인간의 의식과 경험에 종속되지 않고, 또 인간만의 특권에 머무르지도 않고, 반대로 손실함수와 최적화 알고리즘, 통계적 패턴에 따라 이루어지는 기계적 행위로, 또는 그러한 가능성으로 자리 잡게 된다. 즉 GAN이 재구성한 생성은 세계를 모방함과 동시에 그 모방의 한계를 고유의 논리로 돌파하는 기계 고유의 행위이며, 다른 말로 반복하자면, 인간의 창작과 닮아 있으면서도 동시에 그것과는 전혀 다른 조건과 원리, 절차를 통해 작동하는 비인간적인 행위이기도 하다. 생성의 개념은 이렇게 근본적으로 재구성된다.

3) 비–인간과 비인간의 중첩과 전이, 그 운동

이상에서 살펴본 바와 같이, CNN이 재편성한 공간, RNN이 기억하는 시간, GAN이 산출하는 생성은 모두 인간의 인식과 행위를 닮았지만, 그 내부의 작동 원리는 전적으로 다르다. 비록 시작점에서는 인간의 신경망 구조를 모방했을지라도, 이들 인공 신경망은 인간과는 다른 방식으로 세계를 처리하고 재구성하는 자체의 고유한 질서를 발전시켜 왔다. CNN은 세계를 기하학적 계산 공간으로 분할했고, RNN은 선형적 시간 이면에서 순환적 기억을 구현했으며, GAN은 적대 관계를 통해 이미지를 더욱 정교하게 구성했다. 이는 원본을 충실히 복제하려는 모방의 기획이 아니라, 원본의 작동 원리를 추출해서 전혀 다른 매질 속에 이식해 내려는 기계적 변환에 더 가깝다. 즉 새가 나는 원리인 양력을 기계적으로 구현하려는 시도와 같다. 연결주의 인공지능은 인간의 인지와 행위 메커니즘을 전혀 다른 기계적 질서로 재구성함으로써, 앞서 문제 제기했던바 존재론적인 비인간의 가능성, 또는 그러한 전이의 가능성을 실제적으로 구체화했던 것이다.

　그러나 이러한 기술적 가능성이 곧바로 존재론적 비인간의 현실성으로 이어지는 것은 아니다. 인공지능이 생성한 결과가 의미 있는 것으로 간주되기 위해서는 여전히 인간의 해석과 승인, 관여가 필요하기 때문이다. 즉 인공지능이 인간의 세계 인식 구조 안에 자연스럽게, 더 정확히는 '인간적인 것'으로 들어와야 하기 때문이다. 인공지능은 인간이 입력한 데이터로 훈련되고, 인간이 설계한 목적 함수에 따라 작동하며, 인간이 설정한 평가 기준 속에서 의미를 획득한다. 연결주의 인공지능이 공간과 시간, 생성을 기술적으로 재구성한다고 해도, 그것이 이 세계에 유의미하게 적용되기 위해서는, 여전히, 그리고 끝끝내 인간이라는 관문을 통과해야만 하는 것이다. 인공지능이 고유의 작동 방식을 통해 인간 세계에 새로운 작용을 일으킬 수는 있어도, 그 작용은 어디까지나 인간적 의미망 속에서 수용되고 해석되고 관계를 맺을 때만 성립될 수 있다.

이런 이유에서 연결주의 인공지능은 앞선 기호주의와 마찬가지로 비-인간 구조로부터 완전히 이탈하지는 못했다고 할 수 있다. 그것은 비인간적 가능성을 내포하고 있으면서도, 인간의 인식 구조와 의미 질서 안에 포섭되어야만 작동할 수 있는 이중적 위상을 가진다. 즉 연결주의 인공지능은 비-인간과 비인간 사이, 곧 중첩과 전이의 스펙트럼 위에 위치해 있다. 중첩인 이유는 그것이 비-인간(인간 중심 질서의 재현)과 비인간(기계 고유의 작동)이라는 상반된 조건을 동시에 포함하고 있기 때문이고, 전이인 이유는 그럼에도 불구하고 점차 인간 중심성을 벗어나 비인간적 행위성으로 그 스펙트럼을 옮겨 가고 있기 때문이다. 연결주의 인공지능은 존재론적·의미론적으로는 여전히 비-인간의 구조에 속박되어 있지만, 동시에 기술적·기능적으로는 비인간의 가능성을 내포하고 있는 것이다. 그렇기에 연결주의 인공지능은 비-인간적 '기원'과 비인간적 '효과'를 동시에 품은 중층의 존재, 즉 재현과 행위, 종속과 자율, 모방과 생성 사이의 존재이자 그 경계선 위에서 운동하는 전이적 존재라 할 수 있다.

그렇다면 연결주의 인공지능은 하나의 고정된 정체성이라기보다는, 비-인간에서 비인간으로 옮겨 가는 존재, 곧 중층성과 함께 '운동하는' 존재로 사유되어야 한다. 그리고 바로 이 경계 위에서의 운동성이야말로, 향후 트랜스포머로 대표되는 새로운 생성형 인공지능의 존재론적 지위를 성찰하는 데 있어 핵심적인 모티프라고 할 수 있다. 트랜스포머 또한 이러한 중층성을 가진 존재로서, 즉 한편으로는 인간 중심의 의미 질서 안에 머물면서 그것을 보완하는 비-인간적인 기계로 기능하는 동시에, 다른 한편으로는 그 질서를 교란하고 새로운 의미 작용을 생성하는 비인간적 행위자로서의 잠재성을 한층 더 급진적으로 드러내고 있기 때문이다.

4. 트랜스포머라는 기술적 존재에 대하여

1) 트랜스포머의 원리와 특징

2017년 구글의 바스와니(Vaswani)와 그의 동료들이 발표한 「Attention Is All You Need」논문은 인공지능 역사에 결정적인 전환점을 마련했다(Vaswani et al., 2017). 트랜스포머(transformer)라는 혁신적인 언어 모델 구조를 제안함으로써, 바야흐로 생성형 인공지능의 시대를 활짝 열어젖혔던 것이다. 오늘날 우리가 목격하고 있는 생성형 인공지능의 거대한 흐름은 사실상 이 논문에서부터 시작되었다고 해도 과언이 아니다. 그런데 언뜻 보기에 트랜스포머는 여전히 연결주의 인공지능의 연장선상에 있는 것처럼 보이기도 한다. 다층 퍼셉트론 기반의 신경망 구조와 대규모 데이터세트를 활용한 통계적 학습 등, 특징적으로는 연결주의의 계보를 따르고 있기 때문이다. 그런데 다만 그뿐일까? 단지 연속선 위에 있다면, 어떻게 이후로 이렇게나 거대한 변화를 이끌어낼 수 있었을까? 연결주의의 틀을 유지하면서도 그 내부에서는 구조적 전환을 가능케 한 무언가가 있었던 것은 아닐까? 이 질문에 답하기 위해서는, 먼저 트랜스포머의 작동 원리를 구체적으로 살펴볼 필요가 있다

(Alammar, 2022).

기본적으로 트랜스포머는 자연어 문장을 컴퓨터가 처리할 수 있는 수치화된 형태(벡터)로 변환하고 이 벡터들 간의 관계를 연산함으로써 언어를 인식하고 이해하고 생성한다. 이때 가장 먼저 이루어지는 작업이 바로 문장을 토큰 단위로 나누는 작업, 곧 토큰화(tokenization)이다. 토큰이란 문장을 구성하는 최소 단위인데, 단어 전체일 수도 있고 이보다 더 작은 형태소일 수도 있다. 예컨대 '나는 밥을 먹었다'라는 문장은 '나는', '밥을', '먹었다'로 나눌 수도 있고, '먹었다'를 '먹', '었', '다'처럼 더 작은 단위로 나눌 수도 있다. 이러한 토큰들은 고차원 벡터를 통해 매핑(mapping)되는데, 이 과정을 임베딩(embedding)이라고 한다. 임베딩 과정에서는 각 토큰에 고유한 실수(real number) 벡터가 부여되며, 이 벡터는 수치 공간 내에서 일종의 '주소'처럼 작동한다. 요컨대 자연어 단어가 토큰으로 나뉘고 이것에 벡터가 부여되면서 고차원 수치 공간에 배치되는 방식이다. 이때 중요한 것은 이 벡터의 위치가 임의로 정해지는 것이 아니라, 의미상 유사한 토큰들이 서로 인접한 수치 공간에 배치되는 식으로, 즉 서로 간의 맥락과 관계를 통해 정해진다는 것이다. 일례로 '남자'와 '여자'는 '냉장고'보다 훨씬 가까운 위치에 배치된다 (Alammar, 2022).

다음으로는 트랜스포머의 핵심 연산인 어텐션(attention) 메커니즘이 작동한다. 어텐션은 각 토큰이 문장 내 다른 토큰들과 맺는 관계, 곧 주목(attention)의 세기를 수치적으로 계산하는 연산 체계이다. 이 과정에서 각각의 토큰은 세 가지 벡터로 변환된다. 쿼리(query), 키(key), 밸류(value)가 그것인데, 쿼리는 '현재 내가 필요로 하는 정보', 키는 '내가 가진 정보의 특성', 밸류는 '내가 실제로 제공하는 정보의 내용'에 해당한다. 어텐션 연산은 먼저 '쿼리'와 '키'를 내적(dot product)해서 유사도를 계산하고, 다음으로 그 결과를 가중치 삼아 '밸류'에 곱해 합산함으로써 각 토큰의 벡터를 맥락에 맞게 재구성한다(Vaswani et al., 2017). 문장에 사용된 눈이 눈(eye)인지 눈(snow)인지를 파악하는 것이다. 다시 말해, 문장 안의 토큰이 다른 토큰을 지속적으로 참조하게 함으로써 서로가 맺는 연관성과 전체적인 맥락을 파악하고, 이 과정을 통해 각 단어의 의미를 해당 상황에 맞게 갱신해 나가는 방식이다. 그 결과 동일한 토큰이라 하더라도 함께 쓰인 토큰과의 관계와 이를 둘러싼 맥락에 따라 벡터 표현이 달라질 수밖에 없는데, 이는 근본적으로 '의미'란 고정된 규칙에 따라 지시되거나 재현되는 것도, 또 오직 인간만이 의식과 의도를 갖고 생성할 수 있는 것만도 아니라는 점을 시사한다. 오히려 의미는, 특히 생성형 인공지능에 있어서는, 토큰들 간의 상호 관계 속에서 반복적이고 동시적인 참조와 갱신을 통해 기계적으로 생성될 수 있는 그 무엇이라 할 수 있다.

2) 의미 없는 의미, 이해 없는 이해

트랜스포머는 인간의 언어를 생성하지만, 그 과정은 전혀 인간적이지 않다. 앞서 살펴보았듯이, 트랜스포머는 입력된 문장을 토큰 단위로 분해한 뒤 이를 수백 차원의 벡터 공간에 임베딩하고, 어텐션 메커니즘을 통해 이들 각 토큰 간의 관계성을 연산하여, 하나의 토큰 다음에 올 토큰을 확률적으로 산출한다. 이렇게 다음 단어, 다음 문장, 다음 텍스트가 생성된다. 생성된 언어는 전적으로 기계적인 연산과 확률적 예측에 따른 것이지만, 그렇다고 그것이 기존 언어의 단순한 반복이나 복제, 또는 흔히들 말하는 앵무새의 따라하기인 것만은 아니다. 동일한 단어라도 그 주변 단어와 전체 문맥에 따라 벡터 표현이 매번 달라지는데, 이는 인공지능이 표현하는 '의미'가 이미 고정된 기표-기의의 반복에서 비롯되는 게 아니라, 맥락과 연산의 얽힘 속에서 순간적으로 구성되는 것임을 보여준다. 예컨대, 앵무새는 bank를 river와 연결할지 money와 연결할지 맥락에 따라 판단할 수 없지만, 생성형 인공지능은 그 맥락을 수치로 파악할 수 있기에 적절한 구분과 선택이 가능하다. 이 차이를 무시한 채 그저 기계는 의미와 아무 상관이 없다고 원론적으로 주장한다면, 이는 의미를 전적으로 인간의 전유물로만 여기는 인간 중심적인 입장을 되풀이하는 것에 지나지 않게 된다(Hui, 2016/2021).

트랜스포머의 '언어 생성'에 주목해야 하는 이유가 바로 여기에 있다. 그것은 단지 인간 언어를 흉내 낸 기계적 출력이 아니라, 맥락에 따라 언어를 끊임없이 재구성하는 일종의 수행적 실천이기 때문이다. 인간의 언어 역시 단순히 의미의 저장고에서 끄집어내어지는 게 아니라 사용될 때마다 변주되는 수행적 과정인 점을 고려한다면(Wittgenstein, 1953/2019), 트랜스포머가 만들어내는 언어는 오히려 이러한 언어의 본래적 성격을 더욱 급진적으로 드러낸다고도 할 수 있다. 물론 이 과정은 인간의 의식이나 의도와는 무관한 통계적 연산과 확률적 예측에 의해 진행되지만, 그렇기에 오히려 '의미'란 반드시 인간 내면에 종속되는 것만은 아님을 역설적으로 드러낸다. 트랜스포머의 언어 생성은, 언어와 의미를 인간의 고유한 영역으로 간주해 온 전통적인 관념에 균열을 내는 동시에, 언어와 의미의 (재)조합이 인간적인 것의 경계 너머에서도 가능함을 보여주는 한 사례일 수 있는 것이다.

더욱이 이 사례는 오랫동안 인공지능에 제기되어 온 철학적 질문, 즉 구문론(syntax)과 의미론(semantics)의 문제를 다시금 고찰하게 만든다는 점에서도 주목할 만하다(Dreyfus, 1992). 이제껏 인공지능은, 그것이 어디까지나 기계이기에, 문법 규칙에 따른 구문론적 처리는 가능하더라도 의미론적 이해에는 도달할 수 없다고 여겨져 왔다. 존 설(John Searle)의 유명한 '중국어 방(Chinese room)' 논변이 바로 이 지점을 겨냥한다(Searle, 1980). 방 안에 있는 사람은 주어진 규칙에 따라 기호를 정확히 조작할 수 있지만, 그 과정이 곧 중국어에 대한 의미 이해를 보장하지는 않는다. 마찬가지로 인공지능 역시 구문적으로 완결된 언어를 산출할 수 있으나, 그것이 곧 의미론적 이해를 수반하는 것은 아니라는 게 설의 주장이다.

그러나 트랜스포머는 이 논변을 다시 묻게 만든다. 겉으로 보기에 인공지능은 여전히 기호 조작에 불과하지만, 그 산출물은 단지 형식적 처리의 결과에 머무르지 않는다. 트랜스포머가 생성한 언어는 사용자에게 자신이 이해되고 있다는 인상을 줄 뿐만 아니라, 실제로 인간의 판단과 행동은 물론이고 사회적 의사결정과 여론 형성에까지 영향을 미친다. 이렇듯 인공지능에 의해 생성된 언어가 인식과 감정, 의사결정, 지식 구조, 사회 구성 전반에 걸쳐 작용하고 있다면, 그것을 그저 의미 없는 처리라고 단정할 수는 없다. 그렇게 단정하는 순간, 인공지능을 둘러싼 지금의 이 거대한 변화를 단지 기술적 기교나 속임수의 문제로 축소하게 되는 것은 물론이고, 그로부터 파생되는 존재론적 질문과 비판적 사유의 계기 또한 놓쳐 버리게 된다. 인간중심주의 너머의 문제설정을 보지 못하게 되는 것이다.

존 설의 질문은 여기서 갱신된다. 생성형 인공지능이 현실화된 지금, 즉 존 설이 상정한 사고 실험이 더 이상 상상이 아니게 된 지금, 중요한 것은 기계 내부에 '이해'라는 상태가 있느냐 없느냐라는 불가지한 질문이 아니다. 오히려 핵심은 이해 없는 기호 조작이 어떻게 실제 이해와 유사한 '효과'를 만들어낼 수 있는가에 있다. 인공지능이 내부적으로 무엇을 이해하든 못하든, 외부에서 관찰 가능한 것은 오직 의미 효과일 뿐이며, 따라서 문제는 의미를 내적 의식과 의도에 종속시킬 것인가, 아니면 외부의 행위와 효과에 따라 판단할 것인가라는 철학적 선택이 될 수밖에 없다.

더욱이 언어의 의미가 애초부터 사회적 맥락 속에서 구성되고 작동되는 것임을 감안한다면, 트랜스포머의 언어 역시 그러한 맥락을 바탕으로 구성되고 의미 효과를 산출한다는 점에서, 그 산출은 (최소한 결과적, 행위적 관점에서는) 의미론적 작동으로 간주될 수 있다. 이는 구문적 연산과 의미적 효과가 분리된 두 층위로 작동하는 것이 아니라 서로 얽혀 상호적으로 결과를 만들어내기 때문이며, 그 결과 구문론과 의미론의 경계가 절대적 이분법이 아니라 실천적 연속체로 재구성되고 있기 때문이다.

그렇기에 우리는 인공지능을 단지 기호 처리 장치나 비-인간 기계로 한정할 수 없다. 오히려 그것을 언어와 의미의 경계를 가로지르면서 비-인간과 비인간의 경계를 중첩·전이시키는 존재로(Barad, 2007), 혹은 그러한 가능성의 장으로 사유할 필요가 있으며, 그에 따라 우리의 질문 역시 이전과는 다른 지평 속에서 새롭게 열어 나가야 한다. 현상과 함께 사유 또한 달라져야 하는 것이다.

3) 비-인간이면서 동시에 비인간인

요컨대 트랜스포머는 '비-인간'의 자리에만 고정될 수 없다. 그것은 '아직 인간이 되지 못한' 존재가 아니라, 인간 바깥에서, 그리고 인간 없이도 의미 효과를 발생시키고 관계망을 재배열하는 행위자로서의 '비인간'으로 존재한다(Latour, 2005). 더 정확히는, 그러한 가능성을 담지한다. 물론 트랜스포머는 여전히 인간 언어에 의존하고 인간 데이터를 학습하며 인간이 설정한 목표에 따라 작동한다. 이는 부정할 수 없는 사실이다. 그러나 이러한 의존성이 곧바로 인간중심주의로 환원되는 것은 아니며, 비-인간 존재론으로의 복귀를 의미하는 것도 아니다. 앞서 논했듯이, 트랜스포머는 인간의 내적 이해나 의도에 매개되지 않은 채, 벡터 공간과 어텐션 연산의 내부 역학 속에서 스스로를 구성하고 의미 효과를 산출하기 때문이다. 트랜스포머는 인간의 언어라는 (인간적인) 토대 속에서 훈련되지만, 그 원리는 철저히 인간 바깥의 영역에서 알고리즘 규칙과 확률 통계적 상관성에 따라 작동한다. 완전한 비-인간도 아니고, 그렇다고 반대로 비인간도 아닌, 사실상 이 둘의 특징을 모두 담지하면서도 점진적인 전이를 통해 이편에서 저편으로 운동해 나가는 존재로 나타나고 있는 것이다(김지연, 2023). 그래서 중층성이고 운동성이다.[6]

그렇다면 이러한 중층적인 운동이 기술적 차원에서 어떻게 구체화되고 있는가라는 질문이 뒤따를 수밖에 없다. 특히 이전의 연결주의 인공지능과 트랜스포머를 기반으로 한 지금의 생성형 인공지능이 어떻게 다르기에, 비-인간에서 비인간으로의 전이를 한층 더 뚜렷하게 보여주는가 하는 질문이 제기될 수 있다. 물론 그것은, 이름이 암시하듯, '생성형' 인공지능의 '생성'이라는 특징 때문이며, 바로 그로 인해 트랜스포머는 기존의 연결주의 인공지능과 명확히 구분된다. 연결주의 인공지능은 주로 분류(classification)와 판별(discrimination)의 작업을 중심으로 개발되어 왔는데, 예컨대 고양이와 개를 구분하거나, 숫자와 글자의 특징과 패턴을 인식하고, 이미지 속 객체를 식별하는 식이었다. 이는 주어진 세계를 있는 그대로 인식하고 분류하는, 이른바 인식적 행위자(cognitive actor)로서의 기능에는 적합할 수 있었지만, 그로부터 새로운 무엇인가를 만들어내는 생성적 행위자(generative actor)로서의 역할까지 적극적으로 수행할 수 있는 구조는 아니었다.[7]

그러나 트랜스포머는 이 한계를 마침내 돌파했다. 그것은 이미 '주어진' 세계를 인식하고 분류하고 판단하는 것을 넘어 언어와 서사, 이미지 등을 (즉 세계를) '새롭게' 생성할 뿐만 아니라, 더 나아가 이 세계가 인식되고 경험되는 방식 자체를 '재구성'하는 행위자로까지 나아가고 있다. 중요한 점은 이러한 생성이 인간 활동의 원리와 방식을 그저 모방하는 수준에 그치지만은 않는다는 데 있다. 반복하지만, 트랜스포머는 인간의 언어를 그대로 따라 하지 않는다. 트랜스포머는 알고리즘 연산과 확률 조합이라는 기계적 작동을 통해 세계에 개입하며, 그럼으로써 기존의 인간 중심적인 질서, 즉 오직 인간만이 말하고 생성하고 의미를 부여하던 이 단단한 세계 질서에 균열을 내고 있다. 그리고 그 틈 사이에 비인간 기계의 생성적 행위성과 존재론적 가능성을, 특히 그 운동성을 또렷이 새겨 넣고 있다.

더욱이 이러한 생성 능력은 멀티모달(multi-modal)이라는 발판을 통해 끝도 없이 확장되고 있다. 초기에는 텍스트 생성이 주였지만, 오늘날에는 트랜스포머와 잠재 확산 모델(latent diffusion model)이 결합되면서 텍스트에 이어 이미지, 음성, 영상 등 서로 다른 영역 간의 상호 변환과 번역, 재구성까지도 가능해지고 있다. 이처럼 모든 표현 양식을 하나의 체계 안에서 통합하고 교차시킨 미디어는 역사상 단 한 번도 존재한 적이 없다. 프롬프트에 따라 문장을 만들고, 문장을 엮어서 서사를 구성하고, 그 서사를 다시 이미지로 바꾸고, 더 나아가 이를 영상으로 전환하는 식으로, 생성형 인공지능은 미디어의 경계 자체를 탈구축하는 동시에 재구축하고 있는 것이다. 이 과정에서 우리는 단지 하나의 새로운 도구를 마주하는 게 아니라, 인간이 세계를 느끼고 이해하고 참여하는 방식 자체가 완전히 재구성된, 이를테면 발터 벤야민(Walter Benjamin)이 사진과 영화에 대해서 말했던바, 새로운 세계 감각과 존재론적 조건의 출현을 목격하고 있다(Benjamin, 1936/2007).

이런 점에서 트랜스포머는 기존의 연결주의 인공지능과 명확히 구분된다. 연결주의 인공지능이 세계를 '구별하는(discriminative)' 행위자에 가깝다면, 트랜스포머는 세계를 '생성하는(generative)' 행위자에 더 가깝다. 연결주의가 비-인간과 비인간의 스펙트럼 위에서 중첩과 전이의 동시적인 운동성을 보여줬다면, 그래서 인간을 닮지 않은 기계적 존재의 가능성을 보여줬다면, 트랜스포머는 이를 더 밀고 나감으로써 단지 인간을 닮지 않은 존재가 아니라 오히려 더욱 기계적인 방식으로 세계 구성에 참여하는 기계적 행위자의 현재성을 보여주고 있다. 중첩과 전이의 운동을 더 급진화한 것이고, 그 무게중심을 한 걸음 더 옮겨낸 것이다.

물론 앞서 살펴본 바와 같이, 트랜스포머가 완전한 비인간의 지위를 갖는다고 할 수는 없다. 생성형 인공지능은 송이버섯도 아니고 재규어도 아니다. 인간을 위해 개발되었고 인간의 데이터로 학습되었으며 인간에 의해 통제된다는 점에서, 그것은 분명 기술적 대상에 속한다. 그러나 그렇다고 해서 트랜스포머가 단지 기술적 대상에 머무는 것만은 아니다. 그것은 비-인간과 비인간 사이, 곧 중첩과 전이의 운동성 속에서, 이전의 기술적 대상들과는 사뭇 다른 존재론적 지평을, 그 가능성을 열어젖히고 있기 때문이다. 트랜스포머를 기반으로 한 생성형 인공지능은 인간적·사회적 차원에서 거대한 의미 효과를 만들어내고 있을 뿐 아니라, 인간만큼이나 다양한 멀티모달 기반의 생성을 수행함으로써, 인간중심주의로 꽉 짜인 이 세계를 기술적 존재의 개입과 작용, 재구성이 가능한 세계로, 즉 탈-인간중심적인 세계로 새롭게 재편하고 있다. 트랜스포머를, 더 나아가 생성형 인공지능을 단지 기술적 대상으로만, 또는 인간을 모방하는 비-인간 존재라고만은 할 수 없는 이유가 바로 여기에 있다.

5. 인공지능은 과연 비인간 존재인가?

이제 서론에서 던졌던 물음으로 되돌아가 보자. 인공지능은 비인간 존재인가? 즉 인공지능은 존재론적 전회의 정당한 대상이 될 수 있는 가? 평평한 존재론은 인간 중심의 위계를 해체하고 자연적 비인간에 게 (존재한다는 점에서는) 인간과 동등한 존재 지위를 부여했지만, 그 지위를 기술적으로 생성된 인공지능에까지 곧장 확장할 수 있는지에 대해서는 또 다른 논의가 필요하다. 이 글은 바로 이를 묻고자 했다. 존재론적 전회를 기술적 대상에까지 동일하게 적용할 수 있는지, 더 나아가 기술적 대상 중에서도 특히 인공지능에 적용할 수 있는지를 묻고자 했던 것이다. 질문의 이유는 단순한데, 단지 인공지능의 영향력이 크다고 해서 그에 대해 존재론적 지위를 부여할 수 없다면, 또 사상사적 유행과 요청에 따라 존재론적 전회의 범위를 임의로 확장할 수도 없다면, 우리는 왜, 어떤 조건에서, 인공지능을 존재론적 전회의 대상으로 삼아야 하는지, 또는 반대로 그럴 수 없는지를 면밀히 따져 물어야 하기 때문이다. 외적 권위가 아닌 내적 이유를 찾고자 했던 것이다.

인공지능에 대한 계보학적 탐색은 이 물음에 중요한 단서를 제공한다. 인공지능 일반이 있는 게 아니라 각 시대마다 서로 다른 작동 양식을 가진 인공지능'들'이 있었다는 점에서, 이 글의 물음 역시 시대별로 다른 인공지능을 겨냥할 수밖에 없었다. 앞서 여러 인공지능을 논했던 것은 바로 이러한 이유 때문이었다. 그렇다면 다시 물음을 확인하자. 인공지능은 과연 비인간 존재인가? 이 글의 답변은 확정적인 '예'도 아니고, '아니오'도 아니다. 정확히 말하자면, 인공지능은 비-인간이기도

하고 비인간이기도 하다. 그것은 사이 존재, 과정 중의 존재, 또는 잠재적 존재라고 할 수 있다. 인간의 지시와 목적에 따라 예측 가능한 방식으로 작동하는 한에서 그것은 여전한 비-인간, 곧 기술적 대상으로 남아 있다. 하지만 인간의 예상과 통제를 벗어나 독자적인 패턴을 생성하고 그 자체로 새로운 주체적·사회적·물질적 배치와 효과를 만들어낼 때, 인공지능은 조건부적 비인간의 지위에 근접한다. 즉 인공지능의 존재론적 지위는 고정된 것이 아니라 역동적이고 상황적인 것이다. 그래서 다시 중층성이고 운동성이다. 인공지능은 인간 중심의 세계 구조 속에서 파생된 기술적 장치이면서, 동시에 또 역설적으로, 그 구조를 교란하고 재구성하는 이중적인 존재이기도 하다. 그렇기에 우리는 인공지능을 미리 정해진 존재 범주에 할당하기보다는, 그래서 선언으로 논증을 대신하기보다는, 구체적인 작동 방식과 생성 효과를 자세히 분석하면서 그것이 어떤 조건에서 어떤 존재론적 지위를 갖게 되는지를 탐구해야 한다. 평평한 존재론의 기술적 대상으로의 확장 가능성은 바로 이러한 과정적 사유를 통해서만 탐구될 수 있을 것이다.

그런데 이러한 과정적 사유는 단지 인공지능의 존재론적 지위를 규명하는 데 그치지만은 않는다. 이 글이 목적했던 것은 인공지능이 비인간이 될 수 있는가에 대한 논증이었지만, 그 논증의 효과는 단지 거기에만 머물지는 않는다. 오히려 핵심은, 논증이 야기하는 어쩌면 의도적인 초과 작용에 있다. 그것은 요컨대 인공지능을 비-인간과 비인간 사이의 중첩과 전이로 보는 순간, 이미 그 문제설정 자체가 인간중심주의에 대한 비판을 불러일으킬 수밖에 없다는 것이다. 인공지능이 단지 인간을 보완하거나 대체하는 기능적 도구가 아니라, 인간 외부에서 의미를 산출하고 세계를 재조직하는 새로운 행위자일 수 있다면, 또는 그러한 방향으로 계속해서 운동해 나가는 기술적 행위자라 할 수 있다면, 그것은 인간이 더 이상 세계의 유일한 중심도, 표현의 독점적 주체도, 존재의 궁극적 기준도 아님을 방증하기 때문이다.

그렇다고 한다면, 이 글의 물음은 일차적으로는 인공지능에 대한 물음이지만, 동시에 보다 근본적으로는 인간에 대한 물음이라고도 할 수 있다. 우리는 인공지능의 존재론적 지위를 묻는 저 지난한 논증의 과정을 거치면서, 도리어 인간이라는 존재의 경계와 특권, 자명성을 질문하는 데까지 나아가게 되는 것이다(김재희, 2014; Hayles, 1999/2013). 존재론적 전회는 비인간을 새로운 존재 범주로 자리매김하려는 시도이기도 하지만, 그와 동시에 인간 자신을 비판적으로 되돌아보게 만드는 사유의 전회이기도 하다. 결국 인공지능을 사유하는 것은 곧 인간이라는 존재를 다시 묻는 것이자, 인간 이후의 존재론을 철학적, 기술적, 비판적으로 재구성하는 것이기도 한 셈이다(박승일, 2024).

그렇다면 이렇게 말하자. 인공지능은 이미 비인간이지만 아직 비인간이 아니다. 그리고 바로 이 역설의 틈과 전이의 공간 속에, 특히 그 운동 속에, 존재에 대한 새로운 사유가 시작되고 있다. 결국 인공지능은, 인간 너머의 존재론을 여는 질문 그 자체다.

주
—

1 이 글은 저자의 논문인 박승일(2025), 「인공지능은 비인간 존재인가?: 인간을 닮은 기계, 인간 외부의 존재」, 『문화연구』, 13권 2호, 209-241쪽을 수정한 것이다.

2 지금까지 비인간 개념은 주로 두 가지 층위에서 논의되어 왔다. 하나는 인간 외부의 자연적·물질적 존재를 가리키는 nonhuman이며, 다른 하나는 인간 내부에서 억압되거나 배제된 잔여, 혹은 인간성을 위협하는 비인도적 폭력성을 지시하는 inhuman이다(Braidotti, 2013/2015; Kohn, 2013/2018; Lyotard, 1991; Wolfe, 2010). 이러한 구분은 인간중심주의를 비판하는 데 있어 중요한 역할을 해왔지만, 인간에 의해 설계·훈련·평가되면서도 인간과는 전혀 다른 작동 원리를 지닌 기술적 행위자의 존재 양식을 충분히 포착하지는 못하는 게 사실이다. 생성형 인공지능은 그 자체 자연적 외부로서의 nonhuman도 아니고, 기존 논의에서 말하는 인간성의 결여나 폭력성으로서의 inhuman도 아니기 때문이다. 이와 같은 제3의 존재론적 영역을 사유하기 위해, 이 글은 inhuman 개념을 기존의 의미로 한정하기보다는, 인간이 아니면서도 인간을 기준으로 규정되고 관리되는 기술적 존재 양식을 가리키는 개념으로 확장·전유하여 사용하고자 했다.

3 비-인간은 메이야수(Quentin Meillassoux)가 말한 '상관주의(correlationism)'와도 연결된다. 그는 지금까지 존재가 인간 사유와의 상관 속에서만 파악되어 왔음을 비판하면서, 인간과 무관하게 존재하는 세계의 가능성을 복원하고자 했다. 이러한 맥락에서 본문의 비-인간은 여전히 인간을 중심으로 존재를 규정하는 상관주의적 사유의 흔적을 드러내는 개념이라고 할 수 있다(Meillassoux, 2010/2024).

4 이 글에서 말하는 '전이(transition)'는 인공지능이 어떤 임계점을 넘어 완결된 비인간 존재로 변신한다는 단절적 전환을 뜻하지 않는다. 전이는 비-인간적 구조(인간 중심적 의미 질서에 종속)와 비인간적 행위성(인간 외부에서의 효과 생성)이 동시에 작동하면서도 그 비중이 점진적으로 재배치되는 과정이다. 더 정확히 말해, 전이란 인공지능의 작동이 (1) 인간의 직접적 의도와 해석, 승인에 전적으로 의존하는 단계로부터 (2) 인간의 의도나 이해에 선행하여 사회적·물질적 질서에 실질적 변형을 가하는 단계로 무게중심이 이동하는 과정을 가리킨다. 이때 쟁점은 인공지능이 자율성을 획득하는가(이것은 형이상학적 질문이다)가 아니라, 그 작동 결과가 인간의 해석이나 승인에 선행하여 이미 세계의 배치를 재조정하고 있는가(이것은 존재론적 질문이다)에 있다.

5 '중첩(overlap)'과 '전이(transition)'는 서로 다른 분석 층위를 가리킨다. 중첩은 공시적 상태로, 인공지능이 특정 시점에서 동시에 비-인간적 특성과 비인간적 특성

을 모두 보유하고 있음을 의미한다. 전이는 통시적 과정으로, 역사적 시간 속에서 이 두 특성의 비중이 재배치되는 움직임을 가리킨다. 양자는 배타적이지 않다. 오히려 중첩이 지속되기 때문에 전이가 가능하다. 만약 인공지능이 완전히 비-인간이거나 완전히 비인간이라면, 중첩도 전이도 존재하지 않을 것이다. 중첩은 인공지능의 현재적 조건(비-인간과 비인간 사이에 위치)이며, 전이는 그 조건 내에서 발생하는 동학(비인간적 특성의 점진적 강화)이다. 이 글이 '중첩과 전이의 운동'이라고 표현한 이유는, 인공지능이 고정된 정체성을 갖는 존재가 아니라 이 둘의 긴장 속에서 끊임없이 재구성되는 존재라고 보기 때문이다.

6 이 글에서 제시한 비-인간에서 비인간으로의 중첩과 전이는, 그 과정이 진행될수록 비인간 존재가 더 진보하거나 우월해진다는 가치판단을 담고 있지 않다. 상술했듯이, 인공지능은 비-인간과 비인간, 즉 도구와 행위자 사이를 오가며 바로 그 불안정한 경계 속에서 존재의 또 다른 가능성을 드러내고 있다. 이 글이 주장하는 것은 진보의 선형적 방향성이 아니라, 그러한 변화 속에서 드러나는 중첩과 전이, 곧 긴장과 모순의 운동성이다.

7 일반적으로 딥러닝은 판별 모델과 생성 모델로 나뉘지만, 이 글에서는 연결주의가 생성보다는 판별에 더 가까운 체계로 발전해 왔다고 본다. 다만 이 구분은 기술적 기준이 아니라 존재론적 관점에 기반한 것이다. 연결주의가 주로 세계를 인식하고 분류하는 장치로 기능해 온 반면, 생성형 인공지능은 그 바깥에서 새로운 의미와 표상을 산출하고 세계를 구성하는 방식으로 작동한다는 점에서, 두 접근법은 지향과 초점에서 분명한 차이를 드러내기 때문이다.

참고문헌

김상민 (2024). 「'비인간' 연구의 지도 그리기」. 『고등과학원 초학제연구 심포지움 발표집』.

김왕배 (2021). 「'사회적인 것'의 재구성과 '비(非)인간' 존재에 대한 사유」. 『사회와 이론』, 제40집, 7-46.

김환석 (2016). 「사회과학의 '물질적 전환(material turn)'을 위하여」. 『경제와 사회』, 제 112호, 208-231.

김재희 (2014). 「우리는 어떻게 포스트휴먼 주체가 될 수 있는가?」. 『철학연구』, 제106집, 215-242.

김지연 (2023). 「인공지능(AI)의 윤리적 지위: 인간과 비인간 사이에서 어울리기」. 『사회와 이론』, 제46집, 89-131.

박승일 (2024). 「'언어적 전회'에서 '인공적 전회'로: 합성곱 신경망과 오토인코더를 중심으로」. 『커뮤니케이션 이론』, 20권 2호, 48-102.

다이고쿠 다케히코 (2018). 『ヴァーチャル社會の〈哲學〉』. 최승현 옮김 (2021). 『정보사회의 철학』. 박영스토리.

마쓰오 유타카 (2015). 『人工知能は人間を超えるか ディープラーニングの先にあるもの』. 박기원 옮김 (2015). 『인공지능과 딥러닝』. 동아엠엔비.

모리타 마사오 (2021). 『計算する生命』. 박동섭 옮김 (2022). 『계산하는 생명』. 두번째테제.

사이토 고키 (2016). 『ゼロから作るDeep Learning』. 개앞맵시 옮김 (2017). 『밑바닥부터 시작하는 딥러닝 1』. 한빛미디어.

사이토 고키 (2018). 『ゼロから作るDeep Learning 2』. 개앞맵시 옮김 (2019). 『밑바닥부터 시작하는 딥러닝 2』. 한빛미디어.

Alammar, J. (2022). *The Illustrated Transformer: A guide to attention mechanisms and transformers*. Self-published. https://jalammar.github.io/illustrated-transformer.

Barad, K. (2007). *Meeting the Universe Halfway*. Duke University Press.

Benjamin, W. (1936). *Das Kunstwerk im Zeitalter seiner technischen Reproduziebarkeit*. 최성만 옮김 (2007). 『기술복제시대의 예술작품』. 길.

Bennett, J. (2010). *Vibrant Matter*. 문성재 옮김 (2020). 『생동하는 물질』. 현실문화.

Boden, M. (2021). *Mind as Machine*. Oxford University Press.

Bogost, I. (2012). *Alien Phenomenology, or What It's Like to Be a Thing*. 김효진 옮김 (2022). 『에일리언 현상학, 혹은 사물의 경험은 어떠한 것인가』. 갈무리.

Braidotti, R. (2013). *The Posthuman*. 이경란 옮김 (2015). 『포스트휴먼』. 아카넷.

Bryant, L. (2011). *The Democracy of Objects*. 김효진 옮김 (2021). 『객체들의 민주주의』. 갈무리.

Buduma, N., PaPa, J., et al. (2022). *Fundamentals of Deep Learning*. 최재훈 외 옮김 (2024).

『딥러닝의 정석』. 한빛미디어.

Copeland, J. (1993). *Artificial Intelligenc: A philosophical introduction*. 박영대 옮김 (2020). 『계산하는 기계는 생각하는 기계가 될 수 있을까?』. 에디토리얼.

Davis, M. (2018). *The Universal Computer*. 박상민 옮김 (2023). 『오늘날 우리는 컴퓨터라 부른다』. 인사이트.

Dreyfus, H. L. (1992). *What Computers Still Can't Do*. MIT press.

Gerrish, S. (2018). *How Smart Machines Think*. 이수겸 옮김 (2019). 『기계는 어떻게 생각하는가?』. 이지스퍼블리싱.

Hayles, K. (1999). *How We Became Posthuman*. 허진 옮김 (2013). 『우리는 어떻게 포스트휴먼이 되었는가』. 열린책들.

Haraway, D. (2016). *Staying with the Trouble*. 최유미 옮김 (2021). 『트러블과 함께하기』. 마농지.

Hui, Y. (2016). *On the Existence of Digital Objects*. 조형준 외 옮김 (2021). 『디지털적 대상의 존재에 대하여』. 새물결.

Kohn, E. (2013). *How Forests Think*. 차은정 옮김 (2018). 『숲은 생각한다』. 사월의책.

Latour, B. (2005). *Reassembling the Social*. Oxford University Press.

Lemke, T. (2021). *The Government of Things*. 김효진 옮김 (2024). 『사물의 통치』. 갈무리.

Lyotard, J. F. (1991). *The Inhuman: Reflections on time* (G. Bennington & R. Bowlby, Trans.). Stanford University Press.

Meillassoux, Q. (2010). *Apres la finitude: Essai sur le necessite de la contingence*. 정지은 옮김 (2024). 『유한성 이후』. 도서출판b

Morton. T. (2018). *Being Ecological*. 김태한 옮김 (2023). 『생태적 삶』. 앨피.

Owe, A., Baum, S. D., & Coeckelbergh, M. (2022). Nonhuman value: A survey of the intrinsic valuation of natural and artificial nonhuman entities. *Science and Engineering ethics*, 28, Article 38.

Russell, S., & Norvig, P. (2020). *Artificial Intelligence: A modern approach* (4th Edition). 류광 옮김 (2021). 『인공지능1』. 제이펍.

Searle, J. R. (1980). Minds, brains, and programs. *Behavioral and Brain Sciences*, 3(3), 417-457.

Sejnowski, T. J. (2018). *The Deep Learning Revolution*. 안진환 옮김 (2019). 『딥러닝 레볼루션』. 한국경제신문.

Simondon, G. (1958). *Du mode d'existence des objets techniques*. 김재희 옮김 (2011). 『기술적 대상의 존재양식에 대하여』. 그린비.

Vaswani, A., Shazeer, N., Parmar, N., et al. (2017). Attention is all you need. *Advances in Neural Information Processing Systems*, 30, 5998-6008.

Wiener, N. (1948). *Cybernetics*. 김재영 옮김 (2023). 『사이버네틱스』. 인다.

Wittgenstein, L. (1953). *Philosophische Untersuchungen*. 이영철 옮김 (2019). 『철학적 탐구』. 책세상.

Wolfe, C. (2010). *What is Posthumanism?* University of Minnesota Press.

행성적 지정학

비/인간을 사유하기 위한 정치적 조건에 대하여

손희정

1. 서울 '사물의 의회'와 행성

2025년 11월, 서울의 광화문. '사물의 의회'가 열렸다. '사물의 의회'는 브뤼노 라투르가 제안한 바대로 "인간과 비인간의 다양한 대변자들이 공동으로 협의하고 결정"[1]하는 탈인간중심적 민주주의 모델로, 인간의 정치가 사물의 정치로까지 나아가야 한다고 주장한다. 이번 서울 사물의 의회에서는 대기, 해양, 산림, 동물, 기술 등 다섯 개의 비인간 군을 대표하는 인간들이 참여했다. 이어 더해 기업인, 노동자, 농민, 미래세대, 그리고 사회적 약자 등 5개 인간 그룹이 함께 했다. 인간중심적인 정치 구조에서 사회적 약자들 역시 충분한 대표성을 누리고 있지 못하기 때문이다. 사전에 모집한 전문가, 활동가, 일반시민 등 100명의 참석자가 이틀 동안 비인간-인간 권리와 의무에 대해 토론하고, 숙의 과정을 거쳐 '2025년 사물의 의회 10대 요구안'을 작성했다.

* 이 장은 2025년 대한민국 교육부와 한국연구재단의 인문한국3.0(HK3.0) 지원사업의 지원을 받아 수행된 연구임(NRF-2025-S1A6B5-A02003693).

이 10대 요구안에는 (1) 기후생태헌법 제정을 비롯해서 (2) 기후, 생태 위기 및 기후 불평등에 대응하기 위한 기금 마련, (3) 전체 사회 구성원의 전 생애에 걸친 기후정의 및 생태전환을 위한 의무 교육 체계 구축, (4) 기후시민의회 구성, (5) 생태법인 제도화, (6) 공동돌봄 확대, (7) 농민 기본법 제정, (8) 불편을 감수할 의무 요청, (9) 산불특별법 개정, 그리고 (10) 과학적, 국제적 책임을 반영한 전 영역별, 전 주기별, 연도별, 지역별 탄소 예산 설정 및 계획된 예산을 초과하는 모든 행위에 대한 법적 금지 등의 내용이 포함되었다.[2] 다양한 존재가 행성적 관계망 안에서 분리 불가능하게 얽혀 있다는 인식을 촘촘하게 엮은 요구안이었다. '사물의 의회'는 인간의 정치 시스템인 민주주의와, 그 시스템을 떠받치고 있는 개념인 권리가 어떻게 비인간 행위자들에게로까지 확장할 수 있을까를 탐색하는 실험의 장이다. 중요한 건 이런 시도들이 단순한 '사고 실험'을 넘어 '실천'을 향해가고 있다는 점일 터다.

그런데 이번 서울 사물의 의회 같은 시도들에서 '인간'과 '비인간'을 행위자로 상정한다는 것은 이 모든 논의의 중심에 여전히 인간이 있다, 혹은 있을 수밖에 없다는 사실을 드러낸다. '비인간'은 애초에 다른 무엇이 아니라 '인간이 아닌(非)' 존재들로 논의의 지평 안에 들어오기 때문이다. 그런 의미에서 '비인간'이라는 말은 독자적으로 확정된 개념이라기보다는 '인간'을 어떻게 규정하는가에 따라 움직이는 유동적인 범주이자, '우리'가 처한 현실에 대한 묘사이며, 존재론적 평등을 향한 길에서 지속적으로 다뤄져야 할 근원적인 과제를 지시하는 말이다. 그리고 이런 '한계'는 그저 문제적인 것만은 아니다. 오히려 '비인간'을 고려하고 그들과의 협업과 공존, 공생, 그리고 어쩌면 공락(共樂)까지도 다루자는 요청과 그에 대한 응답이 도출되는 조건이 어디에서부터 구축될 수 있는지, 더 정확하게 가이드해 주고 있다고 보는 편이 좋겠다. 다시 말하자면, 나는 '비인간'에 대해 말하기 위해서 더 철저하게 '인간'에 천착해야 한다고 믿는 편이다. 인간이라는 범주를 질문하지 않은 채 휴머니즘과 제대로 대결하기는 어렵다. '비인간'에 대한 대상화란, 소위 문명이라는 것이 누구를 인간으로 여기고 누구를 비인간화했는가와 깊이 연루되어 있는 탓이다. 그러므로 우리는 다시 인간, 즉 호모사피엔스 종 내부의 비인간화를 생각해야 한다.

나는 이 주제로 조심스럽게 '되돌아' 가기 위해서 두 개의 텍스트를 연결해 살펴볼 것이다. 하나는 2003년에 출간된 가야트리 스피박의 『한 학문의 죽음(Death of a Discipline)』[3]이다. 이 작업은 21세기 초 '인류세'라는 문제의식이 막 도출되기 시작한 그 시기에 '행성성(planetarity)'이라는 질문을 세계에 던져 놓았다. 지금에 이르러 행성성은 디페시 차크라바르티나 브뤼노 라투르를 경유해서 더 많이 언급되지만, 처음으로 이 개념을 제안한 건 가야트리 스피박이었다. 다른 하나는 이 책이 출간되었던 같은 해인 2003년에 한국에서 개봉한 장준환의 〈지구를 지켜라!〉다. 영화의 영어 제목은 "Save the Green Planet!(푸른행성을 지켜라!)"으로, 이미 그 시기에 '지구'와 '행성'을 같은 자리에 놓고 있다는 점에서 우리의 관심을 끌기에 충분하다.

두 작품은 '행성(planet)'에 대해 생각할 때 어떤 공통점을 가지고 있다. 자신이 무엇을 하고 있는지 정확하게 알기 전에, 스피박과 장준환, 두 작가는 이후로 20년간 지구 행성에서 진행될 뜨거운 논쟁이 품고 있는 다양한 담론들과 생각들을 선취하고 있었다. 스피박의 행성성 개념은 지금 우리가 사용하고 있는, 우리에게 더 익숙한 행성 개념과는 다소 다른 목적에서 제안되었고, 〈지구를 지켜라!〉 역시 영어 제목에서 등장하는 '행성' 자체보다는 한국어 제목에서 읽을 수 있는 '지구(globe)'에 대한 이해에 바탕하고 있었다. (이 문장이 뜻하는 바는 차차 소개될 것이다.) 덕분에 2020년대 중반을 지나고 있는 지금, 이 작품들을 꼼꼼하게 읽는 의미가 있다고 믿는다. 우리에게 점차 익숙해지고 있는 '행성'이라는 개념을 다시 한 번 낯설게 함으로써 비로소 제대로 다룰 수 있는 길을 환기시켜주고, 그로부터 '비인간'의 의미에 대해 돌아볼 수 있게 해주기 때문이다. 이 과정이 인간을 다시 비판적-포스트휴먼 담론의 중심에 세우려는 '반복'이 아니라, 그 안에서 급진적인 차이를 만들어내는 질문이 될 수 있기를 기대한다.

그럼 이제, 이 놀라운 텍스트들 속으로 함께 들어가 보자. 우리는 우선 〈지구를 지켜라!〉(2003)와 그 리메이크 버전인 〈부고니아〉(2025)를 비교하면서 '지구'와 '행성'의 차이를 이해하고, 행성적 지정학이 필요하다는 문제의식에 도달할 것이다. 그리고 이어서 스피박의 '행성성' 개념이 출현하게 된 맥락을 살펴보면서 행성적 지정학의 의미를 규정한다. 이 과정에서 행성의 타자성과 물질성이라는 문제의식이 출현한다. 아마도 이는 구불거리고 정돈되지 않은 길을 따라 걷는 번잡스러운 산책이 될 것이다. 그래도 차근차근 함께 탐색해 간다면, 나름의 즐거움이 있지 않을까 싶다.

2. 지구와 행성:
〈지구를 지켜라!〉(2003)와 〈부고니아〉(2025) 사이

지난 25년간 지구 대중에게 가장 사랑받은 이야기를 하나 꼽으라면, 그건 단연 파국 서사다. 전 '지구'적 대중문화 장을 지배해 왔다고 해도 무방한 할리우드 역시 21세기 내내 이 주제에 파고들었다. 거대한 유성이 지구를 향해 날아오거나 대홍수가 닥쳐왔으며, 알 수 없는 이유로 지구를 폭파하고 싶어 하는 외계인이 등장하고, 좀비 떼가 창궐했다. 타노스는 인피니티스톤으로 우주 인구의 절반을 날려버렸고, 원인 미상의 산불이 몇 달이고 몇 년이고 타올라 문명이 박살났다. 때로 지구 자원의 고갈을 이유로 인류는 다른 행성을 테라포밍하려 들었다.

파국 서사의 유행에는 여러 이유[4]가 있을 수 있겠지만, 아무래도 결정적인 계기는 21세기의 포문을 열었던 9.11이었을 것이다. 미국인들뿐 아니라 미국을 우방으로 여기는 지구인들에게 뉴욕 한복판에 있는 쌍둥이 빌딩, 그러니까 무역센터가 '테러조직'[5]에 의해 폭파되어 3천 명이 넘는 미국인이 사망한 사건은 그 자체로 큰 혼란과 두려움을 남겼다. 그야말로 '우리가 알던 세계의 끝'이었다. 이는 제2차 세계대전 이후로 미국이 누려왔던 정치적, 경제적 헤게모니 국가로서의 위상이 단숨에 추락하는 사건이었다. 물론 여기에 인류세 담론을 촉발시켰던, 세계 곳곳에서 등장한 지구 멸망의 불안한 징후들이 있었다. 벌의 멸종, 이유를 알 수 없는 물고기의 떼죽음, 자연재해(쓰나미)에 반드시 수반되는 인재(원전 폭발) 등 대중은 스멀스멀 자라나는 불안을 감지하기 시작했다. 이런 시기에 대중문화가 하는 일이란 그 불안을 상품화하는 동시에 그 불안을 달래주는 것이다. 덕분에 대중문화 콘텐츠들에서 세상은 다양한 방식으로 파국을 맞이했고, 또 이를 극복했다.[6]

그럼에도 불구하고 할리우드의 상상력 안에서 지구가 폭발하기까지는 시간이 좀 걸렸다. 내가 아는 한 2009년에 개봉한 〈노잉〉(알렉스 프로야스)이 최초였다. 이어서 2012년, 덴마크의 라스 폰 트리에가 〈멜랑콜리아〉에서 지구 폭발의 이미지를 그린다. 서구 대중문화가 이런 과감한 행보를 보이기 전, 한국에서 그 무자비한 상상력을 미리 선보인 작품이 있었다. 바로 〈지구를 지켜라!〉다. 이 영화는 2025년 요르고스 란티모스에 의해 리메이크판인 〈부고니아〉로 재탄생했다. 리메이크는 지구 폭발을 무르고, 다른 엔딩을 선보였다. 개인적으로는 이 엔딩이 흥미롭다고 생각하지만, 영화 전반적으로는 원작에 비해 실망스러운 리메이크였음을 부정하긴 어렵다. '비인간'을 핑계 삼아 '인간'을 생각하는 데 실패했고, 결과적으로 '비인간'마저 플롯의 도구로 전락해 버렸기 때문이다.

원작과 리메이크는 매우 다른 결을 선보였다. 전자가 뜨겁고 과잉되고 신파적이라면, 후자는 훨씬 더 세련되었을 뿐만 아니라 2025년이라는 시대적 상황에 걸맞게 잘 업데이트된 것처럼 보인다. 특히 두 작품이 '지구'라는 대상을 다루는 태도에서 그 업데이트 내용이 두드러진다. 우리는 이 태도의 차이를 비교함으로써 지난 20년간 지구에서 어떤 일이 벌어졌는지, 그리하여 이 지구에 (스피박의 표현대로) 세 들어 살고 있는 인간 대중들의 지구에 대한 이해가 어떻게 달라졌는지 파악할 수 있다. 무엇보다 그 변화에는 '행성'이라는 윤리적일 뿐 아니라 정치적인 개념의 부상이 있었다.

〈지구를 지켜라!〉가 개봉했던 2000년대 초는 이제 막 '행성성'과 더불어서 '인류세'라는 개념이 제출되고, 전문가들이 인간이 불러온 여섯 번째 대멸종을 경고하기 시작한 때였다.[7] 하지만 대중은 대체로 시큰둥했다. 대기화학자 파울 크뤼천과 생태학자 유진 스토머가 인간의 행동이 지구 환경에 미치는 영향에 대해 경고하기 위해 IGBP(국제 지구권-생물권 프로그램) 뉴스레터에 처음 인류세라는 말을 사용한 이후, 대략 10년 동안 인류세는 대중적 무관심의 영역에 가라앉아 있었다. 그러나 그 이후로 사정은 완전히 달라졌다.

2020년 유엔에서는 21세기에 들어 폭염, 홍수, 산불, 가뭄 등 기후 재난이 급증하면서 경제적 손실만 3천 4백만 조 원에 달한다는 분석을 내놓았다.[8] 유럽의 대규모 산불, 파키스탄 몬순 홍수, 북미와 호주에서 일어난 대규모 산불 등의 사례가 이를 뒷받침하고, 강수량도 전 지구적으로 5~10% 증가했다. 이에 더해 생물종 멸종 속도 역시 가속화되고 있다. 전문가들은 21세기 말까지 100만 종이 사라질 위험이 있다고 경고한다. 그뿐만 아니라 토양이 침식되고, 해양이 산성화되며, 삼림 파괴가 동시다발적으로 발생 중이다. 그린란드 빙상 용해와 아마존 삼림 벌채가 생태의 티핑 포인트를 초과했다. 이런 예들은 한도 끝도 없이 나열될 수 있다. 그리고 코로나 팬데믹이 펼쳐졌다. 바야흐로 인간은 자신들이 초래한 기후 재난의 현실을 외면하려야 외면할 수 없는 상황에 도달했다.

덕분에 우리는 전 지구화(globalization)에서의 '지구'와 지구온난화(global warming)에서의 '지구'가 서로 다르다는 사실을 깨닫고 말았다.[9] 덕분에 2003년 〈지구를 지켜라!〉에서 병구(신하균)가 지키고자 했던 지

구의 의미와 2025년 〈부고니아〉에서 테디(제시 플레먼스)가 지키고자
했던 지구의 의미가 달라진다. 다음 문단에서 약술할 스피박의 용법에
따르자면, 전자는 '지구본'을, 후자는 '행성'을 의미한다고 말할 수 있을
터다. 란티모스는 영화의 관심사를 '노동자 병구의 잔혹사'에서 '벌의
멸종'으로 이동시키고, 따라서 작품의 초점도 '지구(globe)'에서 '푸른
행성(green planet)'으로 이동한다. 이때 '지구'란 인간이 이 행성의 주인
이라 여기는 태도를 반영하는 용어라면, '행성'은 인간이 아닌 지구 거
주자들까지 포괄하는 생태적 개념이다.

　스피박은 기본적으로 '지구본(globe)'과 '지구 행성(planet)'을 구분한
다. 이때 지구본은 자본이 추동하는 전 지구화 속에서 정보기술과 지
리정보시스템(GIS)의 좌표망에 포착되어 추상적이고 가상적으로 관리
되는 세계를 뜻한다. 그것은 우리가 일상적으로 지구를 떠올릴 때 그리
는 이미지, 곧 무한히 개발, 착취 가능하며 수치화된 것으로서의 그 대
상이다. 이는 우리가 그 대상, 그 공간을 통제할 수 있다고 착각하게 만
든다. 스피박은 이런 지구란 컴퓨터 안에만 존재하며, 여기에는 아무도
살지 않는다고 일갈한다.[10] 반면 지구 행성은 인간이 거주하고 있으되
인간에게 완전히 속하지 않는 세계다. 그것은 인간의 계산으로 환원할
수 없는, 불가해한 타자성(alterity)의 영역이며, 우리 인간이 잠시 빌려
쓰는 공간으로서의 지구다. 우리는 이 지구에 대해 경외심뿐 아니라 두
려움조차 가져야 할지도 모른다. 스피박이 응구기 와 티옹오의 말을 빌
려 강조했던 것처럼 "이 행성은 인간을 필요로 하지 않는다. 인간이 이
행성을 필요로 한다."[11]

　〈부고니아〉에는 행성을 대하는 이와 같이 변화된 태도와 인식이 정

확하게 반영되어 있다. 여기까지만 보면 이 영화는 꽤 괜찮은 변화를 보여주는 듯하다. 그러나 좀 더 세밀하게 살펴볼 필요가 있다. 그 전에 먼저, 〈지구를 지켜라!〉에서의 '지구'의 의미를 함께 읽어보는 것이 좋겠다.

3. 병구가 지키고 싶었던 '병든 지구'

〈지구를 지켜라!〉는 안드로메다 어느 행성의 외계인이 지구를 지배한다고 믿는 남성 청년 병구가 유제화학의 강사장(백윤식)을 납치하면서 시작된다. 유제화학은 노조 탄압과 산업재해 등 각종 문제를 안고 있는 '악덕 기업'이며, 병구는 강사장이 외계인 간부급 인물이라고 확신한다. 그는 강사장을 이용해서 계기월식을 맞이하여 지구를 방문할 예정인 외계 왕자를 만날 계획이다. 이를 통해 유제화학에서 일하다 산재로 쓰러져 연명치료 중인 어머니를 살리고 지구도 함께 구하려는 것이다. 외계인의 비밀을 캐내려는 병구와 도대체 이게 무슨 "개소리"인지 황당하기만 한 강사장. 그렇게 병구와 강사장 사이에 쫓고 쫓기는 두뇌 싸움이 시작된다.

병구는 첩첩 산중에 있는 옛 탄광 공중목욕탕을 개조한 습하고 질척거리는 지하실에 강사장을 감금해 놓고 고문을 시작한다. 강사장은 병구를 "미친놈"이라고 일갈하는데, 영화를 보는 관객의 눈에도 그렇게 보이기는 마찬가지다. 병구는 갖가지 '남근적 도구'로 강사장을 고문한다. 물파스나 강사장의 창자로 들어갈 예정이었던 김 뿜는 막대기 등은 모두 유사 음경이다. 영화는 음경의 은유를 통해 병구가 강사장에게 휘두르는 폭력의 성격을 강조한다. 그건 지금/여기의 지배적인 성적 체제인 가부장제에 기반하고 있는 남근적 폭력이다.[12] 중요한 것은 영화에서 보여주는 폭력이 병구 개인의 일탈에 머물지 않는다는 점이다. 영화가 진행되면서 병구의 폭력은 한국사회의 폭력으로 확장되고, 한국사회의 폭력은 지구적 차원의 폭력으로 확장되며, 지구적 차원의 폭력은 또다시 우주적 차원으로 비상한다. 지구를 식민화했던 '외계인 아버지'는 (그렇다, 강사장은 외계인이었다) 지구의 자율성을 인정하지 않으며 지구의 역사에 개입하고 참견하며 억압한다. 지구에서 생산되는 폭력이란 안드로메다에서 이식된 것임에도 불구하고 '외계인 아버지'[13]는 그것을 전적으로 지구인의 탓으로 돌린다. 그 끝은 (다시 또) 남근을 상징하는 나팔대포로 지구를 폭파하는 것이다.

이렇게 확인할 수 있는 폭력의 연쇄는 프란츠 파농의 식민 모델과 흡사하다. 식민자가 피식민자를 식민화하게 되면, 피식민자 안에서는 또다시 재식민화가 이루어진다. 마치 '외계인 아버지'가 지구를 식민화하고, 식민 지구 안에서 제국주의에 따라 세계 질서가 재편되며, 그렇게 세계 자본의 논리에 따른 전 지구화가 지속되어, 식민지의 식민지인 한국에서는 강사장이 노동자 병구를 식민화하듯이 말이다. 따라서 병구의 폭력은 식민 피라미드의 가장 말단에 존재하는 피식민자가 마지막으로 선택할 수밖에 없는 저항의 한 몸짓으로서의 폭력이다.[14] 이때 가부장제와 군사주의는 제국주의와 연루되어 식민화 과정에 개입한다.[15] 그리고 이런 사회를 내면화하고 있는 탓에 병구 역시 남근적 폭력을 휘두르는 것 외에는 다른 선택의 여지가 없는 것처럼 보인다. 이에 더해 영화는 식민화와 한국의 근대성이 밀접하게 연관되어 있음을 간과하지 않는다. '지구의 역사' 시퀀스에서 외계인 아버지에 의해 지구가 식민화되는 과정이 드러난다면, '병구의 일기' 시퀀스에서는 그 식민자가 한국의 근대화 과정을 주도했다는 것을 확인할 수 있다.

그런데 영화에서 주목해야 할 것은 병구와 병구 어머니 사이의 전(前)오이디푸스적 관계다. 평범하고 화목했던 병구의 가정은 아버지가 광산 폭발 사고로 한 팔을 잃으면서 파탄을 맞게 된다. 광부였던 아버지에게 팔은 곧 경제력의 상징이었고, 한국의 폭력적인 근대화 과정에서 가부장의 경제력은 곧 가부장의 남근이었다. 아버지에게 팔을 잃는다는 것은 따라서 상징적일 뿐 아니라 실질적인 거세로 이어진다. 거세당한 아버지는 여성(병구 어머니)과 어린이(어린 병구)에 대한 폭력을 통해 자신의 손상된 남성 주체를 회복하려고 한다. 가부장의 폭력을 견디지 못한 병구모와 병구는 '살부(殺父)'를 감행하고, 가부장제 사회의 근친상간과 죽음에 대한 타부를 깬 이들은 아버지의 법 외부에서야 가능해지는 모-자 연대를 통해 아버지의 법에 대항하고자 한다. 병구가 '미친놈'일 수밖에 없는 이유는 아버지의 언어를 학습하지 못했고, 따라서 그의 언어가 시스템 안에서 소통되지 못하기 때문이다. 그러나 이 연대는 또다시 깨어지고 만다. 자본의 논리가 지배하는 공장에서 어머니가 '외계인 아버지'의 음모에 의해 혼수상태에 빠지게 되는 것이다.

그런 의미에서 병구가 구하려 했던 지구는 인간이 주도하는 폭력과 착취의 연쇄 고리 안에서 사랑이 불가능해진 시공간이었다. 여기서 지구는 '전 지구화' 과정 속에서 드러나는 그 지구, 서구 제국주의 팽창기에 그려진 '세계지도' 위에 그려졌던 바로 그 지구, 어쩌면 '병든 지구(병구)'다.[16] 스피박은 그러한 지구 인식을 비판하기 위해서 행성이라는 개념을 제시했다. 세계지도와 지구본이 가지는 함의는 그 위에 적혀 있는 각종 지명들을 보면 확인된다. 예컨대 제국의 탐험가들이 태평양을 '발견'했다고 떠들며 함부로 갖다 붙인 이름들을 보자. 마셜제도, 샌드위치섬, 뉴칼레도니아, 캐롤라인 제도, 베링해 등. 태평양의 지도 제작은 유럽인들의 나르시시즘을 고스란히 드러낸다. "마셜이 발견했으니 마셜제도"인 것처럼, "내가 지나갔으니 내 이름을 붙인다"는 식이다. 그 과정에서 드넓은 바다와 다채로운 섬을 살았던 선주민들이 붙인 고유한 이름들은 멸종당했다.

이 천재(!)적인 작품은 외계인이 지구를 식민화하고, 지구 안에서는 북반구가 남반구를 식민화했으며, 남성이 여성과 어린이를, 자본이 노동자를 식민화하는 과정을 촘촘하게 이미지화했다. 〈지구를 지켜라!〉는 21세기의 시작에 당시 지구가 처해 있었던 역사적이고 정치적인 조건에 대한 정확한 이해를 선보였던 셈이다. 그리고 이 정치적 조건은 곧 전 지구적 극우화의 시작으로 이어진다. 이후 극우화는, 한쪽에서는 기후위기에 대한 두려움이 점점 진해지고, 다른 한쪽에서는 기후위기 부정론자들의 목소리가 커지기 시작했던 흐름과 함께 해왔다. 여전히 기후위기 부정은 극우가 판매하는 세계관 중 가장 잘 팔리는 상품 중 하나다. 트럼프가 대통령에 당선될 때마다 파리협정에서 탈퇴하고,[17] 기어코 2025년 제30차 유엔 기후변화협약 당사국 총회(COP30)에 불참한 것은 이런 경향을 잘 보여준다.

이 문제를 인식하고 〈지구를 지켜라!〉를 돌이켜 보면 한 가지, 그 논의의 씨앗을 품고 있으되 충분히 다루지 못했던 문제가 있었다. 서구 문명이 주도했던 식민화의 연쇄와 함께 했던 과정, 그 '문명'에 의한

'생태'의 식민화였다. 리메이크작 〈부고니아〉는 이 과정에 방점을 찍으면서 원작과 차별화한다.

4. 테디가 지키고 싶었던 것, 비인간과 물질

'부고니아'는 라틴어로 '소(bos)'와 '낳다(gignere)'가 결합된 단어로 "죽은 소의 사체에서 벌이 태어난다"는 의미다. 〈부고니아〉는 원작에서 양봉이라는 소재를 가져와 영화의 주제로 전면에 내세운다. 병구에게는 "설탕물을 꿀인 것처럼 먹이는 짓, 벌을 속이는 짓, 바로 그 짓이 아주 나쁜 짓"이라면 테디에게는 바이오 회사의 화학물질이 지구를 서서히 죽이고, 그렇게 벌의 멸종을 초래하는 느린 폭력이야말로 나쁜 짓이 된다. 그래서 영화의 제목이 주목하는 주체 역시 '지구를 지키겠다는 의지를 불태우는 인간'에서 '자연 발생하는 벌'로 이동했다.

이런 인식의 차이는 결국 두 작품의 서로 다른 결말로 이어진다. 인류를 대상으로 하는 '평화를 위한 생체 실험'(이 형용모순을 보라)에 실패한 강사장은 인류에 대한 깊은 실망감을 안고 지구를 폭파시켜버린다. 그러나 〈부고니아〉의 강사장인 CEO 미셸(엠마 스톤)은 분노와 슬픔이 섞인 복잡한 심경을 안고 인간의 목숨만 싹 거둬들인다. 이 마지막 장면은 기억할 만한 명장면이다. 냉정한 강사장의 얼굴과 달리 미셸의 얼굴에는 사랑하는 '어머니'가 품을 만한 애틋함이 묻어 나온다. 그의 마지막 결정에 따라 지구상의 모든 인간은 '공평하게' 죽음을 맞이하지만, 인간 외의 모든 비인간은 건재하다. 강사장에게는 자신들의 유전자를 바탕으로 만들어진 인간이 지구의 주인이고, 따라서 지구는 파괴해야 할 인류 문명과 하나다. 그러나 미셸에겐 그렇지 않다. 제거되어야 할 것은 푸른 행성을 빌려 살고 있으면서도 자신들이 주인인 줄 아는 우매한 인간뿐이다. 〈부고니아〉의 결말은 인간이 이토록 탐욕스럽게 군다면 가이아가 인간을 추구(芻狗, 지푸라기 개)와도 같이 태워버릴 것이라는 싸늘한 경고를 시각화했다.[18] 미셸은 지구의 항상성을 유지시키는 자기조절 시스템으로서의 가이아[19]를 인격화한 이미지라고도 볼 수 있을 것이다.

원작에서 지구가 폭발하고 모든 것이 사라진 후 유일하게 남겨진 것이 인간의 역사를 기록하고 있는 미디어로서의 TV였다고 한다면, 리메이크에서는 물질의 생명력이 재조명받는다. 결국 우리가 '부고니아'라는 제목으로부터 얻을 수 있는 교훈이란 소의 사체가 단순한 사물이 아니라 죽음에서 새로운 생명으로 이어지는 자연의 순환과 변화의 원천이라는 점이며, 그렇게 새로운 시작의 상징이 된다는 점이다. 근대 과학은 소의 사체에서 벌이 태어난다는 믿음을 비과학적이고 신화적인 것으로 치부했지만, 이는 우매한 속설이 아니라 순환과 얽힘의 생태 시스템에 대한, 다른 방식으로 과학적인 묘사일 터다. 그리하여 〈부고니아〉의 세계에서 인류 절멸 후 지구는 새로운 비인간들의 행성으로 거듭나게 될 것이다. 어쩌면 '곤충의 행성'으로서 재탄생할지도 모른다.[20]

이처럼 〈부고니아〉는 인간의 끝과 인간 이후에 시작될 비인간과 행성에 관한 이야기가 된다. 문제는 영화가 비인간을 말하기 위해 인간 문명이 놓여 있는 복잡한 맥락을 단순화시키고 인간의 폭력성과 저열함에 집중함으로써 오히려 비인간을 논의할 때 공들여 쌓아야 하는 '인간적' 맥락을 단순화시킨다는 것이다. 우리가 앞에서 인용했던 문구를 다시 가져와서 설명하자면, '지구화'와 '지구온난화'가 서로 겹치는 과정에서 태어났다는 사실을 간과하는 것이다. 디페시 차크라바르티는 이렇게 말했다. "만약 지구화와 지구온난화가 서로 겹치는 과정에서 태어났다면, 문제는 세계에 대한 우리의 이해에서 그 둘을 어떻게 결합할 것인가이다."[21] 원작이 이 문제에 대해 사유할 수 있는 단초를 제공한다면, 리메이크는 이를 너무 단순화시켜버렸다.

원작은 위계와 착취에 저항하고 평등한 세상을 꿈꾸는 병구가 원자화된 개인의 폭력을 혁명의 도구로 삼았을 때, 저항이 어떻게 실패하는지 보여주었다. 리메이크에 이르면 이 저항은 좀 더 퇴행적으로 뒤틀린다. 테디가 맞서는 존재가 '정치적 올바름'을 가면으로 삼아 성공한 기만적인 '여성 기업가'로 설정되어 있기 때문이다. 영화의 끝, 미셸은 (강 사장이 외계 왕자였던 것과 마찬가지로) 외계 여왕으로 드러난다. 그런 미셸이 지구에서 부와 권력을 누릴 수 있었던 건 다분히 다양성과 포용성, PC주의, 그리고 페미니즘을 변명으로 삼아 그가 운영하는 바이오 회사의 부정과 부패, 생명 착취를 성공적으로 가릴 수 있었기 때문이다. 영화는 '유리 천정을 뚫고 올라선 여성'이라는 이미지를 통해서 일종의 젠더 전복을 꾀하고 있다고 해석될 수도 있다. 성평등은 성취되었고, 남성들이 오히려 약자이며, 모든 시스템은 여성 상위를 지향하고 있다고 믿어지는 지금 이 시대에, 누가 기업의 대표를 '강사장' 같은 '꼰대 중년 남성'으로 상상하겠는가? 여자들도 '노오력'만 하면 뭐든지 할 수 있는 새로운 시대가 도래한 건 이미 오래전 일이다. 하지만 정말 그러한가?[22]

영화는 그렇게 성공한 여성과 이 여성에게 희생당한 어머니를 구하기 위해 고군분투하는 백인 남성 프레카리아트를 배치함으로써 테디의 저항조차 폄하하는 길을 간다. '지구촌' 곳곳에서 극우 정부의 탄생을 초래하고 있는 '분노한 남자들'의 얼굴과 테디의 얼굴이 겹쳐지는 탓이다. 덕분에 그가 바라는 것이 정의나 평등이라기보다는 '원한을 담은 보복'처럼 보인다. 이건 물론 테디에겐 부당한 평가일지도 모른다. 하지만 이 부당함은 〈부고니아〉가 초래한 것이다. 리메이크는 원작이 구축한 세계사의 구조에 대한 이해와 저항의 풍부한 레이어를 훼손함으로써 테디를 그저 '망상에 사로잡힌 레드넥'으로 추락시켰다. 특히 리메이크는 외계인 아버지가 왜 지구인들에게 이토록 가혹하게 구는지를 보여주는 '지구의 역사' 시퀀스와 병구가 도대체 어떤 일을 겪어왔는지를 보여주는 '병구의 일기' 시퀀스를 제거해 버렸다. 우리가 앞에서 함께 살펴본 것처럼, 이는 행성이 '지구본화' 되는 과정에 대한 영화적 재현이었다. 그렇게 병구가 경험한 구조적 폭력을 제거한 뒤, 〈부고니아〉는 그 자리에 테디가 경험한 고통으로서 (이제는 경찰이 된, 어린 시절 베이비시터에 의한) 동성 성추행만을 덜렁 남겨 놓았다. 그리고 이 폭력을 '자신의 정체성을 부정하는 동성애자(denial gay)'의 정신병리적 반응으로 축소시킨다. 이건 해명이 필요한 각색이다.

게다가 테디는 에코 파시스트의 면모 또한 보인다. 그는 경계선 지능장애인인 사촌동생 돈(에이든 델비스)을 화학적으로 거세하면서까지 자신의 목표를 달성하려 한다. 이는 남자였던 강사장을 CEO 미셸로 성별 전환하면서 따라오게 되는 필수불가결한 플롯 변형이었을 터다. 남성이 여성을 납치했을 때 관객들의 머릿속에서 자동적으로 떠오르는 성폭력의 가능성을 애초에 차단함으로써, 영원토록 지속된 남성에 의

한 여성 폭력, 여성 살해(femicide)라는 폭력의 역사를 중성화해야 할 필요가 있었을 테니까 말이다. 그러지 않았다면 인간이 자연에 저지르고 있는 각종 폭력으로 집중되어야 하는 관심이 흐트러졌을 것이다. 그리고 정확하게 그 이유에서 원작이 드러내고자 했던 남근적 폭력의 문제는 삭제되어 버린다. 매끈한 스토리의 전개를 위해 테디는 자신의 욕망을 절제할 수 없다고 상상되는 대상, 장애인을 기꺼이 거세하는 인물이 되어버렸다. 영화는 페미니즘과 퀴어 담론뿐 아니라 생태운동 자체에 대해서도, 그 가장 어두운 면모를 부각시킴으로써 의심의 무대 위에 올려놓는다.

물론 사회 진보 운동을 비판할 수 없다거나 그래서는 안 된다는 말은 아니다. 다만 다양한 인물의 배치 안에서 영화가 스스로 음모론이 되어버린 것은 아닌지 질문하게 된다. 시스템과 역사에 대한 불신을 바탕으로 음모론에 심취한 채 '오로지 나만이 진실을 안다'라는 왜곡된 자아상을 비대하게 키우는 건, 지금/여기의 극우가 땔감으로 삼는 세계관이란 점을 생각해 보자. 이 영화가 강화하는 음모론이란 미셸이 외계인이라는 주장이 아니다. (우리가 다 아는 것처럼 되레 이것은 진실이다.) 그보다는 다양성과 포용성을 말하는 시스템이 지구 착취를 위한 협잡의 소산이며, 생태정의운동이 파시즘적이라는 게 음모론에 가깝다. 이건 단순한 시대 맞춤형 업데이트 이상의 정치적 변형을 내포하고 있다. '모든 인간적인 것'에 대한 혐오는 때로 이런 음모론적 경로를 따라 비인간 담론을 왜곡시키고 탈정치화한다.

우리는 여기에서 물질과 비인간에 대한 사유를 급진화했던 비판적 에코페미니즘이 비인간 문제를 제대로 사유하기 위해 언제나 인간의 문제와 정면으로 대결해 왔다는 사실을 기억하게 된다. 비판적 에코페미니즘은 휴머니즘, 가부장제, 자본주의, 제국주의, 인종주의가 서로 교차하면서 만들어낸 지배와 착취의 구조를 분석함으로써 인간/자연, 남성/여성, 문명/야만이라는 이항대립 자체를 문제화해 왔다.[23] 예컨대 사회주의적 에코페미니스트인 마리아 미즈는 제국주의적 전 지구화 과정에서 여성과 비백인, 소수민족에 대한 억압이 자연에 대한 착취와 긴밀하게 맞물려 있음을 지적하며, '자연'이라는 개념이 사회적 불평등과 착취를 마치 타고난 질서인 것처럼 탈역사화하는 데 너무 자주 사용되어 왔다고 비판한다. 남성-백인-인류에 의한 여성-비백인-자연에 대한 지배처럼 역사적으로 구성된 착취를 생물학적으로 타고난, 자연적인 본능과 본질에 의한 것으로 간단히 치부함으로써 탈역사시킨다는 의미다. 이런 이분법적 구분은 생물학적으로 운명 지워져 있는 일련의 과정을 따라 전개되어 온 것이 아니다. 이런 이항 구분을 구성하는 존재들이 서로 상호작용하는 역사 속에서 나온 결과물이다.[24]

그러므로 인간과 비인간이 맺는 관계에 대한 철저한 반성은 비판적 지정학과 행성에 대한 사유가 만나 서로가 서로를 확장하는 자리에서 가능해진다. 말하자면 우리에겐 행성적 지정학이 필요하다. 이제 스피박의 행성 개념을 살펴보면서 행성적 지정학의 의미를 정리해 보자.

5. 행성적 사유와 타자의 물질성

21세기 초 스피박이 '행성성'을 최초로 언급했을 때, 그 맥락은 지금 우리가 직관적으로 이해하는 행성 개념이 지향하는 바와는 조금 달랐다. 생태 관점으로 지구를 사유하려는 것과 다소 달랐다는 말이다. 그래서 행성성에 대한 흥미를 따라 『한 학문의 죽음』을 읽다보면 당혹감을 느끼게 된다. 흥미로운 것은 그 이유에서 스피박을 이해하는 것이 우리에게 행성적 지정학을 규정하는 데 도움을 준다는 사실이다. 지금 행성을 이야기하는 이론가들이 크게 기대고 있는 러브록의 '가이아' 개념에는 부족한 역사적이고 지정학적인 고려가 스피박의 행성에는 깊이 각인되어 있기 때문이다.

  잘 알려진 것처럼 스피박은 "서발턴은 말할 수 있는가?"라는 도발적인 질문에 오랫동안 천착해 왔다. 그에게 서발턴이란 고정된 정체성도, 단순히 '말할 수 없는 자'도 아니다. 서발턴은 자본주의와 가부장제, 제국주의가 얽힌 시공간에서 등장한 전 지구성(globality)이라는 조건 위에서 오히려 말하고 있음에도 그 말이 들리지 않거나, 들리더라도 제대로 해석되지 않는, 혹은 해석의 권력을 쥔 자들의 입맛에 맞게 왜곡되는 자리에 놓인 이들을 의미한다. 따라서 위의 질문은 다음과 같이 적극적으로 다시 쓰일 수 있다. "서구권을 중심으로 활동하는 우리 지식인은 과연 들을 수 있는가?" 이 질문은 이후 탈식민 연구와 서발턴 연구의 흐름을 완전히 바꾸어 놓았고, 스피박은 정전의 자리에 올라선 남성 철학자들 및 주류 페미니즘의 모순과 제대로 대결하면서 '글로벌' 지식장의 거장이 되었다. 이때 그의 비평적 방법론은 탈식민주의 페미니스트 인식론이었다. 이후 스피박은 이 문제의식을 심화시키는 과정에서 전 지구성이라는 개념으로는 우리가 처한 현실을 제대로 묘사할 수 없으며, 새로운 비평으로 나아갈 수 없다는 문제의식을 가지게 된다. 행성성(planetarity)라는 문제틀을 제안하게 된 배경이다. 그러므로 행성성이란 여전히 "서발턴은 말할 수 있는가?"라는 질문과 깊이 연결되어 있었다. 생태 문제와는 전혀 무관해 보이는 제목을 달고 있는『한 학문의 죽음』의 마지막 장인 3장에서 이 단어가 최초로 출현하는 이유다.

『한 학문의 죽음』은 서구 유럽 중심의 비교문학이 죽음을 맞이했다는 경고와 함께 시작된다. 스피박은 1장 "경계넘기(Crossing Borders)"에서 여전히 유럽중심주의를 벗어나지 못하는 기존의 비교문학이라는 학제가 '문학의 세계 지도'를 그리고 있다고 비판하고, 이를 극복하기 위해서 '초국가적 문해력(transnational literacy)'를 교육해야 한다고 강조한다. 2장 "집합성(Collectivity)"에서는 이렇게 새로운 비교문학이 작동할 수 있는 윤리적 조건으로서 집합성을 다시 생각할 것을 요청한다. 그는 서구 유럽의 근대 철학이 휴머니즘에 근간하고 있다고 할 때, 도대체 그 안에서 누가 '휴먼', 그러니까 인간으로 여겨졌는지 적극적으로 질문한다. 이는 바꿔 말하자면 누가 비인간화됐는지에 대한 질문이었다. 여기에서 젠더와 인종, 그리고 지역의 문제가 부상한다. 근대 유럽의 정치체제인 대의제 민주주의가 여성의 적극적인 배제를 전제로 하는 형제애에 기대고 있다는 비판이나 서구 페미니즘이 여성을 하나의 동질한 정체성으로 이해함으로써 남반구 여성에 대한 고려와 이해를 누락한다는 지적[25]은 이와 같은 질문으로부터 비롯된다. 스피박은 서구 아카데미에서 학제화된 비교문학 역시 마찬가지의 한계를 노정하고 있으므로 이를 넘어서야 하고, 그런 상상력을 가능하게 하는 문학들을 찾아 비평적으로 탐구해야 한다고 강조한다.

그리하여 3장 "행성성"에 이르러 드디어 새로운 비교문학의 문제틀로서 행성성이 등장한다. 여기서 행성이란 완전히 소유하거나 표상할 수 없고, 지도화할 수도 없는 타자이며, 이는 물질적이고 신체적인 것으로 이해될 수 있다. 이렇게 이해할 수 있는 이유는 스피박이 어떻게 서구의 형이상학이 '여성'을 벗어나야 할 암흑으로 상상했는가에 대한 비판에서 시작해서, 그렇게 여성과 연결되어 있는 대상들인 '감각'과 '물질', 그리고 각종 '비인간적인 것'을 배제해 "한때는 친숙했지만 이제는 낯설어진 것", 프로이트식으로 말하자면 '섬뜩한 것(the uncanny)'으로 만들었는가를 추적하기 때문이다. 그리고 그 섬뜩한 것이 행성성을 구성한다. 행성성 개념의 중핵에는 젠더가 놓여 있고, 따라서 스피박에게 행성성이란 '젠더'가 "특수한 경우에만 고려해야 할 요소가 아니라, 일반적인 비판의 도구로 사용"[26]되어야 하는 이유가 존재하는 그 자리에서 등장하는 것이었다.

스피박의 논의에서 여성적 몸, 그 물질성으로부터 행성성으로의 도약을 매개하는 것은 루스 이리가레이다. 이리가레이는 플라톤의 '동굴의 우화'를 비판적으로 재해석하면서 우리를 제도에 안착하는 순응자라기보다는 전복적인 페미니스트 독자로 이끌어준다.[27]

플라톤에게 저 유명한 동굴의 은유는 감각 세계의 무지와 철학적 깨달음의 여정을 상징한다. 동굴 안에서 평생 쇠사슬에 묶인 죄수들은 불빛에 비친 벽의 그림자만 바라보며 그것을 현실이라 믿는다. 한 명의 죄수가 풀려나 불빛과 실제 물체를 보고 결국 외부의 태양 아래에서 진리를 깨닫지만, 동굴로 돌아와 동료들을 설득하려 할 때 그저 비웃음을 살 뿐이다. 플라톤에게 있어 진리는 우리가 기거하는 동굴 밖에 있으며, 그 진리를 추구하는 것이야말로 서구 철학의 여정이었던 셈이다. 이리가레이는 동굴을 여성적 · 모성적 공간인 자궁(어둠, 감각, 물질성)으로 보고, 남성 철학자가 이를 배경으로 진리(빛, 이성, 형상)을 추구하는 과정에서 여성성을 억압하고 배제한다고 지적한다. 이리가레이에 따르면, 죄수들의 '해방의 여정'이란 어두운 동굴이라는 여성적 질료를 벗어나 밝은 외부인 남성적 초월성으로 나아가는 남성 서사이며, 여성성을 그림자나 재현의 영역으로 전락시킨다. 이는 서구 철학의 남근로고스중심주의(phallogocentrism)가 여성성을 무시한 기원을 드러낸다.[28] 이를 통해 우리는 "동굴의 비유가 '부인된 자궁'을 우리가 있는 장소이자 또한 벗어날 수 있는 장소로 구성"함으로써 "섬뜩한 것이 행사하는, 피할 수 없는 통제를 비워버리고자 하는 이성의 소망-충족을 실현하고 있음"[29]을 확인할 수 있다.

프로이트에게 섬뜩한 감정, '두려운 낯섦'을 일으키는 원초적인 근원은 어머니의 질-자궁이다. 오이디푸스 콤플렉스에서 질-자궁이란 남아에게 거세공포를 불러일으키는 어머니의 신체적 차이 그 자체이지만, 동시에 아이가 태어나 사회화하기 위해서, 즉 아버지의 법이 지배하는 상징계로 진입하기 위해서 억압해야 하는 어머니와의 이자관계에 대한 은유이기도 하다. 아버지가 언어로 주체를 지배한다면, 어머니는 거부할 수 없는 권위와 합일된 관계가 열어놓는 열락(jouissance)으로 주체를 유혹한다.[30] 이처럼 한때는 나에게 친숙했지만, 문명적 이유, 그러니까 정치, 경제, 사회적 이유로 인해 억압되어야 했던 것, 그리하여 낯설어진 것이 나에게 다시 닥쳐올 때 주체가 경험하는 감정이 곧 섬뜩함, 프로이트가 말하는 두려운 낯섦이다. 스피박은 unheimlich가 집-heim이 집이 아닌 것-unheim이 되는 것에 착안하여, 우리에게 '집'이었던 지구가 어떻게 '집이 아닌 것'이 되었는가 하는 그 과정이 여성의 자궁이 낯선 것이 되는 과정과 겹쳐 있다는 사실을 읽어낸다. 그것이 '행성성'이 지시하는 타자성의 근원이다.

우리가 〈지구를 지켜라!〉를 보면서 느꼈던 기괴함 역시 이와 연결된다. 병구와 병구모의 전(前)오이디푸스적 관계에 대해서는 앞에서도 다루었다. 병구는 일반적으로 남아에게 요구되는 오이디푸스 궤적을 거부하고 살부를 선택함으로써 어머니와의 이자관계에 사로잡혀 있다. 이때 오이디푸스 궤적의 핵심은 어머니를 비체(abject)[31], 즉 혐오의 대상으로 구성함으로써 어머니와의 분리를 완수하고, 아버지의 법이 지배하는 상징계로 진입하는 것이다. 가부장제 사회에서는 이것이 '소년의 성장'이자 '사회화'라는 이름으로 포장된다. 이는 남아가 남성 성인으로 성장하기 위해서는 반드시 모성에 대한 혐오, 여성에 대한 혐오가 담보되어야 한다는 의미인데, 이는 인간의 보편적인 성장과정을 설명하는 과학이라기보다는 여성에게 독박 육아를 강요하는 동시에 여성의 역할을 사소화하는 성적 체제(가부장제)에 의해 강요된 이데올로기다.[32]

영화에서 병구가 '외계인 아버지'로부터 끊임없이 '미친놈'이라는 욕설을 듣는 것은 어머니와의 분리를 완수하지 못한 탓에 아버지의 언어를 학습하지 못했고, 마찬가지로 아버지의 법을 내면화하는 데 실패했기 때문이다. 그는 아버지의 법 대신 어머니의 권위를 선택하고, 자궁을 은유하는 지하실에 스스로를 유폐시켰다. 그 안으로 들어가기 위한 길고 어두운 통로와 끊임없이 새어 흐르는 질척거리는 액체들, 그리고 절단된 신체 이미지와 연결되는 수많은 마네킹은 어머니와의 합일을 환기시키는 비체인 동시에 행성-몸의 일부다. 이 지하실에서 병구는 주체의 경계를 흐리는 약물을 먹는다. 병구가 강사장을 감금하는 지하실은 아버지의 법에 대항하는 모성적 공간, 남근적 식민화/근대화에 저항하는 공간이다. 이곳에서 병구는 '외계인 아버지'의 비밀을 밝혀내고 그에 대항하는 혁명을 준비한다. 그러나 아버지에 대한 어머니의 저항은 결국 좌절되고 만다.

스피박의 논의에서 행성성은 애초에 생태와 사물, 비인간 등에 대해 이야기하기 위해서 등장한 것은 아니었다. 행성성은 문명을 윤리적으로 지속하기 위한 페다고지가 인식해야 할 '현실에 대한 묘사'로서 제안된 것이고, 다음과 같은 질문을 품고 있었다. "어떻게 민주 시민을 교육할 것인가?" 그건 '지구'가 아닌 '행성'의 거주민으로서, 행성의 타자성을 대면하고 그로부터 두려움을 느낄 수 있는 자만이 갈 수 있는 길이다. 때문에 『한 학문의 죽음』은 그가 서벵골에 세운 초등학생들을 위한 작은 학교들에 대한 이야기로 마무리된다. 하지만 행성성의 근원에는 여성과 함께 엮인 채 '검은 대륙'의 영역, 극복되고 초월되어야 할 타자성의 영역으로 떠밀려난 비인간과 물질의 문제가 놓여 있었다.

6. 행성의 관점에서 지정학을 급진화하기

스피박의 행성은 "우리가 충분히 알 수 없다"는 겸손과 연결된다면, 차크라바르티의 행성은 '대지 시스템'으로서의 행성이다.[33] 그래서 차크라바르티의 행성은 스피박의 행성과 충돌하기도 하는데, 스피박은 멀리 우주에서 내려다본 둥근 지구본의 이미지가 오히려 '지구'의 이미지로 구성됨으로써 행성을 소외시킨다고 설명한다면, 차크라바르티에게 '행성'적 관점이라는 것은 그렇게 우주에서 지구를 내려다볼 수 있는 관점의 등장과 함께 가능해지는 것이기도 하다. 그렇기 때문에 차크라바르티는 '기후위기'는 '지구의 기후위기'가 아니라 '행성적 기후위기'의 일종일 뿐이라고 주장한다.[34] 하지만 이런 관점은 지구라는 별에서 경제제체(자본주의), 정치체제(대의제), 그리고 성체제(가부장제)의 착종된 형태로 진행된 특수한 형태의 전 지구화와 그로 인해 초래된 기후위기를 제대로 설명할 수 없다.[35] 차크라바르티의 행성 관점이 스피박의 행성 관점으로 보완되어야 하는 이유다. 동시에 우리는 기존의 '지정학'을 행성 관점을 통해 급진화해 온 역사 역시 기억할 필요가 있다. 이 문제를 언급하기 위해 마지막으로 〈지구를 지켜라!〉가 암시하고 있는 또 하나의 중요한 주제를 짚으면서 이 글을 마무리하고자 한다. 그것은 바로 채굴과 미디어의 문제다.

〈부고니아〉는 병구가 양봉을 하는 광부의 아들이라는 설정에서 전자만을 취하고 후자는 삭제했다. 그래서 병구의 집이 폐탄광촌의 버려진 목욕탕 위에 세워졌다는 사실 역시 함께 사라진다. 병구가 광부의 아들이라는 것은 계급적으로도, 병구가 경험한 남근적 폭력을 이해하기 위해서도, 매우 중요하다. 하지만 여기에서 좀 더 과감하게 비평가적 상상력을 발동해 보아도 좋을 것이다. 그건 행성성이라는 말이 그저 공간만이 아니라 심원한 시간과 엉켜 있는 시간적 묘사라는 사실을 환기시켜준다는 점에서도 의미 있다. 영화가 애초에 이를 의도했는가 하면, 아마도 그렇지 않을 것이다. 이런 예언가적 자질이 이 영화를 더욱 특별하게 만든다.

인류세는 잘 알려져 있다시피 지질학적 개념이다. 여기에는 인간의 하찮은 시간 감각으로는 포착할 수 없는 지구의 영원과도 같은 시간이 포함되어 있고, 그것은 지구 지층에 쌓여 있는 지질학적 증거들로부터 확인 가능하다. 그리고 그 역사를 매개하는 다양한 존재들이 일종의 물질성을 띤 미디어로서 인간의 미약한 역사에도, 그리고 지구의 광대한 역사에도 개입한다. 이때 인간의 '채굴' 행위는 이 심원한 역사와 인간의 문명이 어떻게 연루되었는지를 보여주고, 우리가 현대에 사용하는 스마트폰과 같은 다양한 미디어 기기는 이 연결성을 좀 더 선명하게 사유할 수 있도록 이끈다. 이 기기들은 인간이 상상할 수 없는 시간 동안 지구 지층에서 만들어진 광물을 채굴함으로써 그 원료를 마련하고, 인간의 집합성을 상상하는 데 지대한 영향을 미치며, 이후 영원토록 썩지 않을 쓰레기로서 다시 지구 지층에 축적된다.[36]

그런 의미에서 지구가 폭파된 후 유일하게 남겨져 우주를 유영하는 인류 문명의 흔적이 다름 아닌 TV라는 점은 인상적이다. 영화에서 TV는 미미한 노동자의 아들이었고, 불안정 노동과 연이은 상실 속에서 음모론자로 내몰린 병구의 생을 기록하고 기억한다. 그러나 TV가 기억하는 것은 한 개인의 비극만이 아니다. TV는 일종의 '영화적인 것', 즉 가장 근대적인 미디어의 한 형태로 인간 문명에 영향을 미쳤고, 자본주의의 다종다양한 변신 과정에서 여러 역할을 수행해왔다. 따라서 팔루스의 담지자이고자 했으나 실패하고 마는 병구의 아버지가 탄광에서 일하는 광부였으며, 그 광부들이 하루의 피로를 씻고 노동력을 재생산하는 목욕탕이 이후 비체적 공간인 지하실로 개조된다는 점은 흥미로운 은유다.

이에 더해 TV는 석탄 채굴의 역사와 더불어, 지구 그 자체가 자원으로 전환되어 온 과정, 유시 파리카가 말하듯 "금속과 광물, 에너지가 기술적 미디어의 출현과 얽히며 지구가 매체가 되어온 과정"[37] 역시 함께 기억한다. 미디어의 역사가 지구사와 융합된다[38]는 이 통찰은, 우리가 흔히 말하는 '미디어'를 완전히 다른 스케일로 다시 생각하도록 만든다. 이때 미디어는 더 이상 단지 정보와 메시지를 전달하는 수단이 아니다. 그것은 마셜 맥루한이 말했듯 인간의 감각과 신체를 외부로 '연장'하는 기술적 장치[39]이며, 동시에 브뤼노 라투르가 말한 것처럼 인간 사회의 관계를 안정화하는 비인간 행위자[40]이기도 하다. 그리고 파리카가 덧붙이듯, 미디어는 무엇보다도 지구 물질 순환 속에 깊이 편입된 물질적 존재다. 광물과 금속, 에너지와 폐기물의 흐름 속에서 미디어는 감각의 확장일 뿐 아니라, 지구의 심층적 시간과 인간의 정치·경제 질서를 매개하는 물질적 구조물로 기능한다.

이 지점에서 행성적 지정학이라는 질문은 다시 한 번 갱신된다. 행성은 추상적인 생태적 전체도, 단순히 '인류 이후의 미래'를 상상하는 배경도 아니다. 그것은 채굴과 미디어, 노동과 착취, 식민과 개발, 기술과 감각이 얽히며 구성되어 온 물질적·역사적 장이다. 〈지구를 지켜라!〉는 이 모든 관계가 집약된 자리에서, 인간의 폭력과 음모론, 실패한 저항과 파국의 상상력을 통해 역설적으로 행성의 정치적 조건을 드러냈다. 〈부고니아〉는 이 문제를 생태적 파국의 언어로 재번역하면서, 동시에 그 정치적 맥락을 탈색시킬 위험 또한 노출한다. 행성성의 문제를 지정학으로 두텁게 하고 이와 동시에 행성의 관점에서 지정학을 급진화한다는 것은 결국, 비인간의 권리나 인류 이후의 미래를 말하기에 앞서, 인간이 어떤 방식으로 지구를 자원화하고, 타자화하고, 비인간화해 왔는지를 끝까지 추적하는 일이다. 그것은 생태의 이름으로 정치를 폐기하는 일이 아니라, 오히려 정치의 조건을 행성적 스케일에서 다시 구성하는 일이다. 그리고 이때 행성은 더 이상 인간의 소유물이 아니라, 우리가 잠시 빌려 쓰고 있는, 결코 온전히 점유할 수 없는 타자의 몸으로 다시 나타난다.

주

1 김환석, 「브뤼노 라투르」, 『21세기 사상의 최전선』, 이성과감성, 2020, 27쪽.

2 자세한 내용은 다음 기사를 참고. 유정길, 「탈인간중심 생태민주주의 한국 첫 실험 '사물의 의회'」, 『민들레』, 2025.11.04. https://www.mindlenews.com/news/articleView.html?idxno=16310 (최종 검색일: 2025년 12월 1일)

3 Gayatri Chakravorty Spivak, *Death of a Discipline*, Columbia University Press, 2003. 국내에는 가야트리 스피박, 『경계선 넘기』, 문화이론연구회 옮김, 인간사랑, 2008로 번역, 출간되었다. 『경계선 넘기』의 경우 행성성(planetarity)를 '지구화'로 옮기는 등 번역어가 적절하지 않고 오역도 많아 스피박의 논의를 정확하게 이해하는 데 다소간의 어려움이 있다는 아쉬움이 있다. 따라서 이 글에서는 원서를 참고한다.

4 이에 대해서는 손희정, 「21세기 한국영화와 네이션」, 중앙대학교 첨단영상대학원 박사학위 청구논문, 2014; 이지행, 「파국과 영화: 21세기 영화에 나타난 파국의 감정구조」, 중앙대학교 첨단영상대학원 박사학위 청구논문, 2015 참고.

5 무엇을 테러집단으로 규정할 것인가는 지극히 정치적인 문제다. 9.11을 일으킨 알카에다는 오사마 빈 라덴이 1988년 설립한 수니파 지하디스트 네트워크로, 미국을 비롯한 서구 사회를 적으로 삼아 1998년 대사관 폭파, 2000년 USS 콜 공격, 2001년 9.11 테러(약 3천 명 사망)를 감행했고, 이 결과 전 세계 100여 국에서 테러조직으로 지정됐다. 여기서 '테러조직'이라는 표현을 사용하는 것은 우리가 미 헤게모니 아래에서 지구인들이 9.11을 어떻게 이해하고 받아들였는가에 대한 인식의 문제를 논하고 있기 때문이다.

6 아미타브 고시는 이를 인식론적 차폐막 뒤에 머물도록 만드는 문화적 은폐라고 비판한다. (아미타브 고시, 『대혼란의 시대』, 김홍욱 옮김, 에코리브르, 2021.)

7 IPCC(기후 변화에 관한 정부간 협의체)에서는 지금처럼 기후 온난화가 지속된다면 21세기 말에는 30퍼센트의 생명 종이 멸종하리라고 예측한다.

8 천권필, 「유엔 "21세기 들어 기후재난 급증⋯ 경제적 손실만 3400조원」, 『중앙일보』, 2020.10.13. https://www.joongang.co.kr/article/23893394 (최종 검색일: 2025년 12월 1일)

9 디페시 차크라바르티, 『행성시대 역사의 기후』, 이신철 옮김, 에코리브르, 2023, 120쪽.

10 Gayatri Chakravorty Spivak, *Death of a Discipline*, Columbia University Press, 2003, p. 72.

11 Gayatri Spivak, "Imperatives to Re-imagine the Future," 경희대학교 비교문화연구소 강연록, 2025.07.31.

12 '남근적 폭력'이 강조되는 이유는 사회 전반의 성적 관계를 규율하는 가부장제는 외부 성기의 형태를 기반으로 권력을 배분하고, 이때 음경(penis)이 상징적 권력으로서 남근(phallus)으로 작동하기 때문이다.

13 '외계인 아버지'라는 명명은 안드로메다인이 자신의 DNA로 인류를 '빚었고', 영화가 이러한 신화를 성경으로부터 차용해오기 때문이다. 무엇보다 안드로메다인이 "내가 창조하였으므로 내가 거둔다"는 식의 태도를 보이는 것을 영화가 전시하는 남근적 폭력과 연결한다면, 이는 가부장의 권능에 대한 판타지로 읽을 수 있을 터다.

14 태혜숙, 『탈식민주의 페미니즘』, 도서출판 여이연, 2001, 35쪽. 파농에 따르면 "피지배자들에게 폭력과 저항은 자신들의 정체성을 회복하는 유일한 수단이며 그러한 정체성을 바탕으로 민족문화를 달성하고 민족국가를 건설할 수 있도록 하는 긍정적인 행위이다."

15 군사주의와 가부장제는 서로를 지탱하는 하나의 권력 구조로 작동하며, 이 구조의 심층에 특정 신체 기관에 권력이 달라붙는 남근중심주의가 상징적, 물질적 에너지로 자리 잡고 있다. 군사주의와 가부장제, 그리고 세계 자본에 따른 전지구화 과정의 관계에 대해서는 신티아 인로, 『군사주의는 어떻게 패션이 되었을까: 지구화, 군사주의, 젠더』, 김엘리·오미영 옮김, 바다출판사, 2015 참고.

16 〈지구를 지켜라!〉 팬덤은 주인공의 이름인 '병구'가 '병든 지구'의 줄임말이라고 해석했다. 하지만 장준환 감독은 그런 의도가 있는 것은 아니라고 밝혔다.

17 파리협정은 지구 평균 온도 상승을 산업화 이전 대비 2도씨 이하로 유지하고, 1.5도씨 제한을 목표로 하는 국제 협약이다. 모든 나라가 스스로 온실가스 감축 목표를 세우고 5년마다 이행 상황을 점검하며, 점차 더 강력한 목표를 설정하도록 규정하고 있다. 트럼프는 2017년 대통령 취임 이후 "파리협정이 중국에 이득을 줄 뿐, 미국 산업과 기업에 불리하다"면서 "미국 우선주의 정책 기조에 맞춰서" 파리협정 탈퇴를 추진했다. 하지만 2021년 조 바이든 대통령이 취임 직후 미국이 다시 파리협정에 재가입하면서 정책이 번복되었고, 2025년에 트럼프가 재취임하면서 다시 파리협정 탈퇴를 선언한다. 그는 이와 함께 "기후 위기는 전 세계에 저질러진 최대 사기극"이라고 주장했다.

18 존 그레이는 "지상에는 오직 한 종류의 오염이 있는데, 그것은 바로 인간 그 자체"라고 말하는 제임스 러브록의 말을 따라 인간을 과종성 영장류 질환이라고 부른다. 그리고 『하찮은 인간, 호모 라피엔스』(김승진 옮김, 이후, 2010)에서 노자의

『도덕경』을 인용한다. "천지는 어질지 않아 만물을 추구와 같이 여긴다." 추구는 중국에서 제사를 지낼 때 쓰던 짚으로 만든 개다. 추구는 제사가 끝나면 태워 버린다. 그레이는 천지에게, 그러니까 가이아에게 인간은 그저 쓸모없어지면 태워 버리는 지푸라기 개와 같다는 점을 강조한다. 이는 인간이 만용을 부리면 절멸하는 것은 인간 자신일 뿐, 지구는 아니라는 깨달음과 이어진다.

19 제임스 러브록, 『가이아』, 홍욱희 옮김, 갈라파고스, 2003. 러브록에게 가이아는 '지구'와 같은 의미가 아니다. 가이아는 지금처럼 다종다양한 생명이 존재할 수 있도록 지구의 환경을 유지시키는 조건, 사이버네틱스 시스템을 의미한다. "가이아는 지구에서 가장 커다란 생물체—또는 그 집합—인 것이다." (제임스 러브록, 앞의 책, 92쪽.)

20 곤충들은 지구 생물종의 80% 이상(약 천만 종으로 추정)을 차지하며, 4억 년 전 육상 최초 정복자로 생태 순환의 핵심 역할을 했다. 이 때문에 푸른 행성의 진정한 주인은 인간이 아닌 곤충이라는 의미에서 '곤충의 행성'이라는 상상력이 할리우드의 B급 SF 재난물을 사로잡았던 때가 있었다. 이는 휴머니즘을 비판하며 생물 다양성, 환경 균형, 진화적 회복력을 상기시키는 경종적 표현이다. 그러나 이런 곤충들도 인류세에 멸종 위기를 경험하고 있다. 'Insect(곤충)'와 'Armageddon(종말이 초래할 혼란)'의 합성어인 인섹타겟돈은 이 문제를 다루는 용어다. 이 말을 만든 올리브 밀번은 지구에 닥쳐올 여섯 번째 대멸종은 곤충의 멸종에 따른 연쇄적인 생태계 붕괴일 거라 경고한다. 곤충을 위협하는 건 기후위기만은 아니다. 도시화와 산업화는 곤충의 서식지를 파괴하고, 과도한 농약 사용은 해충의 농약 저항성을 발달시키는 동시에 벌류와 나비류를 비롯한 많은 곤충의 감소를 유발하고 있다. 게다가 세계화는 외래종의 침입을 가속화시켜 토착종을 위협한다. (올리버 밀번, 『인섹타겟돈』, 황선영 옮김, 블랙피쉬, 2022.)

21 디페시 차크라바르티, 위의 책, 47쪽.

22 이 문제를 파고드는 것은 본고의 목적이 아니므로, 질문에 대한 답은 독자들께서 스스로 찾아보시기를 권한다. 본고의 관심사 안에서 한 가지만 언급하자면, 스피박을 비롯해서 이 글이 인용, 참고하고 있는 다양한 페미니스트 비판이론은 서구 선진국의 여성들 일부가 유리천정을 뚫는 것과 행성적 차원에서 '여성'이 해방되는 것은 단순한 인과관계에 놓여 있지 않음을 재차 강조해왔다.

23 그레타 가드, 『비판적 에코페미니즘』, 김현미 외 옮김, 창비, 2024 참고.

24 마리아 미즈, 『가부장제와 자본주의』, 최재인 옮김, 갈무리, 2014.

25 스피박은 자크 데리다와 버지니아 울프를 경유해 이 작업을 수행한다. (Gayatri Chakravorty Spivak, "Chapter2. Collectivity", *Death of a Discipline*, Columbia

University Press, 2003.)

26 Gayatri Chakravorty Spivak, ibid., p. 74.

27 스피박은 이리가레이의 플라톤 분석을 새로운 '지역연구(Area Stdies)', 즉 비교문학과 민족지적/문화연구와 협업해야 할 지역연구의 방법론적 모델로서 언급한다. 그가 "언어를 세심하게 다루면서, 이성의 꿈(dream of reason)을 독해할 수 있도록 도와줌으로써 꿈꾸는 자를 제도적 행위성에 연결시키는 작업을 통해, 제도적 상황에 놓여 있는 분석사로서라기보다는 페미니스트 독자로서 우리의 매개자가 되어준다"는 것이다. (Gayatri Chakravorty Spivak, ibid., p. 75.)

28 Luce Irigaray, "Plato's Hystera," in *Speculum of the Other Woman*, tr. Gillian C. Gill, Cornell University Press, 1985, pp. 243-364.

29 Gayatri Chakravorty Spivak, ibid., p. 75.

30 때로 이런 열락은 공포영화를 비롯한 다양한 신화적 텍스트에서 "내가 낳았으므로 너를 다시 집어 삼키겠다"고 으름장을 놓는 '원초적 어머니'의 형상으로 등장하기도 한다. (바바라 크리드, 『여성괴물』, 손희정 옮김, 여성이론, 2008.)

31 줄리아 크리스테바의 '비체(abject)'는 주체와 객체의 경계에 위치한 모호한 존재로, 주체의 정체성을 위협하며 배제·추방되는 더럽고 역거운 것(오물, 시체, 모성적 요소 등)을 가리킨다. 이 개념은 주체 형성 과정에서 어머니로부터의 최초 분리를 통해 발생하며, 이 분리 과정에서 상징계 진입을 위해 필수적인 '아브젝션(abjection)'이 수반된다. 비체는 완전히 사라지지 않고 주체를 지속적으로 괴롭히며, 여기에는 혐오와 매혹이 공존한다. 이런 의미에서 abject는 주체가 아니라는 의미에서 非體이기도 하고, 건강하고 방정한 신체의 경계를 위협하는 비천한 것이라는 의미에서 卑體이기도 하다. 〈지구를 지켜라!〉의 비체적 공간에 대해서는 손희정, 「한국의 근대성과 모성 재현의 문제」, 중앙대학교 첨단영상대학원 석사 청구 논문, 2004 참고.

32 스피박 역시 이런 이유에서 비평작업에 정신분석학적 방법론을 활용함에 있어 매우 조심스러운 입장을 취한다. 그러니까 정신분석학 자체를 이 세계가 반영되어 있는 일종의 재현물로 이해하는 셈이다.

33 대지 시스템이란 "이 행성에서 지질학적 요인과 생물학적 요인이 결합하여 복잡한 다세포 생명을 뒷받침하는 시스템을 발전시킨 행성 과정을 가리키는 대지 시스템 과학자들의 발견술적 구성물"이다. (디페시 차크라바르티, 『하나의 행성, 서로 다른 세계』, 이신철 옮김, 에코리브르, 2024, 16쪽.)

34 디페시 차크라바르티, 『행성시대 역사의 기후』, 이신철 옮김, 에코리브르, 2023, 126쪽.

35 우리는 이 시스템들의 외부를 상상해야만 한다. 그럴 때 다른 행성들도 우리와 마찬가지의 '전 지구성'으로부터 초래된 기후위기를 겪고 있다는 설명은 어떤 이점을 가지는가?

36 유시 파리카, 『미디어의 지질학』, 심효원 옮김, 현실문화, 2025.

37 유시 파리카, 위의 책, 85쪽.

38 유시 파리카, 위의 책, 89-90쪽

39 마셜 맥루한, 『미디어의 이해』, 김성호 옮김, 커뮤니케이션북스, 2011.

40 김환석, 「브뤼노 라투르」, 『21세기 사상의 최전선』, 이성과감성, 2020, 24쪽. 라투르는 개코원숭이 사회와 인간 사회를 비교하면서 인간 사회는 개코원숭이의 사회에 비해 규모도 크고 안정성도 높다는 사실을 발견한다. 왜 이런 차이가 생길까? 인간이 사회관계를 안정화하는 데 비인간 사물들을 끌어들이기 때문이다. 인간은 자신의 신체 외에도 도구, 기술, 무기, 교통 및 통신 수단 등을 개발하면서 폭넓고 안정된 관계를 영위할 수 있었다.

김상민

기술, 미디어, 예술의 접점에서 관찰되는 다양한 (비)인간의 삶에 관심을 기울이는 문화연구자. 연세대학교 커뮤니케이션대학원 객원교수, 서울대학교 인문대학 및 한국예술종합학교 영상원 강사. 한국과학기술원(KAIST) 산업디자인학과를 졸업하고 서울대학교 미학과에서 석사학위를, 미국 조지메이슨 대학교에서 문화연구 박사학위를 받았다. 고등과학원 초학제연구프로그램 '비인간' 연구단을 이끌고 있으며, 문화이론전문지 『문화/과학』 편집위원, (사)문화사회연구소 이사로 활동하고 있다. 저서로 『디지털 자기기록의 문화와 기술』이 있고, 공저로 『인공지능, 플랫폼, 노동의 미래』 『큐레이팅 팬데믹』 『서드 라이프』 『데이터 시대의 언론학 연구』 『속물과 잉여』 등이 있다.

김성우

리터러시 연구자. 서울대학교에서 비판적 응용언어학과 사회언어학 등을 강의하며 캣츠랩 연구위원으로 활동하고 있다. 고등과학원 초학제연구프로그램 '비인간' 연구단에 공동연구자로 참여 중이다. 저서로 『인공지능은 나의 읽기-쓰기를 어떻게 바꿀까』 『영어의 마음을 읽는 법』 등이 있다.

문규민

의식은 무엇이고, 세계는 어떻게 성립하는가를 묻는 철학자. 인도불교학으로 석사학위를, 의식과 상상, 가능성에 대한 형이상학적 문제를 다룬 연구로 박사학위를 받았다. 형이상학과 심리철학, 인식론을 넘나들며 현대 존재론과 의식 과학을 연구해 왔다. 「Making sense of consciousness as integrated information」「Exclusion and under-determined qualia」「Causal ontology and definiteness of consciousness」「라투르와 일반화된 행위성」 등의 논문을 발표했다. 저서로『신유물론 입문』『제인 베넷』 등이 있다. 요즘은 인류학과 체계 이론, 인공지능까지 연구 영역을 넓히며, 인간·비인간·기계가 함께 얽힌 세계에서 의식과 행위성의 의미를 다시 사유하고 있다.

박동수

철학책 편집자. 고려대학교 언어학과를 졸업하고 서울출판예비학교 출판편집자 과정을 수료했다. 사월의책 출판사에서 편집장으로 일하고 있다. 인문학과 사회과학, 과학기술학과 현대사상의 새로운 조류를 공부하고 소개해 왔다. 동료 편집자들과 함께 '편집자를 위한 철학 독서회'를 수년간 진행하고 있다.『처음 읽는 브뤼노 라투르』『브뤼노 라투르의 과학인문학 편지』『존재양식의 탐구』 등을 기획·편집했다. 저서로『철학책 독서 모임』『동료에게 말 걸기』 등이 있다.

박승일

서강대학교 기계공학과를 졸업하고 같은 대학 신문방송학과 대학원에서 문화연구로 석사와 박사학위를 받았다. 현재 경북대학교 사회과학연구원 학술연구교수로 재직 중이며, 독립 연구단체 '캣츠랩'에서 소장으로 활동하고 있다. 지금까지 기술문화연구와 기술철학, 비판이론에 중점을 두고 학제적인 연구를 진행해 왔으며, 최근에는 인공지능, 포스트휴먼, 신유물론 등에 관심을 갖고 공부와 저술 작업을 진행 중이다. 그동안 인터넷과 권력, 권력과 저항, 포스트 인터넷, 인공지능 철학 등에 관한 논문을 썼고, 저서로『기계, 권력, 사회』『기술은 우리를 구원하지 않는다』 등이 있다. 공학과 사회과학, 인문학을 아우르는 공부의 가능성에 대해 고민하고 있다.

손희정

경희대학교 비교문화연구소 학술연구 교수. 미디어 그룹 프로젝트38 멤버. 저서로『페미니즘 리부트』『손상된 행성에서 더 나은 파국을 상상하기』 등이 있고,『도래할 유토피아들』『제로의 책』『코로나 시대의 페미니즘』 등에 공저자로 참여했다.『여성괴물』『스티프트』『다크룸』 등을 한국어로 옮겼다.

유기쁨

종교학을 공부했다. 저서로 『애니미즘과 현대 세계: 다시 상상하는 세계의 생명성』『생태학적 시선으로 만나는 종교』『에드워드 버넷 타일러』 등이 있다. 서울대학교에서 생태인문학을 가르친다. 시골에 살며 공터에서 여럿이 함께 텃밭을 가꾼다. 책상앞에서 배웠던 것들과 시골에서 수많은 인간, 비인간 존재에게 배우는 것들 사이의아찔한 격차에 아득함을 느끼면서도 간혹 발견하는 겹쳐짐에 눈이 번쩍 뜨이기도 한다. 살기 위해서 필요한 이야기를 찾고 또 엮어가고 있다.

하대청

광주과학기술원 인문사회과학부에 재직하며 과학기술과 생명, 인간과 비인간 동물이 얽히는 현장을 가로지르며 그 사이의 권력 역학을 기록하는 연구자다. 광우병 논쟁을 통해 글로벌 위험 정치를, 생존기증자 장기이식을 통해 생명정치의 최전선을탐구해 왔다. 현재는 알고리즘과 인공지능이 재편하는 기술정치의 시대를 비판적으로 분석하는 데 몰두하고 있다. 거대한 기술 권력의 흐름 속에서도 실험 쥐와 인간연구자의 세밀한 상호작용에 주목하며, 우리 시대에 필요한 '응답하고 돌보는 과학'의 토대를 마련하고자 한다. 과학기술학, 의료인류학, 인간-동물 연구를 횡단하며 더나은 공존을 위한 대안적 세계관을 발명해 나가고 있다.

황희선

생물학과 인류학을 공부했다. 지금은 2015년 이래로 관심을 두고 참여해 온 한국 토종씨앗 보존 활동을 민족지로 풀어내는 인류학 박사 논문을 쓰고 있다. 도나 해러웨이, 데이비드 그레이버, 새러 허디 등의 책을 한국어로 옮겼고, 논문인 「다종민족지: 환경 파국 시대의 생물문화적 희망」 등을 비롯해 '비인간'을 주제로 다양한 지면에글을 써 왔다.